《中国社会科学》2020年度好文章

方军 主编

中国社会科学出版社

图书在版编目（CIP）数据

《中国社会科学》2020年度好文章 / 方军主编. —北京：中国社会科学出版社，2021.7
ISBN 978 – 7 – 5203 – 8690 – 6

Ⅰ. ①中… Ⅱ. ①方… Ⅲ. ①社会科学—中国—文集 Ⅳ. ①C53

中国版本图书馆 CIP 数据核字（2021）第 127042 号

出 版 人	赵剑英
责任编辑	孙 萍　李凯凯
责任校对	李 剑
责任印制	王 超

出　　版	中国社会科学出版社
社　　址	北京鼓楼西大街甲 158 号
邮　　编	100720
网　　址	http://www.csspw.cn
发 行 部	010 – 84083685
门 市 部	010 – 84029450
经　　销	新华书店及其他书店
印　　刷	北京明恒达印务有限公司
装　　订	廊坊市广阳区广增装订厂
版　　次	2021 年 7 月第 1 版
印　　次	2021 年 7 月第 1 次印刷
开　　本	710 × 1000　1/16
印　　张	18.75
字　　数	206 千字
定　　价	88.00 元

凡购买中国社会科学出版社图书，如有质量问题请与本社营销中心联系调换
电话：010 – 84083683
版权所有　侵权必究

颁奖典礼现场

谢伏瞻院长、赵奇秘书长等领导和专家为获奖文章作者颁奖

专家评审会现场

分组讨论

评委投票

序　言

方　军

哲学社会科学期刊是我国学术期刊的重要组成部分,是中国特色哲学社会科学研究成果的重要发布平台,担负着繁荣中国学术、发展中国理论、传播中国思想的重要职责,在加快构建中国特色哲学社会科学学科体系、学术体系、话语体系的历史进程中发挥着重要的作用。

为更好地推出精品力作,推动理论和学术创新,引领风尚,在中国社会科学院院领导的指导下,中国社会科学杂志社于2020年12月底通过《中国社会科学》《中国社会科学报》、中国社会科学网及"中国学派"微信公众号,同时发布了《〈中国社会科学〉2020年度好文章评选活动公告》及2020年《中国社会科学》总目录,正式启动了"《中国社会科学》2020年度好文章评选活动"。

此次好文章评选活动评选范围为2020年《中国社会科学》第1—12期刊发的全部115篇文章,涉及马克思主义理论、哲学、经济学、法学、社会学、政治学/公共管理、文学、历史学、国际关系、新闻传播学等10个学科。终评选出的好文章必须符合以下三个标准：（1）坚持以马克思主义特别是习近平新时代中国特色社会主义思想为指导，坚持党的基本理论、基本路线、基本方略，增强"四个意识"、坚定"四个自信"、做到"两个维护"，坚持正确的政治方向、学术导向和价值取向；（2）关注重大理论和现实问题、各学科前沿和热点问题，具有较强的理论创新和学术创见，或在某学科领域中的某个研究领域取得了原创性、根本性的进展；（3）遵守学术规范和学术道德，逻辑严密，论证严谨，文风活泼。

根据评选活动规则，评选工作分为初选和终选两个阶段。初选阶段为读者实名投票阶段，每位投票人每个学科可推荐2篇好文章，要求实名投票并给出推荐理由。初选结果即各学科排名前两位的文章，将进入第二轮终审，由专家评审委员会从中评选出各学科的好文章，每个学科1篇。本着"宁缺毋滥"的原则，未推选出好文章的学科予以奖项空缺。

此次好文章评选活动是《中国社会科学》创刊以来的首次，备受学界关注。自评选公告发布以来，广大读者通过网页、电子邮件、邮寄等方式踊跃投票，推选心目中的好文章。根据初选阶段读者投票的结果，2021年3月19日，中国社会科学杂志社组织召开"《中国社会科学》2020年度好文章评选专家评审会"。由《中国社会科学》编委会委员和哲学社会科学领域知名专家组成的评审委员会，分为8个学科评审组，对初选阶段读者投票推选出的16篇文章分别进行了讨论和择优推荐。最后，经专家评审委员会投票，推选

《美好社会：现代中国社会的历史展开与演化图景》（作者：项久雨）、《延安革命家的诗词创作实践及诗史价值》（作者：程国君、李继凯）、《金融市场与宏观经济的风险传染关系——基于混合频率的实证研究》（作者：杨子晖）、《行政许可的民法意义》（作者：王轶）、《牧区城镇化与草原生态治理》（作者：包智明、石腾飞）、《范文澜与"汉民族形成问题争论"》（作者：张越）、《认知科学视域中隐喻的表达与理解》（作者：黄华新）等7篇文章为《中国社会科学》2020年度好文章。

在评审过程中，专家评审委员会委员对此次活动给予高度评价。中国社会科学院学部委员、经济研究所研究员张卓元表示："《中国社会科学》杂志评选2020年好文章，也是一个创举"；"我认为在整个大方向坚持马克思列宁主义的前提下，它的专业水平和学术水平还是比较高的"。著名法学家、中国法学会学术委员会主任、吉林大学哲学社会科学资深教授张文显认为，整个评选的推荐过程、评审规则充分体现了学术民主，让广大读者来推荐好文章，也充分体现了学术上的科学性和严谨性。把年度好文章评选出来，进一步推广、推介到整个社会，不仅对学术的发展起到巨大的影响，对于学术新人培养、研究队伍建设也很有意义，起到示范的作用和引领的作用。

2021年3月23日上午，《中国社会科学》2020年度好文章颁奖典礼在京举行。中国社会科学院院长、党组书记、《中国社会科学》编委会主任谢伏瞻，秘书长、党组成员赵奇等为获奖作者和责任编辑颁奖。

中国特色社会主义新时代，正是中国人民有所发明、有所创造的时代，也是中国学术大繁荣大发展的时代。2021年是具有里程碑意义的一年。我们党即将迎来百年华诞，我们国家即将进入全面建设社会主义现代化国家、向第二个百年奋斗目标进军的新发展阶段，中华民族伟大复兴进入关键时期。站在"两个一百年"的历史交汇点上，思考、谋划、推动中国学术的未来发展，我们理应志存高远、奋发有为。《中国社会科学》2021年第1期刊发了《理论是问题之树盛开的花朵——〈中国社会科学〉2021年重点选题构想》，发布了11项跨学科重点选题：（1）21世纪马克思主义的原创性贡献；（2）中国共产党100年的理论与实践；（3）中国特色哲学社会科学"三大体系"；（4）大变局与战略全局；（5）全球化与价值冲突；（6）中国式现代化与中国知识体系；（7）新发展格局与高质量发展；（8）国家治理与全球治理；（9）文明起源、文明互鉴与文化发展；（10）新一轮科技革命与哲学社会科学；（11）学术基本理论、基本问题、基本概念再反思。这也是《中国社会科学》创刊以来的首次。所有办刊工作的提升，都是责任感使然。

四月的北京，春意正浓。在《〈中国社会科学〉2020年度好文章》即将付梓之际，写下此篇序言，记录首次评选活动。同时，《中国社会科学》年度好文章评选活动将长期举办，每年举办一次，评选工作也将不断改进。希望全国学术界同仁多提宝贵意见和建议，关心帮助支持我们把《中国社会科学》办得更好，把好文章评选活动办得更好,为繁荣中国学术、发展中国理论、传播中国思想,为实现中华民族伟大复兴的中国梦作出应有贡献。

2021 年 4 月 15 日

目　　录

项久雨　/　美好社会：现代中国社会的历史
　　　　　　展开与演化图景　　　　　　　　　（ 3 ）
程国君　李继凯　/　延安革命家的诗词创作
　　　　　　实践及诗史价值　　　　　　　　　（ 49 ）
杨子晖　/　金融市场与宏观经济的风险传染关系
　　　　　——基于混合频率的实证研究　　　　（ 91 ）
王　轶　/　行政许可的民法意义　　　　　　　　（131）
包智明　石腾飞　/　牧区城镇化与草原生态
　　　　　　治理　　　　　　　　　　　　　　（173）
张　越　/　范文澜与"汉民族形成问题争论"　　（207）
黄华新　/　认知科学视域中隐喻的表达与理解　　（249）

附录　繁荣中国学术　发展中国理论　传播中国思想
　　　——《中国社会科学》2020年度好文章
　　　　评选活动侧记　　　　　　　　　　　　（280）

《中国社会科学》2020年度好文章获奖文章颁奖辞

《中国社会科学》2020年度好文章之《美好社会：现代中国社会的历史展开与演化图景》（作者：项久雨，责任编辑：李潇潇）

该文基于对美好生活的向往，提出了"美好社会"的命题。这一命题对当代中国社会的历史叙事与发展叙事进行了整体性阐释，论证了美好社会到来的历史必然性及其战略意义，刻画了从小康社会到美好社会的社会图景演变历程。作为学理化研究阐发当代中国马克思主义、21世纪马克思主义的重要尝试，"美好社会"的历史生成及其建设，"美好社会"的历史实践及其推进，是理解新时代中国社会变迁的重要理路，是观察现代化之中国样态与文明类型之中国方案的独特视角，也是加快构建中国特色哲学社会科学学科体系、学术体系、话语体系的重要探索。

美好社会：现代中国社会的历史展开与演化图景[*]

项久雨

摘要：现代中国社会的历史展开内嵌着实现不同社会图景的内在线索。小康社会的全面建成，标志着绝对贫困的彻底消除、精神境界的历史性跃升、制度文明的全新缔造，以及社会有机体的有序运转。在小康社会之后，为实现美好生活奠基的美好社会成为延续现代中国历史的社会图景选择。社会生产力发展水平"质"的跃升、社会主要矛盾的历史性转化、社会主义核心价值观的确立、社会主义制度的发展与完善，分别为美好社会的生成奠定了物质根基、矛盾根基、价值根基与制度根基。在此基础上，美好社会的理想图景，是一幅反思、扬弃与超越"现代性"的社会图景，是一幅深度切中"人民的现实幸福"的社会图景，是一幅在现有条件下追求"自由个性"的社会图

---

[*] 本文为研究阐释党的十九届四中全会精神国家社会科学基金重大项目"建立不忘初心，牢记使命制度研究"（20ZDA020）阶段性成果。

景，三幅图景将实现工具理性与价值理性在社会发展进程中的内在和谐。在道路自信与民族复兴双重变奏的基础上，美好社会被赋予了深刻的时代内涵与深厚的历史意蕴，其致力于开启文明的崭新类型，为"个体"意义上人的自由全面发展与"共同体"意义上的共同富裕奠定全新的社会基础。

关键词： 小康社会　美好社会　社会变迁　道路自信　民族复兴

作者项久雨，武汉大学马克思主义学院教授、马克思主义理论与中国实践协同创新中心研究员（武汉　430072）。

为复杂的社会变迁勾勒发展图景与演化方向，是现代中国历史展开进程中一以贯之的核心线索。从历史的长时段来看，马克思指明的社会发展"五形态说"与"三阶段说"所着眼的是大的历史尺度下的社会形态，社会主义、共产主义是承载着社会形态转变功能的宏观社会图景。在社会主义初级阶段的条件下，依照生产力发展的特定状况，中国共产党勾勒并致力于实现小康社会这一富有战略性的中观社会图景，并相应地对不同领域作出了合乎图景实现需要的具体性安排。"脱贫摘帽不是终点，而是新生活、新奋斗的起点。"[①] 在21世纪马克思主义、当代中

[①]　习近平：《在决战决胜脱贫攻坚座谈会上的讲话》，《人民日报》2020年3月7日，第2版。

国马克思主义的体系中，全面建成小康社会旨在实现"发展水平"与"发展的平衡性、协调性、可持续性"之间的有机统一，[①] 是一个关乎社会发展全局的战略目标，[②] 这一目标兼具"第一步"与"关键一步"的双重特质。[③] 这里的"第一步"还从一个侧面表明，中国社会发展是一个不断展开、向前演进的过程。而全面建成小康社会之后的未来探索同样是21世纪马克思主义、当代中国马克思主义的题中应有之义。

2020年是全面小康社会的建成之年、实现之年，是一个具有"世界历史意义"的年份，中国的现代化进程与社会主义建设进程也即将进入全新阶段。因而，立足中国实践进而提出一个具有标志性、现实性与引领性的社会图景概念，是中华民族伟大复兴与现代中国历史展开的内在需要。本文旨在呼吁建构社会主义条件下的"美好社会"，其与小康社会相承接，与人民群众的美好生活需要相适应，其生成有着深厚的物质根基、矛盾根基、价值根基与制度根基，是一种与新时代中国发展进程直接关联的社会图景。一言以蔽之，在社会主义条件下，美好社会是为实现人民美好生活奠基的理想社会图景。

---

① 参见习近平：《习近平谈治国理政》第2卷，北京：外文出版社，2017年，第78页。
② 参见习近平：《习近平谈治国理政》第2卷，第23页。
③ 参见习近平：《习近平谈治国理政》第2卷，第27页。

一、现代中国社会的"新陈代谢"与
小康社会的全面建成

社会是一个生命体、有机体，其发展演变是一个客观的、自然的历史过程，正如马克思所言，"现在的社会不是坚实的结晶体，而是一个能够变化并且经常处于变化过程中的有机体"。[①] 现代中国社会的萌芽、产生及发展，正是社会有机体实现现代展开与新陈代谢的过程，而"新陈代谢是宇宙间普遍的永远不可抵抗的规律"。[②] 这意味着，社会有机体的发展演进乃是规律使然，但其中人对于规律的认识与把握、人的主观能动性与创造性也对社会有机体的新陈代谢起着积极的塑造作用。在社会主义社会中，随着物质要素、经济社会要素的转变，随着主体对社会主义建设规律认识的深化，生成全新社会发展图景也便成为历史与时代的内在召唤。小康社会正是在这个基础上孕育而生，其作为对传统中国社会理想图景的超越与延续，自邓小平首先提出这一命题以来，中国实践在社会层面上正是围绕着实现"小康"的目标来加以推进的。从"大历史"来看，全面实现小康社会的理想图景，在现代中国社会发展进程中成为具有标志性意义的"事件"，在多重向度上彰显其"世界历史意义"。

第一，绝对贫困的彻底消除与人民生存状态的整体性变

[①] 《马克思恩格斯文集》第5卷，北京：人民出版社，2009年，第10—13页。
[②] 《毛泽东选集》第1卷，北京：人民出版社，1991年，第323页。

革。小康社会的全面建成，是中国反贫困实践进程中的一个里程碑，以恩格斯所总结的"量转化为质和质转化为量的规律"①审视之，全面小康社会既是社会有机体"量"的积累向阶段性"质"的跨越，又在这一基础上开启了全新"量"的积累演化过程。一方面，在"量"的层面上，绝对贫困作为困扰着中国社会发展进步千年之久的重大问题，得到了历史性、根本性、彻底性的解决。所谓"绝对贫困"，是指"低于最低物质生活水准的一种生活状况"，②旨在运用一套指标体系来衡量人的绝对生活水准。根据国情国力的不同状况，我国先后三次对贫困标准作出了界定与更改，现行农村贫困标准（2010年不变价）为每人每年2300元，③这一标准是与小康社会人的生存状况相适应的贫困标准，基本上与"两不愁、三保障"④的目标要求相契合。2020年，绝对贫困的彻底消除，依托中国共产党强大的组织体系、制度体系、动员能力、整合能力作为后盾支撑，有赖于党员、群众与全社会各方面力量结成精准脱贫的共同体，来实现这一历史宏愿。

另一方面，在"质"的层面上，一系列降低人的脆弱性的举措相继出台，防止因病、因故、因伤"返贫"，人民

---

① 《马克思恩格斯文集》第9卷，北京：人民出版社，2009年，第463页。
② 李强：《绝对贫困与相对贫困》，《中国社会工作》1996年第5期。
③ 参见国家统计局编：《中国统计年鉴2019》，http://www.stats.gov.cn/tjsj/ndsj/2019/indexch.htm，2020年2月23日。
④ "两不愁、三保障"，即"到2020年，稳定实现农村贫困人口不愁吃、不愁穿，义务教育、基本医疗和住房安全有保障"。（参见习近平：《习近平谈治国理政》第2卷，第87页）

生存状态实现了整体性、显著性的变革。"单个人"生存于世具有脆弱性,例如"单个人"往往无法有效实现生存、安全、需要满足等,而"脆弱性与贫困有着伴生的关系"。① 不论是主观致因的脆弱性,还是客观致因的脆弱性,其都可能导向人之生存的一种困窘状态。小康社会的全面建成,将基于现有条件全面扼制"人的脆弱性"的生发,最大程度破除"人的脆弱性"的诱发机制,以制度的根本性力量来保障反贫困的彻底性,使绝对贫困彻底远离中国人的生活世界。与此同时,小康社会的全面实现,不仅意味着历史地实现了一种基础性、兜底性的生存状态,更是实现了一种超越性、整体性的生存质量提升。所谓人之生存状态的超越性,乃是对中国数千年历史,特别是对古代中国人的生存境遇的根本改变,这同时也是现代中国社会发展的必然结果。所谓人之生存状态的整体性提升,是指不再由过去阶级社会中社会金字塔尖"少数人"享有幸福美好生活,过去存在于人类社会之中的"大多数人的贫穷和少数人的富有"② 的境遇在中国社会中不复存在,人民过上了免于忧患、免于饥饿、免于困苦、有制度保障的小康生活。

第二,人民精神文化生活的丰富与精神境界的历史性跃升。中国人精神生活的历史嬗变与小康社会的全面建成有着内在的关联,正如马克思所言,"物质生活的生产方式制约着整个社会生活、政治生活和精神生活的过程"。③ 随着物

---

① 韩峥:《脆弱性与农村贫困》,《农业经济问题》2004 年第 10 期。
② 《马克思恩格斯文集》第 5 卷,第 821 页。
③ 《马克思恩格斯文集》第 2 卷,北京:人民出版社,2009 年,第 591 页。

质生产力的发展，小康性质的社会生活与不断丰富的精神生活、道德生活也随之不断生成，更多的物质性因素让人们有条件、有可能成就精神世界的丰盈状态。公共文化服务体系的不断完善、公共文化设施的不断健全，以及文化产业在线上空间与线下空间的蓬勃发展，都为小康社会条件下人的精神生活奠定了坚实的基础。

小康社会下的"闲暇"与"忙碌"都是人之精神生活不断丰富的土壤。一方面，不论是专门从事精神生产活动，抑或普通大众提升自身的精神境界，都需要时间意义上的"闲暇"才能实现。"闲暇"之于精神生活的重大意义，早在古希腊就为哲人所认识，亚里士多德在《形而上学》中便认为："数学所以先兴于埃及，就因为那里的僧侣阶级特许有闲暇"。[1] 马克思基于资本主义社会人的生存境遇，强调"一个人如果没有自己处置的自由时间，一生中除睡眠饮食等纯生理上必需的间断以外，都是替资本家服务，那么，他就还不如一头役畜"。[2] 人的精神生活的丰富性，在一定程度上受到"自由时间"的内在影响。"闲暇"及其背后所赖以支撑的"自由时间"之于人的理性思考、批判思维、文化涵养与价值塑造都有着积极的意义，它能够使人摆脱现代性戴上的精神"枷锁"。小康社会的全面建成，使人免于忧患，人在现有条件下的"闲暇"得到实现与保障，人之精神生活也不断得以展开。

---

[1] 亚里士多德：《形而上学》，吴寿彭译，北京：商务印书馆，1959年，第3页。

[2] 《马克思恩格斯文集》第3卷，北京：人民出版社，2009年，第70页。

另一方面，在小康社会条件下，人在一定程度上也处在"忙碌"的生存状态，但这些"忙碌"的实质、类型及其对人之精神生活的影响，我们有必要作出一定的区分。其一，人为确证"人的本质力量"[①]的"忙碌"。这类"忙碌"折射出一种主体积极的奋斗观念、态度与行为，由此实现人本身的价值，感觉到自身所创造出的"对象对我的意义"。[②]正是在劳动中的"忙碌"，才能成就小康社会的全面实现，同时人也在建成小康社会的过程中找到精神的归宿。其二，人感到无所适从的"忙碌"。小康社会毕竟是在社会主义初级阶段所形成的社会图景，其具有历史进步意义，但并不意味着至善至美，也并不意味着能够绝对给处在这一社会中的人提供完满的精神生活。马克思坦言，"权利决不能超出社会的经济结构以及由经济结构制约的社会的文化发展"，[③]这实际上在一定程度上印证了，小康社会下的精神生活必定有其历史的限度。一些人处于"忙碌"状态，其精神世界在得到提升的同时，也会处于有限的困顿之中。而解决这些精神困顿的最好方式，正是不断推进社会发展进步，依托于社会进步来"解放人"，让作为主体的人有更多的"自由时间"来支配自身的精神生活。这也是小康社会的"未竟之业"，以及今后中国社会发展进步所应着眼的方向。

第三，制度文明的全新缔造与现代国家治理的内生性演进。一部小康社会的建成史，也是一部制度文明的演化

---

① 《马克思恩格斯文集》第1卷，北京：人民出版社，2009年，第191页。
② 《马克思恩格斯文集》第1卷，第191页。
③ 《马克思恩格斯文集》第3卷，第435页。

史、国家治理的变迁史。现代中国制度文明的建构历程与小康社会的建成历程存在同构关系。制度文明的全新缔造，乃是从根本上为小康社会的实现提供深层的、彻底的保障，从根本上使小康社会的成果定型化、制度化。其一，制度供给给予小康社会以根本保障。现代中国制度文明不是一蹴而就的，其也面临着某些领域内部制度供给缺位乃至失衡的境况。小康社会的实现进程，是一个覆盖社会生活全方面的制度化进程，其源源不断的制度供给，既为社会生活提供根本的规则遵循，又为社会发展提供内在的动力。在谈及钢铁工业要解决的问题时，邓小平强调要"发动群众把必要的规章制度建立、健全起来"，[①] 才能规避众多因制度缺位而导致的现实问题。这些制度的确立、供给，正是来源于小康社会的实现需要，即一种免于忧患、免于饥饿、免于困窘的生存状态离不开制度的坚强保障。其二，制度创新对小康社会的内在促进。在熊彼特看来，"创新就是生产函数的变动，而这种函数是不能分解为无限小的步骤的"。[②] 实际上，我们也可以将制度创新理解为制度内部诸要素不断重组、变动、突破的过程，制度创新从根本上为小康社会提供生成演化的内生动力。例如，实现小康社会的经济图景，乃需要有效的市场与有为的政府（计划）作为资源配置的后盾与保障，发挥道德与法治对市场经济的规范作用，这便需要从根本上确立与完善社会主义市场经济体

[①] 《邓小平文选》第2卷，北京：人民出版社，1994年，第11页。
[②] 约瑟夫·熊彼特：《经济发展理论——对于利润、资本、信贷、利息和经济周期的考察》，何畏、易家详译，北京：商务印书馆，1990年，第290页。

制,实现对传统市场经济模式的创新与超越。其三,制度伦理对小康社会的宏观引领。邓小平对制度改革问题的关注,实际上也隐含着以制度伦理来捍卫小康社会的内在线索。他就组织、工作等方面制度分析道,"这些方面的制度好可以使坏人无法任意横行,制度不好可以使好人无法充分做好事,甚至会走向反面"。① "好"与"不好"不仅是制度效能意义上的评价尺度,也是伦理意义上的评价尺度。"好"的制度、"善"的制度、有着"道德力量"的制度,可以为小康社会的全面实现奠定坚实的伦理根基。

制度与治理统一于小康社会的实践进程,国家治理的"善治"演进方向内在规定了小康社会的演化进路。制度是治理的根本依托,治理是制度的现实展开,二者都是小康社会生成不可或缺的支撑。小康社会所要达成的理想状态,与国家之"治"有着密切的关系,"治"的绩效影响着小康社会的推进过程。小康社会的最终实现,标志着国家治理现代化完成其阶段性的目标,同时又开启了下一阶段的实践进程。与小康社会相匹配的"治",是一种超越中国传统与西方传统的"良治"或"善治",但这并不意味着是国家治理的一个最终理想状态,其仍然要随着社会有机体的内在生长,不断调整治理的侧重点与现实进路。

第四,社会有机体健康有序运转与社会生活的网络化状态。社会有机体与生命有机体既有相似之处,也有迥异之处,其中"变化"之于二者的良性生长都是至关重要的,

---

① 《邓小平文选》第2卷,第333页。

"一切生命有机体都需要新陈代谢，否则生命就会停止"，[①]社会有机体亦是如此。社会有机体新陈代谢的基本动力，来源于生产力的发展以及人的实践、交往活动的不断扩展。小康社会的建成与实现，表明社会有机体处在一种健康、有序、和谐、良性的运转状态之下。显然，中国社会有机体仍处于生长的过程，并没有也不会因小康社会的建成而变成"结晶体"，但其内部的张力、矛盾确乎在不断弥合，其内部的实践力量在不断释放。

社会有机体的健康有序运转，社会分工协作的有效运作，使得小康社会事实上成为了高度联结的"有机社会"。"社会分工意味着社会成员分别做不同之'事'"，[②] 从社会成员立足自身做好不同的"事"来推动社会有机体的良性运转，是推进小康社会实现的基本方式。马克思和恩格斯认为，历史唯物主义所要谈及的"现实的个人"包括"他们的活动和他们的物质生活条件，包括他们已有的和由他们自己的活动创造出来的物质生活条件"。[③] 同样，社会有机体中的"人""事""物"是内在关联的，"人"指的是"现实的个人"即处在社会关系中的个人，"事"是"现实的个人"的活动，"物"正指向他们的"物质生活条件"。小康社会意义上的"有机社会"，正是"人""事""物"处在一种和谐有序的运转状态当中，三者之间是有机的、凝结

[①] 习近平：《深化文明交流互鉴 共建亚洲命运共同体——在亚洲文明对话大会开幕式上的主旨演讲》，《人民日报》2019年5月16日，第2版。

[②] 杨国荣：《"事"与人的存在》，《中国社会科学》2019年第7期。

[③] 《马克思恩格斯文集》第1卷，第519页。

的，而不是根本上矛盾的、冲突的。同时，也正如马克思和恩格斯所指出的那样，"一个民族的生产力发展的水平，最明显地表现于该民族分工的发展程度"。[1] 正是在这个意义上，小康社会的全面实现，也表明了当代中国社会的分工实现了对资本主义条件下分工异化的一种内在超越，其最大程度实现了现有生产力条件下人的全面发展。诚然，这样的全面发展仍然不是最大化的，实现更为深远意义上的人的自由全面发展仍然需要付诸巨大的努力。

社会有机体的健康有序运转，使得小康社会下的人处于一种网络化、社会化的状态之中，人们的交往方式日益多样、交往关系日益密切、交往状态日益趋向和谐。在可以为实践所检验的"历史向世界历史的转变"[2] 过程中，人类交往的深度实现了对以往一切世代的超越，但这并不意味着在每一个地域性的共同体内部，人们已然都实现了网络化的联结。例如，大多数欠发达国家由于交通、运输、通信等基础设施的缺位，其共同体内部社会生活的网络化程度仍处在较低的水平。而网络化的联结，实则是人的全面发展以及社会有机体的现代生长所不可或缺的关键条件。在小康社会的实现进程中，中国人生活的网络化状态得到历史性的提升。与此同时，这样一种网络化的状态是在"有为政府"领导之下的有序状态，能保障"人"之生活的有序性，从而在根本上实现了对列宁所揭示的资本

---

[1] 《马克思恩格斯文集》第1卷，第520页。
[2] 《马克思恩格斯文集》第1卷，第541页。

主义条件下"生产的无政府状态愈来愈严重,危机日益加深,争夺市场的斗争愈来愈疯狂,人民群众的生活愈来愈没有保障"①的超越。这还说明,在小康社会条件下,中国不仅在更高层次上实现了"生产本身日益社会化,使几十万以至几百万工人联结成一个有条不紊的经济机体",②还实现了对"资本逻辑"利用网络化状态宰制人的超越,这是一种更为平等、更为全面的社会生活网络化状态。从更为深远的意义上看,小康社会的全面实现为未来社会有机体的持续生长奠定了坚实的基础,其已然为中国的社会变迁创造了基础性的条件。

二、美好社会的历史生成与中国 社会变迁的演化方向

小康社会的全面建成作为一个全新的历史起点,其内在包含着社会有机体生长演化的"未竟之业",即在更高的社会发展水准上实现人民生存状态的全新变革,实现国家现代化进程的全面推进。从中国社会发展演进的历史逻辑来看,"美好社会"作为一个全新的社会图景在历史舞台上出场,有着深厚的历史根源与现实根源。这一社会图景的提出、产生与发展不是纯粹停留在"思辨"领域中的哲学探讨,而是一种与历史逻辑、制度逻辑、道路逻辑相吻合的社会发展

---

① 《列宁选集》第2卷,北京:人民出版社,2012年,第312页。
② 《列宁选集》第2卷,第312页。

选择。因而，美好社会代表着中国社会变迁的演进方向，是脱胎于现实、承接小康社会、引领中国未来发展的时代性考量。美好社会正是为实现人民美好生活奠基的社会发展图景，这一社会图景从根本上与新时代美好生活相承接，旨在为新时代美好生活的实现奠定坚实的社会基础。而这样一种社会图景之所以能够被勾勒、被描摹、被推进，正是由于其有着深厚的物质根基、矛盾根基、价值根基与制度根基，这四个方面构成美好社会生成的基本条件，并内在蕴藏着中国社会变迁的演化线索。

第一，社会生产力水平"质"的飞跃：美好社会生成的物质根基。众所周知，马克思恩格斯在《共产党宣言》中从生产力发展的维度对资本主义作出过积极的历史评价，即"资产阶级在它的不到一百年的阶级统治中所创造的生产力，比过去一切世代创造的全部生产力还要多，还要大"。[1] 而现如今，在发展生产力的速度上，社会主义条件下的小康社会几乎跨越了资产阶级社会以200年的时间才能完成的历史任务，以实践的巨大成就证成了社会主义条件下生产力发展速度与水平。在建成小康社会的前一年，即2019年，经初步核算，我国全年国内生产总值990865亿元，人均国内生产总值70892元，[2] 不论是从总体维度还是个体维度来看，这都是小康社会生产力实现飞跃的一个显

---

[1] 《马克思恩格斯文集》第2卷，第36页。
[2] 国家统计局：《中华人民共和国2019年国民经济和社会发展统计公报》，2020年2月28日，http://www.stats.gov.cn/tjsj/zxfb/202002/t20200228_1728913.html，2020年3月30日。

著标志。这样一种生产力的巨大解放与发展，充分印证了马克思对于社会主义构想的科学性与预见性。必须明确，这里所指的社会生产力水平质的飞跃，并不是社会形态演变意义上的质的变革，而是社会主义社会形态内部的阶段性质的变革，其表明小康社会已经完成了其所承载与设想的历史目标，即将进入一个全新的生产力发展阶段——美好社会。

美好社会的物质根基，是通过生产力的变革与发展、经济体系以及经济结构的优化调整来奠定的。一方面，作为"第一生产力"的科技以创新为内生性动力，其为美好社会的物质发展奠基。马克思认为，"在固定资本中，劳动的社会生产力表现为资本固有的属性；它既包括科学的力量，又包括生产过程中社会力量的结合，最后还包括从直接劳动转移到机器即死的生产力上的技巧"。① 邓小平发展了马克思关于科学技术作为生产力的思想，并将其上升到社会生产力的首要位置加以整体考量，即强调"科学技术是第一生产力"。② 从认识论的高度来审视这一命题及其实践，其独创性在于将科学技术即创新作为小康社会建立与推进的第一引擎、第一动力，有效地破除了影响社会有机体良性发展的壁垒与阻碍。正是在小康社会阶段科学技术的引领与推进，社会生产力实现了由"量"到"质"的阶段性转变，使美好社会下生产力更高层次的发展成为可

---

① 《马克思恩格斯文集》第 8 卷，北京：人民出版社，2009 年，第 206 页。
② 《邓小平文选》第 3 卷，北京：人民出版社，1993 年，第 274 页。

能。另一方面，通过现代化经济体系的建构，以及供给侧结构性改革的调整，进而生成与美好社会相适应的经济结构。改革开放以来，我国经济体系与社会供给的历史性调整，与不同阶段社会发展的目标、需要和实践是内在统一的。从"量"的积累优先到推进科学发展，再到现代化经济体系建构成效初显（"质"与"量"并重），是我国经济结构调整的演进线索。现代化经济体系的确立与发展，高质量发展的转型，推动经济发展在质量、效率、动力上实现变革与突破，社会主义市场经济体制的发展与完善，都是为了从经济领域为美好社会的实现奠定坚实的基础。特别是为现代化经济体系建构而进行的供给侧结构性改革，实际上正是通过调整社会供给的类型、内容、规模与方向，推动社会供给与人民的美好生活需要相吻合，夯实美好社会的微观基础。

第二，社会主要矛盾的历史性转化：美好社会生成的矛盾根基。列宁认为马克思主义"善于把握住实际生活中的、资本主义和工人运动实际历史中的这些矛盾"，[1] 这样一种彻底的分析方法深刻影响与塑造着中国社会的发展进程。毛泽东则深刻地揭示了矛盾在社会主义条件下的积极性质，即"在社会主义时代，矛盾仍然是社会运动发展的动力"。[2] 美好社会的历史性生成，根本原因在于我国社会主要矛盾的历史性转化，即"人民日益增长的美好生活需要和不平衡不充分的发

---

[1] 《列宁选集》第 2 卷，第 274 页。
[2] 《毛泽东文集》第 8 卷，北京：人民出版社，1999 年，第 133 页。

展之间的矛盾"。① 社会供给侧与社会需求侧之间不平衡的矛盾发生了深刻的转变，其要求社会有机体进行自我革新与重塑，以此适应社会发展的变革性诉求。正是这样一种自我革新的历史必然性，呼唤着小康社会之后迎来一种更高发展水准的社会图景，即美好社会。由此可见，从社会发展演化的"大历史"来理解与把握美好社会生成的必然性，正是要抓住新时代我国社会主要矛盾的历史性演变，进而深刻把握我国社会发展的历史性线索。

美好社会是为实现美好生活奠基的社会。前者指向社会有机体在新时代的呈现样态，后者指向新时代人民的生活样态，二者是同一实践进程的不同展开与不同面向。马克思在《雇佣劳动与资本》中便强调，"我们的需要和享受是由社会产生的；因此，我们在衡量需要和享受时是以社会为尺度，而不是以满足它们的物品为尺度的"。② 从这个意义上看，人的需要及其满足从根本上受到社会结构、社会供给、社会发展的制约，我们必须将人的需要置于整个社会的层面加以考量。从历时性的角度来看，不同社会形态，乃至于不同社会形态发展的不同阶段，人的生活样态完全呈现出截然不同的样貌。从共时性的角度来看，生活在同一历史时期的不同共同体与社会当中的人，其生活样态也可以是根本上不同的。一言以蔽之，人之生活的一切可能，都有赖于社会有

---

① 习近平：《决胜全面建成小康社会　夺取新时代中国特色社会主义伟大胜利——在中国共产党第十九次全国代表大会上的报告》，北京：人民出版社，2017年，第11页。

② 《马克思恩格斯文集》第1卷，第729页。

机体发展状况与社会供给状态的根本性制约。

从历史唯物主义的整体性视角来看,对于特定社会或共同体而言,同一历史时期的社会结构与生活叙事是同一的。与新时代美好生活相适应的社会图景,正是美好社会。"新时代美好生活的出场是与社会主要矛盾的演化历程相承接的,表明了中国人民生活样式的变迁进入了一个崭新的、高层次的阶段",① 而生活样式的变迁与社会结构的变迁是内在关联的,在新时代的时空条件之下,美好生活所对应的社会有机体发展状态正是美好社会。在阐述"新的历史观"的内涵与特征之时,恩格斯对于未来社会的人之需要的满足作出过诠释,即"使社会生产力及其成果不断增长,足以保证每个人的一切合理的需要在越来越大的程度上得到满足"。② 虽然此处恩格斯所指涉的社会应是"自由人联合体",③ 但毫无疑问,为实现美好生活而奠基的美好社会,将向满足与保证"每个人的一切合理需要"迈出一大步。这正是美好社会生成的意义所在。

第三,社会主义核心价值观的确立:美好社会生成的价值根基。一个社会有机体的良性发展,必然要诉诸维系其存在与发展演化的价值根基。这样一种价值根基渗透到社会有

---

① 项久雨:《新时代美好生活的样态变革及价值引领》,《中国社会科学》2019 年第 11 期。
② 《马克思恩格斯文集》第 3 卷,第 460 页。
③ 《共产党宣言》从历史唯物主义出发把握"自由人联合体",即"代替那存在着阶级和阶级对立的资产阶级旧社会的,将是这样一个联合体,在那里,每个人的自由发展是一切人的自由发展的条件。"(《马克思恩格斯文集》第 2 卷,第 53 页)

机体的文化领域，是社会有机体发展演化中深层的、精神的、潜在的力量。美好社会的生成同样是建立在价值根基之上的，社会主义核心价值观从价值理念与价值实践的双重高度上规定了美好社会的生成方式、发展进路与未来走向。

马克思认为，"观念的东西不外是移入人的头脑并在人的头脑中改造过的物质的东西而已"。[①] 社会主义核心价值观为美好社会奠基何以可能？其根本原因在于，核心价值观的生成，是与中国社会主义发展演进的历史逻辑、实践逻辑相一致的，特别是小康社会条件下人们基于实践基础上生成的价值观念，并在更长的时间尺度内对社会变迁与发展进行价值引领。其一，社会主义核心价值观明确了美好社会的价值旨归。社会主义核心价值观中所包含的价值理念塑造并决定了未来社会（在下一阶段表现为美好社会）的价值取向，即其在深层意义上指明了美好社会更高层次的价值诉求与实践旨归。对于力图在本世纪中叶完成现代化任务的中国而言，现代化了的国家、现代化了的社会以及现代化了的人，正是社会主义核心价值观的现代化指向，同时也是美好社会之现代化价值取向的深层彰显。其二，社会主义核心价值观凝聚了人们对美好国家、美好社会、美好生活的共识。纵观大历史，社会变迁的过程往往是价值冲突频发的历史时刻，引领一个社会的未来走向，必然要求化解价值冲突、解决价值分歧。"价值多元化的必然结果是价值冲突，价值冲突是社会转型时

---

① 《马克思恩格斯文集》第5卷，第22页。

期的一个最显著特征。"① 社会主义核心价值观的提出及其深化，改变了价值场域上多元纷争的局面，从价值上为中国人安身立命提供价值根脉，为中国社会的变迁提供价值遵循，为中国现代国家治理提供价值准绳。不论是个体、社会还是国家，在社会变迁的过程中都必须依照已然确立的价值观念来行动，才能最大程度实现个体幸福与共同体发展的同频共振。其三，社会主义核心价值观提供了一整套美好社会的价值实现方式。在社会变迁进程中，价值理念的深层意义在于"改变世界"，即实现马克思所说的"理论一经掌握群众，也会变成物质力量"②的实践目标。从这个意义上看，社会主义核心价值观是要塑造出一个全新的、观念意义上的社会，并通过人的实践将其转变为现实，这一现实正是要实现美好社会。概言之，社会主义核心价值观的方法论意义及其不可分割的实践指向，为美好社会的生成铸造了坚实的价值根基，使这一社会图景自提出与生成之始便高扬着价值理性的旗帜。

第四，社会主义制度的定型与发展：美好社会生成的制度根基。制度变迁与社会变迁是同一过程的不同展开，其内在机理具有同构性。在历史唯物主义看来，"生产以及随生产而来的产品交换是一切社会制度的基础；……一切社会变迁和政治变革的终极原因，……应当到生产方式和交换方式的变更中去寻找"。③ 正是从历史唯物主义出发，美好社会

---

① 兰久富：《社会转型与价值冲突》，《北京师范大学学报》1999 年第 3 期。
② 《马克思恩格斯文集》第 1 卷，第 11 页。
③ 《马克思恩格斯文集》第 9 卷，第 283—284 页。

建立的前提与基础在于物质要素的变动，现实根源在于社会主要矛盾的转化，核心在于社会主义核心价值观的精神奠基与文化沉淀，而根本保障在于制度的完善与变迁。

美好社会的生成有赖于制度对"公意"的根本回应与渐进实现。卢梭认为，"使意志得以公意化的与其说是投票的数目，倒不如说是把人们结合在一起的共同利益；因为在这一制度中，每个人都必然地要服从他所加之于别人的条件。"[1] 诚然，卢梭的公意学说有其学理上的深刻性，但其根本局限在于其无法开掘公意的真正实现进路。对于一个共同体而言，要想达成公意的理想状态是非常困难的，但一项社会制度是否合乎公意、是否能实现公意，需要从动机、过程与效果三方面加以评价。经过小康社会阶段的不断推进，现代中国的国家治理与制度安排愈发注重公意，即将"以人民为中心""以人为本""人民主体"等理念贯穿到小康社会各领域实践的全过程，贯穿到社会主义制度设计与国家治理始终，并着眼于现实的治理成效是否合乎公意。在这一过程中，一个真正具备实现公意条件与能力的制度便得到不断完善，这正是从制度的层面为美好社会的生成奠基，一个有力呼应并最大可能在现有生产力水平下实现公意的制度，正是美好社会所希冀的制度。

美好社会的创制过程，既是人的主观能动性生动塑造的过程，又是一个制度反过来决定治理、影响治理的过程。孟德斯鸠在《罗马盛衰原因论》中提出，"在社会制度刚刚产

---

[1] 卢梭：《社会契约论》，何兆武译，北京：商务印书馆，2003年，第40页。

生出来时，共和国的首脑们就缔造了共和国的制度，而后来则是共和国的制度造成了共和国的首脑"。① 这深刻点明了领导力与制度之间的内在联结与互动关系。在小康社会实现后，我国"在各方面制度更加成熟更加定型上取得明显成效"② 已经获得公认，美好社会的制度图景与党的十九届四中全会所提出的两个阶段性目标③进一步相互承接。制度完善与国家治理现代化的进程，也是美好社会的实现进程。中国的领导力、主观创制能力将不断为美好社会奠定制度根基（制度设计），即通过建章立制、完善制度来确保有"制"可依、有"规"可循。与此同时，在国家治理现代化的进程中，更加巩固的制度也将为美好社会的运行提供根本保障（制度运行）。

总而言之，美好社会及其实现是中国社会变迁与历史演进的结果，具有历史必然性，遵循着科学社会主义的原则与内在逻辑，实现了对空想社会主义者"只有从头脑中产生出来"④ 社会制度的根本超越。

---

① 孟德斯鸠：《罗马盛衰原因论》，婉玲译，北京：商务印书馆，2017年，第2页。
② 《中共中央关于坚持和完善中国特色社会主义制度　推进国家治理体系和治理能力现代化若干重大问题的决定》，《人民日报》2019年11月6日，第5版。
③ 党的十九届四中全会提出，"到二〇三五年，各方面制度更加完善，基本实现国家治理体系和治理能力现代化；到新中国成立一百年时，全面实现国家治理体系和治理能力现代化，使中国特色社会主义制度更加巩固、优越性充分展现。"（《中共中央关于坚持和完善中国特色社会主义制度　推进国家治理体系和治理能力现代化若干重大问题的决定》，《人民日报》2019年11月6日，第5版）
④ 《马克思恩格斯文集》第9卷，第274页。

三、现代性的扬弃与超越：
美好社会的图景沉思

美好社会在当代中国的生成，真正实现了对社会历史主体——"人"的关注。其与"小康社会"一样，有着共同的对人之精神与价值的高扬。美好社会作为一种崭新的社会图景，其实现既为了人，又依托人的状态，正如马克思所言，"人即使不像亚里士多德所说的那样，天生是政治动物，无论如何也天生是社会动物"。① 唯有真正依托处在社会关系中的人，并凝结起社会整体意义上人的力量，更高层次的美好社会图景才能转变为现实。但美好社会比小康社会更进一步的地方在于，人的全面发展程度与全体人民共同富裕的实现程度将迈出更坚实的步伐、实现更大的跨越。

毋庸讳言，沉思美好社会的图景、理解美好社会生存状态的变革，乃是关乎中国社会变迁的重大论题，可以说是新时代中国社会发展的"母题"。这一图景本身既要实现对以往一切世代社会发展状况的超越，又要延续中国社会历史演进的基本逻辑与核心脉络，更要承继历史唯物主义关于人类社会发展规律的深刻洞见。美好社会的图景是一幅逻辑与历史相统一的理想图景，既是对"现代性"固有弊端的扬弃与超越，又着眼于新时代条件下人的现实幸福、现实生活体验、现实社会交往，在此基础上，又进一步开掘人在美好社

---

① 《马克思恩格斯文集》第5卷，第379页。

会中实现全面发展的可能。基于此，美好社会应当呈现出一幅扬弃"现代性"、实现"人民的现实幸福"、在现有条件下追求"自由个性"的社会发展图景。

第一，超越"现代性"的美好社会图景。在马克思看来，"物的依赖关系无非是与外表上独立的个人相对立的独立的社会关系，……个人现在受抽象统治，而他们以前是互相依赖的"。① "物的依赖性"是资本主义社会中人之生存状态的真实写照，虽然在这一社会中"人的独立性"也得到了历史性的提升，但这种提升无疑是伴随着沉重代价的。可见，"人的独立性"与"物的依赖性"实际上是现代性的两副面孔，一面代表着现代性的进步性，一面代表着现代性的破坏性与矛盾性。我们都知道，现代性意味着自启蒙时代以来现代社会所不可剥离的核心，其构成了现代世界之所以成为现代世界的基本内容。但是，必须明确，资本主义所创造出的现代性，只是众多现代性版本的初始版本或发展得较为充分的版本之一，而不意味着现代性的终结。马克思对现代性的认识无疑是深刻的，即"用历史的观点来看待现代性和现代社会的流变和发展"。② 思考合乎"价值理性"以及"人的解放"发展方向的现代性中国版本，是美好社会所承载的现实任务与重大使命。

首先，我们要对现代性进行彻底的、具有中国主体性的"反思"，美好社会要克服工具理性遮蔽价值理性的现代性

---

① 《马克思恩格斯文集》第 8 卷，第 58—59 页。
② 丰子义：《马克思现代性思想的当代解读》，《中国社会科学》2005 年第 4 期。

固有缺陷。西方马克思主义与左翼激进哲学注重从文化视角对现代性进行反思，这一视角固然有其意义与价值，但也有显著的缺陷，即没有上升到马克思所开创的市民社会批判视角，较少或没有真正从物质根源中找寻真正可以"改变世界"的现实进路。将美好社会置于现代性批判的整体视角下进行图景沉思，必须从历史唯物主义的核心进路出发，进行彻底的、基于中国本土化视角的现代性反思。从美好社会的生产力发展水平着手，从美好社会中人的生存状态、生产关系、社会关系中着手，现实地对现代性进行思想层面与现实层面的"否定之否定"。在这里，必须明确，美好社会要反思现代性的物质生活、精神生活、政治生活的异化现实，找准现代性的弊端对症下药，才能根本医治现代性的精神危机与内在矛盾，找寻美好社会图景的方向。

其次，对现代性的"扬弃"，美好社会要在扬弃的基础上进一步继承现代性的文明成果。对现代性进行扬弃，就意味着不全盘否定与抛弃现代性的文明结晶。马克思早已指出，"人们自己创造自己的历史，但是他们并不是随心所欲地创造，并不是在他们自己选定的条件下创造，而是在直接碰到的、既定的、从过去承继下来的条件下创造"。[①] 不论我们承认与否，我们都早已站在现代性框定的历史维度中进一步推进社会主义时空尺度之下的美好社会建设。现代性下的科技成果、生产发展、制度创造、思想智慧有其历史进步性，也有其历史局限性，现代性下的社会图景确实给人带来

---

① 《马克思恩格斯文集》第 2 卷，第 470—471 页。

了一定意义上的需要满足，但这种满足是有限度的，这种限度既表现在主体上，也表现在需要的内容上。美好社会的理想图景正是要在主体与内容上实现对现代性的扬弃，让所有人而不是少数人或多数人成为美好社会的拥有者，在需要的满足上也同样实现历史性的提升。

再次，对现代性的"超越"，美好社会要为现代性提供社会主义方案与智慧。现代性肇始于西方，但并不意味着现代性的所有权与话语权在西方。中国在新时代所要致力于实现的美好社会，在其终极图景上必然要表现出迥然不同于西方的全新图景。这样的图景主要从三方面体现：一是在美好社会中，劳动不断朝向人之"生活的第一需要"① 发展。在美好社会中，属于现代性的人之劳动异化的状态将得到根本缓解，劳动不再成为压迫人的存在，而是成为彰显人的主体性的存在。二是在美好社会中，对人的美好生活需要的满足也实现多维度的扩展、多样态的提升，这还包括对小康社会条件下人的需要满足进一步跃升。三是以社会主义的整体优势来推进技术变革，创造出超越现代性科技发展的全新社会图景，使美好社会从根本上成为一个人所期待、所向往的社会。

最为根本的是，美好社会要着眼于超越现代性条件下制度的根本缺陷。资本主义条件下政治国家与市民社会之间是根本对立的，"在经济关系要求自由和平等权利的地方，政

---

① 《马克思恩格斯文集》第 3 卷，第 435 页。

治制度却每一步都以行会束缚和各种特权同它对抗"。① 处在上层建筑的各项制度安排无法真正做到满足所有人的利益，而只能是满足资本的利益、少数人的利益。美好社会的制度图景，正是要实现对现代性制度缺陷的根本超越：使政治制度更好地巩固人民当家作主的地位；经济制度更好地契合解放和发展社会生产力的需要；社会制度更好地维护人民的权益；文化制度更好地提升人民的精神生活；生态制度更好地建构合乎人类理想的居住环境。进一步看，从"反思""扬弃"再到"超越"，美好社会的理想图景既有合理吸纳，又有批判超越，它站在"世界历史"的发展进程中实现文明新类型的建构。

第二，实现"人民的现实幸福"的美好社会图景。从宗教批判到政治批判，马克思认为"废除作为人民的虚幻幸福的宗教，就是要求人民的现实幸福"，② 即将"颠倒的世界"再颠倒过来，用现实的方式、现实的手段来实现人民现实的幸福。在实现人的"政治解放"之后，历史并没有终结，也没有可能终结。资本主义的制度并没有给所有人带来现实的幸福，人类历史并不是像"历史终结论"者所简化的那样：自由民主制度成为"人类最后一种统治形式"，③ 并且"自由民主创造了由一种欲望和理性组合而成但却没有抱负的人……由于完全沉湎于他的幸福而对不能超

---

① 《马克思恩格斯文集》第9卷，第111页。
② 《马克思恩格斯文集》第1卷，第4页。
③ 弗朗西斯·福山：《历史的终结及最后之人》，黄胜强、许铭原译，北京：中国社会科学出版社，2003年，"代序"，第1页。

越这些愿望不会感受到任何羞愧,所以,'最后之人'已经不再是人类了"。① 这种抽象的"最后之人"无疑是一种无根基的空想,其所允诺的幸福多停留于观念层面而非现实层面。中国现代化发展从"站起来""富起来"到"强起来"的历史历程,特别是小康社会发展的历程及其历史成就,提升了中国人的幸福体验与发展状态,增强了中国社会的活力与凝聚力,促进了中国国家实力的提升,使"历史终结论"及其所虚设的"最后之人"的现实基础瓦解。

　　什么是"人民的现实幸福"?何以创造"人民的现实幸福"?这是关涉美好社会"向何处去"的元问题。从美好社会的视角审视之,"人民的现实幸福"是人民在劳动主体性愈加彰显的基础上,对物质财富的充分享有,对政治生活的能动参与,对精神生活的主体建构。这些不仅是小康社会留下并有待历史发展而推进的现实论题,更是美好社会满足"人民的现实幸福"的历史独创性之处。其一,更好地保障人民的物质利益与社会福利,成就美好社会物质上的美好。美好社会应更关注对人所能支配的自由时间,在每个人的共同努力之下推动社会物质财富的进一步涌流,实现数据指标维度上的全新跨越,以及主观体验层面上人民的物质享有、福利与社会保障。具体而言,其涵盖更好的经济收入、就业机会、发展空间、教育水平、医疗条件、居住环境与生活质量等。其二,更好地捍卫人民的政治权利与法律权利,成就美好社会政治上的美好。美好社会应充分注重对政治共同体

---

① 弗朗西斯·福山:《历史的终结及最后之人》,"代序",第13页。

成员主体性的调动，更好地使每一位成员不论出身、背景、收入都能够表达对政治共同体更好发展的建议与意见，使国家治理基本实现"善治"的状态。基于此，人民对于共同体的热爱更加强烈，对于自己作为共同体主人的身份更加认同并表现在行为当中。与此同时，作为美好社会法律支撑的中华法系更加完备，其文明意义更加彰显，法治国家、法治政府与法治社会更加深入推进。其三，更好地凝聚人民的价值意识、提升人民的精神境界，成就美好社会精神上的美好。美好社会既凝聚了全体社会成员的价值观念，又构建不同价值观念交往的价值场域，由此，美好社会既形成一种社会发展意义上的共识，又能够从不同角度展开对社会发展的价值探讨、精神思考。

总的说来，美好社会应当更好地确立与彰显劳动的主体性地位，成就美好社会中人之需要与对象性活动的美好。不论是"物质—社会""政治—法律"还是"精神—价值"，都需要通过人的劳动才能实现美好社会这一历史性的、追求"人民的现实幸福"的图景。早在百年前，列宁就曾指出，俄国的革命实践印证了国际歌中所传唱的"要创造人类的幸福，全靠我们自己"。[①] 的确，历史与现实雄辩地证明，"人民的现实幸福"只有人民自己创造、自主劳动、自我追求才能实现，而没有什么"救世主"能够降临幸福。对于美好社会而言，将"人世间的一切幸福都

---

① 《列宁选集》第2卷，第268页。

需要靠辛勤的劳动来创造"① 的理念落到实践中,无疑是至关重要的。

实际上,公民社会的崛起与成长是美好社会的题中应有之义,这是生成现实幸福的重要落脚点。公民社会(civil society)是发源于西方的概念,其主要指向"是官方政治领域和市场经济领域之外的民间公共领域",② 但其意义不局限于西方,在扬弃主导西方公民社会的资本逻辑之后,我们主要探讨的是在实现"中国人"幸福的过程中所应当生成的一个重要公共领域。对于美好社会的建构而言,公民社会的生长与发育是不可或缺的重要环节,其在根本上影响着社会的整体活力,并进而影响着中国人的幸福体验。概言之,美好社会应当是活力涌流的社会,是每一位公民都能参与进来、享有幸福、实现价值的社会,其将呈现一幅中国历史上前所未有的社会图景。

第三,追求"自由个性"的美好社会图景。我们都知道,在马克思看来,自由个性是共产主义社会理想图景的代称。在社会主义初级阶段的条件下,这种自由个性的社会状态还不具备最大化实现的条件。社会主义作为共产主义的第

---

① 习近平:《习近平谈治国理政》,北京:外文出版社,2014年,第4页。
② 俞可平:《中国公民社会:概念、分类与制度环境》,《中国社会科学》2006年第1期。也有学者认为,"公民社会"是一个错误的表达式,是对"市民社会"与"公民国家"的双重误读。(参见张康之、张乾友:《对"市民社会"和"公民国家"的历史考察》,《中国社会科学》2008年第3期)实际上,在马克思看来,市民社会在广义上指涉物质生产关系,狭义上指涉资产阶级社会的物质生产关系,市民社会的内涵与外延在学界时有争鸣。本文暂且搁置对概念的讨论,就美好社会的图景展望而言,公民社会的现代发育是一个真问题,如何激活更为广阔的社会力量投身于美好社会的建设,无疑是至关重要的。

一阶段，其本身有着为共产主义开辟道路的价值内核与制度基础，追求自由个性也因而成为社会主义的价值取向与题中之义。对于美好社会而言，其所追求的自由个性程度比以往一切世代都要更进一步、更深一层，才能彰显这一社会图景的历史进步性与世界历史意义。

美好社会将最大程度以所有人的自由个性，超越过去少数人的自由个性。历史地看，资产阶级社会中的自由个性，都是少数人的自由个性，马克思恩格斯早就指明"要消灭资产者的个性、独立性和自由"，[①] 其理论深蕴便在于其争取所有人的自由个性。从中国社会主义的发展历程来看，自由个性的实现实际上是一个历史的进程，革命时期、建设时期、改革时期都在不同程度上推进了一部分，而美好社会承载着将其继续深化推进的重大使命。小康社会虽然实现了所有人摆脱贫困以及生存状态的整体性跃升，但还未使所有人都能实现生活品质、美好生活需要的全面满足。而这一"未竟之业"实则是美好社会图景的重要组成部分，即让越来越多的人，最后变成所有人都能享受美好生活。

美好社会要以现实的自由个性追求，超越抽象的自由个性幻想。在马克思看来，自由个性的实现从根本上是与生产资料所有制关系相联系的。在《资本论》中，马克思对自由个性实现的根本标准作出了合乎历史逻辑的探讨，他指出，"劳动者对他的生产资料的私有权是小生产的基础，而

---

① 《马克思恩格斯文集》第2卷，第47页。

小生产又是发展社会生产和劳动者本人的自由个性的必要条件。……只有在劳动者是自己使用的劳动条件的自由私有者,……它才得到充分发展,才显示出它的全部力量"。①从美好社会的图景来看,现实的自由个性是建立在生产资料所有制的基础之上,不断解放和发展生产力,深入推进社会主义基本经济制度的革新,使之能够与美好社会阶段中人的自由全面发展需要相适应。这便是实现了对一切非现实的、抽象的自由个性观念的彻底超越,自由个性不可能在幻想中实现,而只可能在生产中、在实践中、在美好社会的发展进程中实现。

美好社会要以深层的自由个性,超越浅层的自由个性。自由个性不是一个无需再发掘、再审视的命题,而是一个需要随着历史发展以及社会变迁而逐步深化其内涵与外延的命题。某一历史时期视作是深层的自由个性状态,在另一历史时期看来,可能是浅层的或已然实现的。因而,美好社会图景中所要追求的是一种更深层的自由个性状态,它并不是一个国家治理的口号,而是一种带有宣言性质的理想目标,这种目标的实现带有历史必然性的色彩。基本看来,美好社会中深层的自由个性状态,包括但不限于"社会人"意义上交往范围及其程度的全面扩展,"文化人"意义上主观精神世界的全面跃升,"经济人"意义上物质财富的全面扩展。"社会人""文化人"与"经济人"在美好社会的人之自由个性状态中实现了有机统一,并进而从不同层面延展出一种深层

---

① 《马克思恩格斯文集》第5卷,第872页。

的、内在的生存状态。

美好社会要以制度化的自由个性，超越非制度化的自由个性。自由个性作为人的一种生存状态，并作为一种远大的目标图景，其实现必然需要现实的运动来推进，同时也需要制度的坚实捍卫与根本保障。美好社会的实现，与国家治理现代化的实现，实则是同一进程的不同展开。"我国国家治理一切工作和活动都依照中国特色社会主义制度展开"，[①] 美好社会的实现进程在一定程度上取决于国家治理与制度发展的进程。为了实现现有条件下人之自由个性的充分展开，就必须调整经济制度、政治制度、文化制度等制度安排，使之为社会主义条件下人的全面发展提供体系化、常态化、制度性的保障。

总而言之，"反思、扬弃与超越"作为美好社会的第一重图景，其将内在地彰显出社会主义社会条件下的社会图景对比资本主义社会的显著优势与根本特征；实现人民的现实幸福作为美好社会的第二重图景，其将使每一位生活于中国这一"政治—文化"共同体中的人民历史性地感受到幸福感、获得感的提升；实现现有条件下的自由个性作为美好社会的第三重图景，其将推动"现实的个人"不断迈向自由全面发展的阶梯，即便其最终实现仍然是一个久远的历史进程。

---

① 《中共中央关于坚持和完善中国特色社会主义制度　推进国家治理体系和治理能力现代化若干重大问题的决定》，《人民日报》2019年11月6日，第1版。

四、道路自信与民族复兴的变奏：
美好社会的深层取向

"美好"的社会图景必然有其深层的、内在的价值指向，这种深层的价值指向支撑其成为人类文明发展进程中的一个理想的、臻于"至善"的社会图景。实际上，"每个时代都有它自己中心的一环，都有这种为时代所规定的特色所在"。[①] 美好社会是在中国发展演进中所要经历的一个历史时期，理解美好社会背后的时代规定性及其深层意蕴，对于我们推进美好社会的实践、定位美好社会的发展意义重大且深远。从美好社会的一般性特征来看，其深层取向与文明意蕴可以从道路自信与民族复兴两个核心维度加以把握。一方面，道路自信作为一个时代性的命题是多层次展开的：其一，有"道路"可自信，这条道路正是中国人创造出的中国特色社会主义道路，是推进美好社会、创造美好生活的正确道路，这一道路探索的关键在于"现代化与马克思主义中国化"，[②] 其既有别于苏联式的社会主义道路，也不是对西方资本主义道路的复刻。正如习近平所言，"当代中国的伟大社会变革，不是简单延续我国历史文化的母版，不是简单套用马克思主义经典作家设想的模板，不是其他国家社会主义实践的再版，也不是国外现代化发展的翻版，不可能找

[①] 李泽厚：《中国近代思想史论》，北京：人民出版社，1979年，第475页。
[②] 吴晓明：《马克思主义中国化与新文明类型的可能性》，《哲学研究》2019年第7期。

到现成的教科书。"① 其二，有"道路"需自信，这条道路的推进对美好社会的实践有着内在的促进作用。只有以自信的面貌来实践与发展这条道路，美好社会才能从理论转变为现实。另一方面，民族复兴本身包含着三个维度的内容：一是主体维度，伟大复兴的领导主体是中国共产党，参与主体是全体中国人民，没有中国共产党就不可能实现伟大复兴，这一点与美好社会是一致的。二是时间维度，伟大复兴的实现是一个历史的过程，是近代以来中国人接续奋斗的宏愿，在不同历史时期有不同的推进方式，其在小康社会结束之后的新阶段有赖于通过美好社会的建构来加以推进。三是空间维度，伟大复兴主要意指中华民族在本民族共同体的生活空间中的复兴，其是一种和平的、非扩张的、正义的复兴，同时这种复兴不仅追求着中国人的美好社会、美好生活的实现，也对世界秩序的调整、人类命运共同体的建构有着积极意义。

　　美好社会是道路自信与民族复兴在社会层面的现实展开。即这是一个开创文明发展道路之新类型的社会图景，同时也是一个民族再现昔日荣光的社会图景。第一，美好社会的发展有其内在方向，即顺应历史发展的必然趋势，这一趋势从中期来看正在于中华民族的伟大复兴。作为美好社会发展深层指向的伟大复兴首要是民族的复兴，这种复兴不是抽象的，而是落实到人之生存状态变革的具体现实当中的。正所谓，"国家富强，民族复兴，人民幸福，不是抽象的，最终要体现

---

① 习近平：《习近平谈治国理政》第 2 卷，第 344 页。

在千千万万个家庭都幸福美满上,体现在亿万人民生活不断改善上。"① 复兴意味着对历史上中国曾经走过的辉煌文明旅程的当代发扬,正如雅斯贝斯(又译作雅斯贝尔斯)所言,"轴心期潜力的苏醒和对轴心期潜力的回忆,或曰复兴,总是提供了精神动力。对这一开端的复归是中国、印度和西方不断发生的事情"。② 美好社会意味着复兴图景在社会层面的展开,即要深层彰显出中华文明的历史底蕴与现代价值,为人类提供一种可能的文明发展进路与社会发展进路,而告别滥觞于西方的现代性宰制一切的社会图景。第二,美好社会的到来同样意味着中国道路的实践进入了崭新的阶段,人们心中对道路的自信程度与认识程度又深了一层、进了一步。在雅斯贝斯看来,"社会主义是当代人类的普遍倾向,它趋向于对劳动和劳动产品的分配进行组织,这将可能使全人类获得自由。在这个范围内,今天几乎每个人都是社会主义者。"③ 社会主义是一条注定通向平等与自由的道路,这一社会形态不仅是历史的、现实的,更是合乎人的内在价值与利益需要的。其中,美好社会正是中国社会主义推进平等与自由实现进程的重要历史环节,对于这样一条道路、一种社会图景的自信,无疑是切中历史本质的。从目前中国社会主义发展进程来看,美好社会不仅可以从实践进程中证成社会主义道路的优越性与必然性,而且在内在尺度上提升了全体人民的道

---

① 习近平:《习近平谈治国理政》第 2 卷,第 354 页。
② 卡尔·雅斯贝斯:《历史的起源与目标》,魏楚雄、俞新天译,北京:华夏出版社,1989 年,第 14 页。
③ 卡尔·雅斯贝斯:《历史的起源与目标》,第 197 页。

路自信程度，即内在尺度与外在尺度在社会图景及其实践中是合二为一的。

美好社会的实践及其在道路自信与民族复兴双重维度上的展开，在深层意义上象征着中国这一古老而又崭新的文明不断实现现代生长。汤因比从历史的角度对文明进行了考察，他认为"文明好象是通过活力而生长起来，这种活力使文明从挑战通过应战再达到新的挑战"。[①] 在"百年未有之大变局"的历史形势之下，美好社会作为文明现代生长的社会场域，其面临着变革性的历史机遇与复杂性的历史挑战。"挑战—迎战—挑战"是汤因比对于文明生长过程的规律探寻。的确，从中华文明的发展历程来看，其内在的具有一种韧性与生长性，总是在应对不同的挑战、冲击当中反而实现文明的演进与生长。任何一种异质性文明的汇入，都没有改变中华文明自身的价值内核与基本属性。美好社会作为道路自信与民族复兴在新时代的深层体现，其内在指向着中华文明即将实现对于西方现代性——即构成西方世界运转的中轴——的内在超越。从这个意义上来理解，美好社会还意味着中华文明的现代展开，与古代中国不同，作为一种社会发展图景的美好社会是"合规律性"与"合目的性"相统一的。一方面，美好社会的合规律性在于，其与社会主义建设的历史走向以及人类历史的发展走向是一致的，其始终在规律的尺度下展开。另一方面，美好社会的合目的性在于，

[①] 汤因比：《历史研究》（上），曹未风译，上海：上海人民出版社，1959年，第239页。

其融入了中国主题对于道路探索、文明生长与民族复兴的深远追求，其必将呈现出一种多样的、现代的、美好的社会图景与文明图景。

道路自信与民族复兴的双重变奏内在要求美好社会作为深层支撑。从根本上看，道路自信与民族复兴有其客观基础，但仍是一种观念意义、价值意义上的状态描摹，二者都是中国人心中对于道路、民族发展境遇的现实感受与价值评价。美好社会是一种中观维度的社会图景，其在宏观层面上归属于社会主义的社会图景，是社会主义发展进程中呈现出的阶段性图景。我们注意到，道路自信必须有现实根基，必须有强大的物质基础与社会生活变革的成就，人们才能从现实中、生活中来体验、感受、认识与思考道路的内在优越性与变革性意义。美好社会正是新时代道路自信的深厚来源，其在21世纪的历史尺度下证成社会主义的生命力，证成民族复兴前景的现实性。深入地看，民族复兴这一命题内含着两个前提性的条件，一是中华民族过去曾经"兴"过，即作为民族共同体的中国有过辉煌的历史，但近代由于外在的殖民与压迫而一度走向了"衰亡"；二是中华民族的伟大复兴是一种更高标准、更为广泛、更加深刻的复兴，而不是对于过去的简单复刻与延续。因而，民族复兴的历史进程，正是"中华民族由近代不断衰落到根本扭转命运、持续走向繁荣富强的伟大飞跃"[①]的历程。历史地看，中国共产党推

---

① 习近平：《决胜全面建成小康社会　夺取新时代中国特色社会主义伟大胜利——在中国共产党第十九次全国代表大会上的报告》，第14页。

进民族复兴的实践已经走过了一大半，新时代这一目标与任务的实现，有赖于通过美好社会、美好生活的实践来加以推进。"从本质向度看，中国人民的美好生活和中华民族的兴盛具有同一性"，① 民族复兴不可能脱离于美好社会、美好生活的框架中独立实现，而是社会发展、民族发展整体的、有机的、关键的一环。我们必须深刻理解民族复兴在中国实践中的多维展开与不同侧面，深刻把握民族复兴与社会发展其他领域、其他侧面的内在关联。实际上，道路自信、民族复兴与美好社会是相互支撑的，三者既有观念层面的内在契合性，又有实践基础之上的同构性与协同性。"道路—民族—社会"实际上构成了我们思考新时代中国现代化发展进程的核心参考坐标系，构成了我们正确认识与审视时代的观念支撑与实践支撑。

美好社会的生成与演化具有历史必然性，其在深远意义上将开启道路自信与民族复兴的未来向度。道路自信与民族复兴的时代深蕴不是一成不变的，而是随着社会变迁与历史发展的进程而内在变化的。美好社会的启幕及其未来实践，将为民族复兴与道路自信注入全新的意涵，一种与新时代的高度相一致的意涵。一方面，美好社会将续写新时代中国特色社会主义道路的内生性意义与外生性意义。对于世界而言，在和平与发展的时代主题之下，大国竞争当中的不确定性、不可控性因素日益显现，"世界仍是由在无政府状态下

---

① 刘志洪、郭湛：《中华民族复兴的美好生活意涵》，《江海学刊》2020年第1期。

生活的国家所组成。无论是联合国还是其他国际组织,都没有针对大国的强制手段"。① 国际秩序的调整进入了关键的历史时刻,中国国内美好社会的建构,实则构成了中国参与全球治理进程的内在支撑与有力保障。中国对外话语权的现实来源,正是由美好社会、美好生活所赋予的,不存在脱离成就的话语权。除此之外,中国美好社会的成就,将切实改善中国人民的生存状态与生活境遇,向世界展现一种全新的社会发展图景,为欠发达国家与发展中国家提供文明发展与道路发展的新范式、新进路。另一方面,美好社会将书写新时代中国特色社会主义道路的现实性意义与世界历史意义。美好社会的现实意义在于对人民美好生活的实现,与此同时,人民在这一社会中不仅是被政府服务的对象,更是发挥着自由自觉的劳动、不断发挥自身主体性的能动存在。从更为宽广的世界历史视野来看,"如果说,中华民族的伟大复兴在完成其现代化任务的同时将开启出一种新的文明类型……那么,以马克思主义中国化来定向的中国道路,尤其是中国特色社会主义道路,就开始展现出它的世界历史意义了"。② 美好社会正是中国道路彰显世界历史意义的核心场域,其标志着崭新文明类型的诞生及其发展,其标志着科学社会主义现代篇章的全新书写。

---

① 约翰·米尔斯海默:《大国政治的悲剧》,王义桅、唐小松译,上海:上海人民出版社,2003年,第508页。
② 吴晓明:《马克思主义中国化与新文明类型的可能性》,《哲学研究》2019年第7期。

结　　语

21世纪马克思主义的发展与社会主义的未来，是我们这个时代的深层问题，是"当代所谓的问题之所在［that is the question］的那些问题的中心"。① 前者关乎理论与理念的原创性贡献与内生性发展，后者关乎人类社会的历史发展及其实践走向。从观念与实际的内生性互动关系来看，美好社会作为美好生活在中观社会层面上的现实展开与有力支撑，应当将其纳入21世纪马克思主义、当代中国马克思主义的整体性视野与学术体系、话语体系中加以审视与沉思。美好社会这一标志性概念的提炼与生成，从历史唯物主义的视角科学揭示与解答了小康社会之后中国社会"向何处去"这一根本问题，揭示了社会主义的可能未来以及21世纪马克思主义的可能发展方向，具有关键性、内生性的意义。

纵观中国社会变迁之"大历史"的进程，小康社会与美好社会作为社会有机体发展的中国图景与中国进路，二者之间既具有历史延续性，又具有历史发展性。不论是"小康"还是"美好"，其都不仅是一个社会发展程度的修饰词，更是一种人之生存状态的生动描摹，这些社会图景都追求社会发展与人之发展、"物"的现代化与"人"的现代化的内在统一，只不过二者所处的历史方位有所差异，二者所承载的历史任务有递进关系而已。小康社会也好，美好社会

---

① 《马克思恩格斯文集》第1卷，第9页。

也罢，都是对社会主义初级阶段中国社会发展状态的规律性认识，并将这种规律性认识转化到实践当中，进一步生成这两种社会图景的丰富内涵。就历史而言，小康社会依然成为一种社会发展之"实然"状态的写照，美好社会仍处于图景描摹、整体规划的阶段之中，但由于其到来的历史必然性，这一社会图景在其诞生之日起便令人心向往之。从中华文明的发展历程来看，美好社会所横跨的历史尺度或许只是璀璨历史星河中的一段，但这一段无疑是意义深远、承上启下的重要一段。特别是美好社会的历史方位，要深度证成社会主义的生命力、优越性与发展潜力。

将美好社会上升到世界与人类整体的高度进行沉思，不难发现，这是一个"百年未有之大变局"的时代，也是一个呼唤"人类命运共同体"的时代，前者与后者实不可分离，一个指向时代之深层境遇，一个指向时代之发展方向。在"百年未有之大变局"之下，中国要想推动社会进步与社会变迁，是十分艰难的。与此同时，世界要想超拔于现代性所构筑的绝对秩序，实现国家精神的成长与现实的进步也是十分艰难的，这往往涉及多方面历史因素的相互作用。因而，中国推动美好社会以及微观层面上的体现——美好生活的实践与实现，从深远意义上来看正是推动构建人类命运共同体的现实进路，即将中国人之美好生活、中国人之美好社会的方案、智慧，以和平、共享的方式传向世界，为更多国家实现自身社会进步提供全新的可能性。人类的命运从来没有如此紧密地联系在一起，这个世界不是一个孤立的、静止的世界，而是一个充满矛盾与张力，亟待对其秩序进行调整与重构的世界。每一个国家的社会进步、社会发展，特别是大国的崛起与发展，大国社会内部的变化与调整，都可能意味着整个人类命运的复杂演变。美好社会的世界历史性，在于对这个变动的世界提供社会发展的"不变"（即规律）与"变"（即主体的能动性）的和谐统一。这一社会图景既顺应人类历史发展的规律，又能够赋予每一个国家、每一个民族、每一个人实现美好生活的可能性。人类的共同未来，与中国美好社会的实现进程息息相关。新时代所要推进的美好社会、美好生活实践，使当代的中国真正成为历史的同时代人与哲学的同时代人，甚至在一定意义上，中国已然开启了领先于时代的伟大实践。

（原载《中国社会科学》2020年第6期）

《中国社会科学》2020 年度好文章获奖文章颁奖辞

《中国社会科学》2020 年度好文章之《延安革命家的诗词创作实践及诗史价值》（作者：程国君、李继凯，责任编辑：王兆胜、张聪）

以毛泽东和怀安诗人为代表的诗词创作，是延安革命家"革命初心"的艺术表达。这些作品因其宏阔壮美的革命历史叙事、浪漫激越的英雄主义情怀和昂扬进取的积极人生态度，成为抗战文学乃至现代文学中的"钢和钙"，至今鼓舞世人。该文在彰显延安文学作为战争文学、红色经典的基本特性的同时，高度肯定其在中国古典文学现代转换过程中的创新引领作用，同时指出有效继承古典文学抒情传统、坚持人民性立场、实现实践与艺术的辩证统一，才是诗歌创作的正途。在大力弘扬中华优秀传统文化的新时代，在中国共产党即将迎来百年华诞之际，文章立足中国现代社会发展历史进程，回望老一辈共产党人的革命初心与诗学实践，对于正确认识和重新评价延安革命家诗词创作，丰富完善中国现代文学的现有研究格局和气象，具有重要的学术价值和现实意义。

延安革命家的诗词创作实践及诗史价值[*]

程国君　李继凯

摘要：延安革命家的诗词创作实践是现代中国历史上的宝贵精神财富，但一直缺乏整体关注和系统研究。以毛泽东和怀安诗人为代表的延安革命家，将自己的诗词创作与时代、民族、国家、人民的命运紧密结合，使早期的"延安颂诗"成为抗战文学乃至现代文学中的"钢和钙"，至今鼓舞世人。延安革命家的诗歌创作既尊重中国古典文学古朴、典雅、凝练的抒情传统，又吸收五四文学的自由品格，并融入英雄主义的宏大叙事。这种"旧瓶装新酒"的艺术创新既推动古典抒情传统的现代转换，又引导现代文学朝着大众化、通俗化方向不断发展。这给当下的诗歌艺术探索带来重要启示：当代诗歌创作不能疏离古典诗歌的艺术传统、只靠"横的移植"开拓诗路。坚持人民性的创作立场，紧跟时

---

[*] 本文为国家社会科学基金重大项目"陕甘宁文艺文献的整理与研究（1934—1949）"（16ZDA187）阶段性成果。

代、贴近大众，实现实践性与艺术性的辩证统一，才是新时代诗歌创作的正途。

关键词：延安革命家　旧体诗词　史诗品格　形式探索　价值启示

作者程国君，陕西师范大学文学院教授；李继凯，陕西师范大学人文社会科学高等研究院研究员。（西安　710119）

作为新中国的缔造者，延安革命家不仅在政治、军事等方面功勋卓著，在文学艺术创作，尤其是旧体诗词的创作实践方面也有突出贡献。以毛泽东诗词和怀安诗作为代表的延安革命家诗词，是中国20世纪历史上一笔宝贵的精神财富，理应被整体关注并获得深入研究。但遗憾的是，由于种种原因，我们的文学史研究往往只重视那些从内容到形式全方位革故鼎新的"文学革命"，却没有注意和强调那些承续传统精美艺术形式、在思想内容上有实质革新的"文学革命"。即使注意到延安文艺、文学的重要性，也多强调延安作家的白话文体创作，对延安革命家的旧体诗词创作却关注不够，忽视其重要的诗史价值，全国通行的诸多文学史教材对之也没给出应有的文学史地位。20世纪40年代，身为延安革命家和诗词家之一的李木庵，曾别具只眼地以怀安诗社为中心，采用"诗话"这一古典批评形式对延安革命家诗词展开"诗本事"的诗学生成及发生学考察，深刻揭示其鲜明的政治美学品格和审美价值。事实上，延安革命家通过诗词创作，服从民族解放和左翼政治召唤，歌颂延安民族解放英雄，表达对新生活的激情和梦想，引导了整个40年代大众化的现实主义诗歌方向。作为"延安颂诗"的早期形态，由于其独特的诗学构成逻辑、鲜明的现代史诗品格，延安革命家诗词深刻影响了现代政治抒情诗的"颂诗"基调，并呈现出抗战文学乃至现代文学的别一种审美面向。

同时，延安革命家诗人对中国古典诗歌抒情传统所作的革新，在一定程度上超越了传统文学关于"内容决定形式"的一元论思维模式局限，给现代诗歌形式创新发展带来深刻启迪，对现代文学史书写也产生了重要的启示作用。

一、"以事系诗"的逻辑生成

众所周知，延安革命家的诗词创作实践，给现代中国新文学及诗歌史留下了许多经典篇章。毛泽东的《沁园春·长沙》《沁园春·雪》、陈毅的《梅岭三章》、朱德的《寄语蜀中父老》等，是国家统编中学教材的经典篇章，而诗总集《老一辈无产阶级革命家诗词》及其各种选本，还被作为大学中文系及党员干部培训教材频繁使用。延安革命家诗词"是中国传统文化和现代社会政治融为一体的独特艺术珍品"，"在漫长的岁月里，可以毫不夸张地说，几乎是风靡了整个革命的诗坛，吸引并熏陶了几代中国人，而且传唱到了国外"。[①] 事实上，毛泽东、

---

① 臧克家主编：《毛泽东诗词鉴赏》，石家庄：河北人民出版社，1999年，第431、317页。

叶剑英、朱德、任锐、陈毅、李木庵、吴玉章、吕振羽、林伯渠、张曙时、徐特立、陶铸、钱来苏、谢觉哉、续范亭、董必武、魏传统等一批延安革命家的诗词，不仅"吸引并熏陶了几代中国人"，而且至今还以其巨大的精神感召力鼓舞国人为中华民族复兴大业不懈奋斗。

历史地看，延安革命家的诗词创作实践，承续晚清、"五四"以来一些民主革命家如柳亚子、章士钊及早期共产党人陈独秀、李大钊、瞿秋白、邓中夏等人的诗词创作之风，但其创作取向、思想内涵、审美格调和精神境界却与后者有很大不同。究其原因，盖在其创作主体具有明显差异：由于对中国革命现代化的实践道路有了崭新的认识，延安革命家的诗词创作实践逐渐摆脱了早期革命者诗词中的愤世嫉俗、感伤迷惘，也突破了以"个人书写"为特征的古典诗词创作偏狭。如1935年、1936年毛泽东创作的《六言诗·给彭德怀同志》《沁园春·雪》等作品，就以"谁敢横刀立马？唯我彭大将军"和"数风流人物，还看今朝"的英雄主义胆识、创造历史的主体精神、对未来的坚定信念、更为博大的英雄气度、明朗高昂的格调和破旧立新的姿态，引领中国现代诗歌从古典和谐向现代崇高转变。这些诗词作品的高格调和大格局，显示出延安文学甚至整个现代文学的独特精神风貌。

成立于1941年、由延安老革命家组成的怀安诗社，其成员则对上述传统又有新的开拓：他们既在一定程度上继承并发扬光大了毛泽东、朱德等诗词创作的品格和精神，又把诗歌创作与民族解放、人民利益联系起来，以诗作宣传抗战和新边区建设，以民族解放思想及现代家国情怀提升现代诗词创作的思想境界。① 这些延安革命家的诗词创作，汇成了数量可观的"延安颂诗"，具有鲜明现实主义特征和史诗品格；怀安诗人"改良诗韵""竞相试笔新体诗"，对中国诗歌形式进行有益探索，积极推动古典抒情传统向现代转化，为现代诗的创作与发展提供了重要的艺术形式和思想价值参考。②

对于延安革命家的诗词创作实践，其参与者之一、怀安诗社社长李木庵曾在《窑台诗话》中进行了深入阐释。诗话是中国传统文学批评的重要形式之一，指评论诗歌、诗人、诗派及记录诗人故实的著作。宋代许顗《彦周诗话》云："诗话者，辨句法，备古今，纪盛德，录异事，正讹误也。"③ 章学诚《文史通义·诗话》云："诗话之源，本于钟嵘《诗品》。"④ 朱光潜《〈诗论〉抗战版序》说："诗话大半是偶感随笔，信手拈来，片言中肯，简练亲切，是其所长。"⑤ 李木庵的《窑台诗话》尽管有"纪盛德，录异事，

---

① 怀安诗社诗人大多是六十岁以上老人、老革命家。他们以"老者安之少者怀之"的边区政策而聚合起来，从事诗歌创作。（参见焕南：《从怀安诗社谈起》，《解放日报》1941年10月1日，第4版）

② 古典诗歌抒情传统在魏晋至唐以后主要以诗词曲形式承载。现代诗歌抒情传统则主要以白话新体诗承载。尽管如此，古典诗歌抒情传统始终存在，如新文学主将鲁迅、郁达夫、聂绀弩等都有大量诗词创作，且成就极高。

③ 何文焕辑：《历代诗话》，北京：中华书局，2006年，第378页。

④ 章学诚：《文史通义校注》，叶瑛校注，北京：中华书局，1985年，第559页。

⑤ 朱光潜：《诗论》，北京：中华书局，2012年，第3页。朱光潜自己得意的《诗论》本身，着重探讨"中国诗何以走向律的道路"，有严密的逻辑论述，并非上述"诗话"的"辨句法，备古今"及"偶感随笔"之类。

正讹误"等因素，但其"诗本事"的考察方式却包含了诗学生成、发生学的现代阐释维度。这为我们认识延安革命家诗词创作实践提供了一种独特视角。

李木庵之子李石涵在《窑台诗话》的"后记"中曾写道："可以说，这些诗篇是他们革命工作的副产品，也是他们那一时期部分心血的凝聚……《窑台诗话》不是诗坛掌故、评诗家得失、叙源流体例的书，而是把那段历史与生活，用简赅的文字记叙导引，以事系诗，咏物托情，算得是一种叙事的政治即兴诗体。"① 从这篇"后记"可看出，"以事系诗，咏物托情"的延安革命家的诗词创作是有独特政治美学品格的，"每首诗都附丽于一定的政治背景上，显示出战争年代的革命本色"，"把时代风云、革命真理、立身哲学，贯注其中"，"使疲劳的身心得到有益的调剂"。② 延安革命家诗人从"以事系诗"这一诗学生成角度出发，把地域和历史结合起来，用历史地理学思想作为起兴点创作诗词。延安革命家的诗，就是革命的诗。革命与诗的逻辑，在此可见端倪。

"以事系诗"是中国传统的文学创作与批评的方法。延安时期的《解放日报》在登载延安革命家诗词时就常采用这种方法。如《解放日报》1942年6月20日登载续范亭《诗五首》、1946年8月15日登载其《陶行知先生不朽》时

---

① 李木庵编著：《窑台诗话》，长沙：湖南人民出版社，1984年，第204页。
② 李木庵编著：《窑台诗话》，第204页。

都有这种"诗本事"介绍。① 李木庵在阐释延安政治家诗词时也沿袭了这种方法,但他的阐释明显具有现代诗学生成式的策略特征。对于延安革命家来说,他们的事业与其创作旨趣天然一致,他们的诗词所吟唱的就是其从事的革命事业。因此,李木庵这位现实主义诗人与诗论家,便自然地采用了这种"以事系诗"的批评方式。他的诗学阐释逻辑很明确:如果能够把诗作的来源与产生背景讲清楚,诗作的意义也就自明了。其《窑台诗话》贯彻的基本上就是这种诗学阐释与批评方法,显示出简洁、清晰的本体式现代诗学批评品格。以下三例,就是典型。

1.《读〈联共党史〉》:"毛主席在延安号召干部读《联共党史》,说:'《联共党史》是本好书,我已读了十遍。'故几乎人手一部。我初读一过,题诗书后:'革命途中人不老,马列新编读过饱。思想行动端其趋,贵得其神勿袭貌。唯物辩证理见真,历史转轮物所召。矛盾是统一之前驱,斗争为和平之先导。共遵劳力废特权,平等幸福大家好。六十闻道悟新生,革命途中人不老'"。② 先用现代白话文体叙事,后以古代传统文体赋诗,这构成了《窑台诗话》的主要表达方式。上述《读联共党史》的叙,说明毛泽东对于马克思主义有了更进一步的深入认识,为理解后面的诗提供了事实和思想依据。叙与诗互相说明印证,这种批评传统古已有之,但在现代新诗的诸多批评范式中却独树一帜。

---

① 续范亭:《诗五首》,《解放日报》1942年6月20日,第4版;续范亭:《陶行知先生不朽》,《解放日报》1946年8月15日,第4版。
② 李木庵编著:《窑台诗话》,第31页。

2.《曲家三杰》：现代"曲家三杰"（聂耳、冼星海、张寒辉）之《义勇军进行曲》《黄河大合唱》和《松花江流亡曲》，乃抗战文艺和延安文艺的经典。它们唤醒了国人的民族意识，对于激励人民抗战起到了巨大作用。李木庵显然意识到了这几首"国曲"的伟大魅力，因此先叙述诗的写作缘起，即延安时代三曲家的身份背景，后赋诗揭示三家曲特色——"聂杰之歌歌声激，恍如雷电齐怒发""冼杰之歌歌声宏，亦昂亦激亦豪雄""张杰之歌歌声郁，沉痛凄楚寓壮烈"。[①] 延安革命家诗作少有靡靡之音，少有瑶琴锦瑟之作，没有少陵感伤，大多是黄钟大吕式的铙钹之声或陆游式的慷慨悲歌。这种批评既浸透"知人论世"的古典批评传统，又贯通"以事系诗"的诗学生成方法，既深刻又有力。

3.《一九四四年除夕与迎元》："一九四四年下半年里世界反法西斯战争形势大为开展，苏联已将德军尽驱出国境之外，逼近德境。美英在诺曼第登陆，开辟了第二战场，形成夹攻之势。美海军在太平洋越岛进攻，逼近日本国土。边区自提倡生产运动以来，丰衣足食，新民主政治，甚为人民拥护，影响及于全国，国内外形势大呈乐观。冬残腊尽之日，延安市民，家家锣鼓喧天，欢度春节，一片迎接胜利之气象。怀安诗社诸老人，情绪焕发，吟兴遄飞，除夕元日，各有新句，写景吟时，极生动活泼之致，而谢老吟兴独健，竟九叠前韵，敏俊过人。谢觉老除日诗云：'飘零一十八除夕，迢递五千里路程。掩泪劳妻长北望，执戈有子正南征。

[①] 李木庵编著：《窑台诗话》，第65页。

枯松怪石应无恙，夕火朝烽谅累惊。我盼明年寰宇净，家书频继捷书临'。"① 延安革命家的神经、心境都与战争密切关联。当战争快要胜利，联想身世，自是乐观向上，因而"情绪焕发，吟兴遄飞"，相互酬唱，篇篇佳作就呈现出来了。李木庵收录这些诗，评论这些诗，自己也写诗唱和："老来身似一舟轻，还恳东风护我程。塞上风云随变幻，域中丑虏正诛征。国权应自民权建，腊鼓仍同鼙鼓惊。料理明朝春事好，秧歌小队看来临。"② 因此，了解相关背景后再读这些诗，我们为延安革命家的精神所感动的同时，更会得到独特的审美享受，心为之倾，神为之安。

事实上，延安革命家诗词创作的"诗本事"，本身就是中国共产党在落脚延安后的创业史，而延安革命家诗词创作，就是对于他们创业的书写与歌咏。延安革命家的诗词创作实践，很好地解决了抒情诗之叙事难题。这里的"事"，就是20世纪30年代末到40年代末的延安大事，也即共产党和工农红军延安十年抗日及民主建设的历史。这里的"诗"，就是怀安诗人及其他延安革命家的诗。延安革命家诗词创作由延安大事引发，延安大事成了延安革命家诗词创作的活水源头。李木庵从马克思主义社会历史观出发，揭示了现代诗歌史上这一"窑台诗缘"的本质。这实际上是对延安革命家诗词创作所作的发生学阐释。这种阐释一改过去旧文学批评的文法、文字、修辞以及版本考据方式，直接联

---

① 李木庵编著：《窑台诗话》，第43—44页。
② 李木庵编著：《窑台诗话》，第46页。

系其发生的社会历史背景,将批评上升到了社会历史及现实生活的内在层面。这种对延安革命家诗词创作生成及其价值的确认和阐释,颇具现代性特征。

尤其值得称道的是,李木庵坚持文学批评的政治标准,但又以传统审美范畴理论为依据,对延安革命家的诗词创作实践作出审美阐释。这一阐释方式纠正了人们对延安革命家诗词创作政治大于美学的刻板印象:"胜代诗文未全灰,座中十客五茂才。利器要推吴贡士,当年文战曾五魁。鲁汪浑朴征造诣,白施能与古为契。共道谢傅辞藻新,宜雅宜俗姿骈骊。清才更有朱夫子,旖旎情思缫不已。新体诗成最多姿,花月陶醉氤氲使。吴媛慧秀女青莲,词谱新声鹧鸪天,敏如道韫才多俊,清比易安意欲仙。当筵戚叟人中豪,慷慨悲歌故国遥。高侯弦索自潇洒,手挥目送调弥高。"① 李木庵认为,在延安这个"胜代",仅就延安革命家而言,诗词创作不乏其人,且成就甚高。他们的创作文质兼胜,各有格调。其中吴玉章"当年文战曾五魁";鲁佛民、汪雨湘浑朴自然,古诗词造诣颇深;白施古体超妙;谢觉哉辞藻新丽,雅俗兼胜;朱婴旖旎清丽,体式多姿;吴媛慧秀飘逸,步尘李白,堪比易安、道韫;戚绍光慷慨悲歌,豪迈奔放;高侯潇洒自然,格调弥高。因为坚持了以审美范畴论来析评延安革命家创作,所以他才有"罗青同志以近作《延安四咏》见示,描写真切,诗笔健爽"、② 延川李丹生"由延安归途

---

① 李木庵:《延安雅集》,《十老诗选》,北京:中国青年出版社,1979年,第246—247页。

② 李木庵编著:《窑台诗话》,第18页。

所作二律见示，冲穆敦厚，具见修养"、①"谢老觉哉曾作有寄家《望江南》词数阕，叙述家乡山水居室，风物乡味，历数家珍，情感细腻，风趣隽永"②的美学见解。

　　李木庵这种个性化阐释的具体做法是：先揭示其总体风格，后举诗为证。如认为林伯渠诗"诗笔矫健"，接着就拿其诗印证："寓言凤仰东方朔，奇士更交续范亭。豪气拿云吞亦吐，丹心许国昔犹今。为浇块垒常呼酒，待扫虾夷好用兵。收拾河山吾辈事，摩挲匣佩剑长鸣。"③他如钱来苏的"斧钺森严，春秋史笔，不稍假人"，谢觉哉的"情感细腻，风趣隽永"，姜国仁的"诗怀激越，词意并工"，张宗麟的"清新秀爽"，都以此描述。其"老革命家诗录"还收录了古大存、郭子化、李六如、陶铸、韶玉、续范亭、萧军等职业革命家的 25 首诗，并逐一细评。其评古大存的"历历山河刻国仇，十年血债会当收。摩挲旧剑思袍泽，锻炼新锋试敌头。学以挤钻开鲁钝，志凭坚定济刚柔。延安望系人寰重，检点乾坤贮自由"④为"诗句俊拔，革命精神，跃然纸上"，就相当具有代表性。而其对于陶铸诗词的"诗心激越，饶有敌忾"，对于李六如诗词的"气壮而神逸"和萧军的"矫健不羁"的美学个性的描述，也都揭示了革命家诗词沉郁豪放的共性特质。这种阐释与《诗品》及《文心雕龙》以来的诗话传统一致，尽管只是对诗作的审美个性分析，但却精约

---

① 李木庵编著：《窑台诗话》，第 27 页。
② 李木庵编著：《窑台诗话》，第 69 页。
③ 李木庵编著：《窑台诗话》，第 37 页。
④ 李木庵编著：《窑台诗话》，第 187 页。

得当，传神生动。

总体而言，李木庵对延安革命家诗词创作实践及其政治美学的阐释，极有创见，对古典诗话就诗论诗的点评方式也有所超越。李木庵的阐释是臧克家、蔡清富等《毛泽东诗词鉴赏》[①] 前一个阶段研究的代表性成果，值得充分肯定。但问题在于，李木庵《窑台诗话》的阐释毕竟有"时文"特色，是当事人以及参与者对于延安革命家诗词创作实践的阐释。由于著者身份、专业以及文学史叙述时空的过滤等诸多原因，其自叙自评的局限仍然存在，对延安革命家诗词创作实践的认识也就停留在那一个时段的层面上——尽管其生成学阐释相当精准。因此，在新的历史条件下，对延安革命家诗词创作的抒情与叙事逻辑、主题向度、精神面相、审美特征、史诗品格和文学史价值展开进一步研究，就变得非常重要和必要。

二、革命历史叙事及其史诗品格

延安革命家诗词创作的实践结集，较常见且较有影响的主要有《毛泽东诗词集》《陈毅诗词选集》《董必武诗词选集》《朱德诗选集》《林伯渠同志诗选》《周恩来诗选》等别集、《十老诗选》《老一辈无产阶级革命家诗词选注》《怀安诗选》与《窑台诗话》等合集。这些用旧诗体创作的诗

---

① 《毛泽东诗词鉴赏》实际上是论文集，收录了除臧克家以外的 68 位批评家研究毛泽东诗词的论文。

歌，有些在当时的《解放日报》登载过，① 有些则以传抄形式流传。② 这些诗词创作，既是现代革命历史的叙事，思想及艺术水平又极高，有些甚至独领风骚，具有鲜明的思想艺术特色。

首先，延安革命家的这些诗从内在质地上说是典型的"延安颂诗"，具有独特的诗学构成逻辑。"以事系诗"不仅包含抒情诗之叙事的复杂议题，而且隐含了一套象征隐喻体系。在这些诗里，延安已被革命家当作现代民族国家诞生与发展的象征，延安宝塔也成了亘古宇宙"北斗星"，并与殖民主义、日本侵略者、帝国主义和东南兴盛等地的"他者"对比参照，被赋予了强烈的意识形态特色和独特的历史内涵。这种由现代政治诗学逻辑构成的"延安颂诗"，与一些现代革命文学文本的生成机制一样，具有丰富的历史内涵和鲜明的政治美学品格，且影响深远。具体说来，这些"延安颂诗"从其内在特征看可分为三类："胜迹观赏"类、"陕北风习"和"边区政教"类、延安革命家抒怀类。大体上看，第一类是借景（叙事）抒情，表达延安革命家对于时局的感叹忧思，以及抗战必胜的信念；第二类书写延安新景象，颂扬延安政教文化的新变化，以颂歌为基调；第三类

---

① 《解放日报》的 1941 年 10 月 16 日，1942 年 2 月 21 日、6 月 20 日、9 月 1 日、11 月 8 日，1946 年 7 月 27 日、10 月 16 日，1947 年 1 月 10 日都曾登载怀安诗社诗人诗作。刘道衡将其创作命名为"时事打油"。其中 1946 年 8 月陶行知去世，《解放日报》11、13、15 日曾连续三天登载延安革命家的诗词。《解放日报》从 1941 年创刊到 1947 年停刊，登载了不少怀安诗人诗作。

② 如毛泽东《沁园春·雪》曾于 20 世纪 40 年代经柳亚子在重庆传抄，轰动诗坛、政界，成为佳话。

书写延安领袖们的伟大人格和革命精神,颂扬延安革命家创建新历史的伟大功绩,慷慨悲壮,鼓舞人心。因此,由这种诗学逻辑构成的"延安颂诗",从叙事角度说,本身就是现代革命历史的叙事,既有启蒙思想,又有解放与救亡主题,内涵丰富且充满英雄主义格调,是延安文学的重要构成部分。

"胜迹观赏"类诗作多是延安革命家面对延安清凉山、南园和杜祠等江山胜迹的感发抒怀,充满现实主义的战斗精神。如《清凉山》就是1944年李木庵登临清凉山的时局感叹:"东岳纵横西岳啸,浮生到处是家乡。抚时惆怅思名将,放眼苍茫望大荒。侧听中原闻铁马,忍看浩劫罹红羊。男儿捍国心方热,何事山灵独自凉。"① 这类"胜迹观赏"诗词,已经不是传统诗词的对胜迹的描摹赞扬,或作者对胜迹的巡游、把玩观赏,而是延安革命家在延安时对国内时局的感叹和忧思。又如,在"往事怕作故都忆,香车宝马法源寺。只今国步几迍邅,佳气尽被胡尘蔽。却喜春融旧金山,玉蕊琼枝壇坫间。口角香风飐四座,可能飞渡玉门关"(《南园观花》)、② "我来塞上已六秋,白发硁硁惭自守。国有大盗正披猖,作云作雨翻覆手。长缨在手缚苍龙,尚须神算运枢纽"(《杜祠怀古》)③ 这类诗里,诗人观花却挂念延安处境,怀古而心中装满抗日长矛,字句之间无不透露着对时局的忧思和坚持抗战的意志与雄心。

---

① 李木庵编著:《窑台诗话》,第76页。
② 李木庵编著:《窑台诗话》,第79页。
③ 李木庵编著:《窑台诗话》,第81页。

"边区政教""陕北风习"类诗作，是对中央红军1935年到延安后政教风习发生天翻地覆变化的书写，是一代革命家现实主义战斗精神的张扬。这类延安书写写出了边区新景象和延安的新面貌。李木庵明确地把这类诗归入"延安颂诗"，认为"延安古为塞上，素称荒瘠。一九三五年，中央红军北上抗日，以此为后防，从事生产与文化之建设。四方来归，日臻繁盛，大改旧观，民歌乐土，已成为民族复兴发轫地。旅延安之娴吟事者，多为延城之新气象歌颂"。① 罗青《咏杨家岭》《咏延河》《咏桃林》《咏清凉山》等也许可为这类颂诗之最："南距延城五里遥，马龙车水过前郊。沿沟巨厦红旗舞，排岭层窑翠羽飘。革命中枢宏策划，党民大众仰针标。东方圣城光千丈，举世盛尊主席毛。"(《咏杨家岭》)② 在这类诗里，杨家岭红旗飘飘，景象万千，一川延河竟然胜过东南名胜秦淮河。观感差异何以如此大？原来这里"儿女工农谊""一匡干净土"，欣欣向荣。而对于延川、绥米诗人来说，边区新景象也使他们赞不绝口，写下了不少情韵兼胜、细腻动人、豪放峻拔、凛然崇高的"延安颂诗"。

众所知悉，延安古为塞上，在富庶的关中地区、东南形胜诸地映衬下显得相当贫瘠。这里是北中国及黄河华夏文明发祥地，其风习源远流长。然而，共产党及中央红军的到来、马列思想在这里的传播与实践，却改变了主宰古老延安

---

① 李木庵编著：《窑台诗话》，第18页。
② 李木庵编著：《窑台诗话》，第19页。

的千年风习：新的民主政治、经济因素出现了；集体祝寿变成了基层民间平等和民主建设的有益方式；新秧歌舞唱起来、跳起来了，翻身歌谣流行起来。怀安诗社及延安革命家诗人的许多诗歌，真实记录了这些风尚的变化。李木庵诗词《秧歌舞吟》即表现了这些新变化："霓裳曲只悦君王，独乐荒政斁纪纲。何如秧歌通俗又雅观，大众化者百姓欢。君不见边区鼓乐响阗阗，丰衣足食过新年。又不见世界纳粹如山倒，无产阶级抬头了。普天同庆齐欢笑，明年秧歌更热闹。更热闹，翊政教。"[①] 这首诗书写了边区及移风易俗的延安生活新气象，高度赞扬了这一中国社会、历史文化的千古奇变。前述的罗青《咏杨家岭》《咏延河》《咏桃林》《咏清凉山》等"延安颂诗"，则以帝国主义和国民党腐败政府等"他者"为参照，在比照中赋予延安民族新天地的独特意义："晚凉天气小桃林，灯月交辉集众宾。悠韵弦声风细细，婆娑舞态月盈盈。为联儿女工农谊，不失英雄战斗心。一片欢娱无限兴，人间疑是到天庭。"[②] 这种诗学逻辑成为延安革命家诗词创作的普遍表达方式，革命家诗人也由此对延安革命历史作了真切的"叙事"。

抒怀类作品是延安革命家诗词创作的主体，也是延安革命家"革命初心"的表达，其叙事在内容上基本以延安革命家革命、英雄事迹颂扬为主，延安革命家在延安开创新历史的历史功绩、英雄主义的伟大胸怀、浪漫主义的革命精神

---

① 《怀安诗选》，北京：人民出版社，1977年，第38页。
② 李木庵编著：《窑台诗话》，第19—20页。

和积极进取的革命立场在这类诗作里得到充分表现。像"寿诗",尽管当时是延安"祝寿"这种政治活动形式的书写,但其中的一些寿诗却是延安革命家革命经历的表白、自剖,是抒情主人公为现代中国革命奋斗献身的诗意表达:"我惭祖逖着先鞭,视息人间六十年。不惯装腔作样子,相从奋斗赞时贤。握筹愧乏治平策,励志唯存马列篇。战胜层冰与烈日,春风送暖入乌延。"(《林老六十自寿诗》)① 林伯渠的生平及其思想意志在其"自寿诗"得到充分展现。朱德总司令的和诗则充分肯定了林伯渠作为革命导师探索现代"仁政"的历史功勋:"革命奔波六十年,先知先觉着先鞭。覆清奇绩传当世,布政新猷迈昔贤。马列学深耽一卷,诗歌政暇吟千篇。童颜鹤发长不老,要作仁政留乌延。"(《朱总司令步韵》)② 林伯渠是反清名流,又是怀安诗社发起人,朱德和诗可谓其心声的由衷表达,因而读来相当感人。又如,朱总司令六十大寿,林伯渠贺诗更是极为恰切地写出了其在现代中国革命史上的功勋:"六十年来事业新,武装开始属人民。回黄转绿波千顷,济难扶危胆一身。声望已昭敌我友,雄韬独擅工农兵。兴华战绩谁能匹,马列躬行不世勋。"(《林伯渠贺诗》)③ 由于朱德"其人功在人群,品格高洁,为大众所赞誉,从而歌颂之,则非庸俗私谀可言",④所以董必武、谢觉哉、刘景范、韶玉、钱来苏、韩进、

---

① 李木庵编著:《窑台诗话》,第120页。
② 李木庵编著:《窑台诗话》,第120页。
③ 李木庵编著:《窑台诗话》,第128页。
④ 李木庵编著:《窑台诗话》,第119页。

童陆生、刘道衡和李木庵等革命家兼诗人都对朱德的历史功绩交口称赞。在这类诗中，也许韩进之诗最能见出朱德、毛泽东历史功绩："载道于今有口碑，朱毛盛德冠当时。宽宏似海泱泱量，坚忍如山岳岳姿。半世艰难忘一己，毕生忧乐系群黎。举杯先为人民庆，国有长城党有旗。"① 该诗充分表现了朱德、毛泽东等延安革命家创建现代新历史的伟大功绩及其高妙人格，抒写了诗人由衷的赞美之情，读之令人振奋且莞尔心悦。这些"延安颂诗"词气畅达，诗风明朗，意气洋洋，总体上已经显示出解放区及延安文学新生、欢乐的喜庆氛围，展现出延安文学诗学的全新面貌，也为中华人民共和国成立后政治抒情诗创作开启了新的美学之路。这是因为，从政治抒情诗发展而言，如果与早期"左联"烈士的批判性诗作比较，延安革命家的"延安颂诗"则显然以歌颂为基调。这种"颂诗"基调与当代文学政治抒情诗大家贺敬之、李瑛和李季等人的诗歌创作形成同构关系，并对后者产生了深刻影响。这也成为延安文学史连续性发展的重要表现。

其次，延安革命家创作的这些"延安颂诗"具有鲜明的史诗品格。"对于传统的史诗来说，有了一个英雄的名字，故事就可以开始了；对现实主义小说，有了一个具有个性的人，故事也就开始了讲述。"② 延安革命家的诗词创作，尽管是以旧诗词为主，却因书写延安这个现代革命策

---

① 李木庵编著：《窑台诗话》，第130页。
② 耿占春：《叙事美学：探索一种百科全书式的小说》，郑州：郑州大学出版社，2002年，第36页。

源地以及史诗般的英雄主人公而成现代文学的别一种史诗——因为其一方面有了朱德、毛泽东等英雄主人公及现代历史的创造者工农兵形象,另一方面有了20世纪40年代的延安建设新民主主义社会这一现代中国历史时间的"元"性质,必然就具备了史诗品格。[①] 事实上,如果把延安革命家的诗词作为一个整体来看,这些诗作以延安为中心情节或视点,完整地呈现了一代革命英雄领导中国新民主主义革命走向胜利的历史进程,史诗品格相当明显。延安之为"圣地"及其"圣地"精神,延安革命家诗词保家卫国、解放人民、反对独裁、建立人民民主社会的题材选择,使延安革命家的诗词创作既具有了深刻的现实主义精神,又具备了现代史诗文学形式。在这类作品中,仿杜甫《北征行》的吴玉章之《和朱总司令游南泥湾》、朱德的《游南泥湾》及李木庵的《秧歌舞吟》等古体长诗,是最具史诗品格的代表作。在这些作品里,延安革命家关于军民垦荒的现代历史性独创、延安人文风习的千年巨变、抗日及民主政治制度的实践、英雄主人公艰苦卓绝的奋斗精神等这些史诗的基本元素已经全部具备。换句话说,延安革命家诗词创作已经构成现代政治史诗的典范,构成现代政治诗学的审美范例。因而,与李季的《王贵与

[①] 史诗是一个超越文学体裁定义的范畴、概念。按保罗·麦钱特的定义,史诗指古部落以"古老的歌曲"赞颂民族奠基人、保留其民族记忆的编年史。史诗一般具有"超越现实的时空界限"和"包含历史"两个端点,常见有三种形式:史诗小说、史诗戏剧和史诗诗歌。(参见保罗·麦钱特:《史诗》,王星译,北京:昆仑出版社,1993年,第2页)

李香香》等叙事长诗比，这些"延安颂诗"在初始意义上，即英雄主人公群像和创世的"元"叙事意义上，可能具备更为成熟的史诗品格。

能显示出这种史诗品格的代表性作品，还是以"延安十老"[①]为主的革命家诗词创作合集《窑台诗话》。这部"以事系诗"的"诗话""叙事"，构成了中国共产党延安革命十多年的编年史。它与这部诗集所收录的450首诗的叙事相加，相互印证，构成了一部体格巨大的史诗。从结构上看，这一特征更为明显："解题"是这首史诗的序诗，而"解题"之后的13章，如"边区政教""陕北风习""窑台酬唱""胜迹观赏""寿诗""挽章""人物轶文""烈士、志士诗""述旧杂忆"等，则构成其完整乐章。所以，单独视之，《窑台诗话》多为延安老革命家革命斗争、革命情怀的书写；整体观之，则可看作是一部以延安革命为中心情节的延安革命史大合唱。它是延安革命家在伟大的抗日战争和民族、人民战争中的慷慨悲歌，是现代诗中的黄钟大吕、铙钹之声，是极具史诗意识的现代史诗。

---

① "延安十老"指董必武、林伯渠、徐特立、谢觉哉、吴玉章、朱德、续范亭、李木庵、熊瑾玎和钱来苏。"延安五老"则指董必武、林伯渠、徐特立、谢觉哉、吴玉章五人。1942年7月10日，朱德与徐特立、谢觉哉、吴玉章、续范亭同游南泥湾时作诗《游南泥湾》，后来党中央驻于延安时，中央领导和全体机关干部借此诗，将董必武、林伯渠、徐特立、谢觉哉、吴玉章五位老同志尊称为"延安五老"，分别称谓董老、林老、徐老、谢老、吴老。1962年，在董老和朱德倡议下出版《十老诗选》，其名单由二人确定。(参见《十老诗选》)"延安五老""延安十老"都是德高望重的老一辈无产阶级革命家、政治家、军事家、杰出的社会活动家，都长于诗词创作。

三、英雄主义的现代美学风貌

"革命",是延安革命家诗词创作中除"延安"一词外的另一个中心话语和核心语汇。从革命话语这个范畴讲,延安革命家诗词创作中书写的革命与马克思主义的革命内涵完全一致:它不是《周易·革卦》里的"变革天命",而是现代思想家、政治学家和社会学家所指的社会意义和政治意义上的革命,是一种实现正义和恢复秩序的行为、一种权力转移的方法,是社会、政治、经济的大变革。按照马克思的理解,革命就是阶级矛盾和社会矛盾激化的产物,是一个阶级推翻另一个阶级的暴力行动。革命是政治的最高行动。这种政治行动之所以不可避免,是因为它不以人们的主观意志为转移,是由社会矛盾运动规律决定:"社会的物质生产力发展到一定阶段,便同它们一直在其中运动的现存生产关系或财产关系(这只是生产关系的法律用语)发生矛盾。于是这些关系便由生产力的发展形式变成生产力的桎梏。那时社会革命的时代就到来了。"[①]

对于延安革命家来说,他们所持的革命观就是马克思主义社会革命观。如"投身革命将何事,老者安分少者怀"(叶剑英语),"安怀老少吾侪志,第一齐心在御仇"(朱德语)、"窃恐民气摧残冬,愿把身躯易自由"(续范亭语),"柔肠长系苍生愿,奇气直教世俗惊"(李木庵语),以及"好恶

[①] 《马克思恩格斯选集》第 2 卷,北京:人民出版社,2012 年,第 2—3 页。

从民孔氏经"（郭沫若语）等就是马克思主义社会革命观的精准表达。这种"老安少怀"的革命观所包含的"御仇""苍生愿""易自由"以及"好恶从民"的思想，与当代中国共产党人"永远把人民对美好生活的向往作为奋斗目标"的情怀高度一致。因为这种革命观不仅是共产党人、工农红军和无产阶级的浪漫想象，更是同情弱小、救济苍生的伟大宏愿和高远理想，并以其鲜明的人民性立场在现代思想史上具有永恒价值。

从审美形态形成上说，延安革命家"延安颂诗"的独特英雄格调及理想品格，既表现在延安革命家对于未来社会的美好浪漫想象，又表现在他们诗作所传达出的革命理想主义、革命英雄主义精神。如毛泽东的《念奴娇·昆仑》《沁园春·雪》等篇章，就把解放全人类、开辟现代新历史的革命理想崇高化、神圣化，极大地鼓舞了广大革命群众。与此相一致，延安革命家诗词以及《窑台诗话》的整体审美格调就由此成型。《窑台诗话》包含450多首诗歌：李木庵174首、钱来苏40首、谢觉哉26首、董必武12首、林伯渠7首、朱德7首、郭沫若3首、叶剑英1首、其他延安革命家及烈士诗180多首，都不同程度地呈现出上述审美品格。首先，这些诗作书写一代革命家革命斗争的活动及其体验，反映重大社会历史事件，满腔热情讴歌工农兵及其英雄形象，预言革命的美好前景，具有崇高的理想色彩；其次，这些作品充满政治激情，表现革命家英勇无畏的革命精神，具有浓郁的抒情氛围；最后，这类诗词语言文字质朴清新，表现手法单纯直接，展现出粗犷、激越、崇高的格调风范。如林伯渠的《答横槊将军》（"将军百炼挽时艰，东海归来鬓未斑。浩瀚襟怀扬子水，光辉旗帜井冈山。阵前壁垒严民主，马上刀环却敌顽。战后余情尤健爽，佳篇赐我一开颜"）① 一诗，就展现一代革命家走上井冈山道路、横槊阵前、英勇杀敌、文武双全、赋诗抒怀、豪迈豁达的英雄品格，诗风清新而明朗。朱德的《寄语蜀中父老》也如此："伫马太行侧，十月雪飞白。战士仍衣单，夜夜杀倭贼。"②该诗书写一代革命家带领将士英勇抗日的革命英雄经历，以质朴语言表现出抗日将士浴血奋战的画面，尽显将士英勇英雄品格。毛泽东的《沁园春·雪》以对北国壮丽江山的描述和历史人物的品评，表现出一代风流人物创造新历史的大无畏英雄主义气概，把延安英雄颂歌的抒情传统发展到登峰造极的程度。现代诗人臧克家对毛泽东诗词的这种审美格调就推崇备至："毛泽东同志的诗词创作的基调是革命浪漫主义的。细味《毛主席诗词》，就会觉得，他立足于现实，但着重于革命理想……革命浪漫主义气味浓重的作品就更多了，特别惹人瞩目的是《蝶恋花·答李淑一》，这样悼念烈士的表现手法，古往今来是绝少的，堪称创格。"③ 事实上也确实如此，怀安诗人及毛泽东等延安革命家的诗词，已经一扫早期革命文人诗词的迷惘、颓唐气息，展现出雄浑、高昂、崇高的全新审美面向，具有独特的审美价值。

进一步说，延安革命家及怀安诗作的英雄格调、崇高美

---

① 《怀安诗选》，第129页。
② 《十老诗选》，第4页。
③ 臧克家主编：《毛泽东诗词鉴赏》，第307页。

学形态,在"延安十老"的"和诗""窑台酬唱""寿诗""挽章""人物轶文"和"烈士、志士诗"等 6 种不同形态中被充分展现出来。具体说来,"和诗"表现了延安革命家为"怀安"理想而共同奋斗的革命乐观情怀,如"铙歌响彻玉关秋,塞上风云郁如油。安怀老少吾侪志,第一齐心在御仇"(《朱总司令步董老诗韵》);[1] "酬唱诗"多写延安诸老在边区相互勉励、乐观奋斗的情致,如"匆匆十载流光逝,更向前途进一程。蕉鹿应怜酣短梦,苞桑可系托长征。果然壁垒能新建,从此边尘不再惊。大地春回我幸健,全面胜利看飞临"(《林老和诗》);[2] "寿诗"部分则更见精彩,表现一代革命家革命初心不变、老当益壮迎接革命胜利的必胜信念。

寿诗往往见人风骨。如上节所述,延安革命家在延安书写的"寿诗",大多是他们事业生平、奋斗历史及个性品质的展露,因而这些寿诗就成了现代中国革命历史的全景展现。黄齐生自寿诗(词)《沁园春》与毛泽东《沁园春·雪》相比,更显个性:"不识作态装娇,更不惯轻盈舞秀腰。只趣近南华,乐观秋水,才非湘累,却喜风骚。秋菊春兰,佳色各有,雕龙未是小虫雕。休言老,看月何其朗,气何其朝。"[3] 该诗虽说文人心情,但乐观向上,不弱毛泽东"数风流人物,还看今朝"之气魄。寿诗之中,徐特立的"五古"长

---

[1] 李木庵编著:《窑台诗话》,第 4 页。
[2] 李木庵编著:《窑台诗话》,第 44 页。
[3] 李木庵编著:《窑台诗话》,第 132 页。

诗《七十客绥，哀吕梁灾民并自寿》[1] 也非常有代表性。诗中的"不落旧窠臼，吾党破天荒"颂扬共产党开天辟地的伟大事业，"却之感不恭，请勿事铺张"则展现他自身作为"革命前驱老导师"不事铺张、恭谦卑让的风范，十分感人。

在延安革命家的这些诗词创作实践中，对近代以来无数献身革命的英雄志士、烈士的颂歌，其悲壮崇高的格调更是感人。如"挽章"中的《挽韬奋诗》《悼周怡》《悼黑茶山死难烈士》《挽戚绍光》等诗；"烈士、志士诗"中的《吕惠生就义诗》《题壁诗》等诗；"人物轶文"中的《留延学习书怀》《朱总司令自撰挽将士诗》、陶铸的《率队夜抵石板河》等，都是极具代表性的英雄颂歌，风格壮美崇高，思想警策感人。所以，延安革命家诗词的这种崇高美学风范，在现代文学整体格局中极为突出。它们是中国现代文学由古典优美向现代崇高转型的真正代表作，是一代代延安革命家为民族独立、人类解放宏大历史事业奋斗献身的心声及歌唱，是现代文学中的"钢和钙"，是正义之声。与传统学院派、民间乡野以及花前月下的优美典雅之作不同，延安革命家诗歌是中国文学在延安这一特殊时空产生的精美篇章，尽管很多是"公余之暇"的创作，甚至是所谓"打油"之作，但却是"苏辛"式浪漫情怀和阔达意境的现代呈现，令人耳目一新，具有独特的诗史价值。

---

[1] 参见《十老诗选》，第166—167页。

四、"旧瓶装新酒"的艺术探索

人民性创作立场和大众化的艺术探索,是延安革命家诗词创作的又一个重要特征。李木庵《窑台诗话》中的三首七绝"论诗"诗,就充分表现了延安革命家诗词创作及革新的主张和理路:"典诰敖牙原古语,国风雅颂亦民谣。言已翻新文则旧,空山愁煞注离骚。""穷则变通何可泥,深能浅出自多嘉。古人老去今人继,文艺原为时代花。""言与文分专制利,文比言深普及难。若从民主论文化,大众事应大众观。"① 李木庵认为,延安革命家诗词创作的诗学逻辑与旧体诗抒情传统改革,符合言文一致的现代文学发展理路,符合艺术大众化与民主化的趋势,符合诗歌抒情传统演进及其诗歌形式革新的规律,符合写诗求新求变的创作法则和深入浅出的创作规律。延安革命家正是从这种人民性的立场出发,以"旧瓶装新酒"的诗学理念,开启了诗词革新的创作实践。

在《窑台诗话》"学习感兴"的几首诗里,李木庵首先谈到延安革命家诗词革新的"新知"原则:"首宜谋教养,去贫与去愚。化邪为良善,四野臻坦途。勿囿旧观念,新知应普濡。"② "唯物辩证理见真,历史转轮物所召",③ 依据这样的原则,他的"怀安放脚诗"卷集中论述了怀安诗社

---

① 李木庵编著:《窑台诗话》,第33页。
② 李木庵编著:《窑台诗话》,第32页。
③ 李木庵编著:《窑台诗话》,第31页。

及延安革命家诗人关于诗词创作形式革新的一系列问题。如"改良旧体诗"一节就从不同层次阐释了旧诗词革新的主张：其一，从旧体诗音律构成要素入手，主张废除旧体诗五要素中的字、句数要求，格律、平仄、对仗要求，因为它们是"束缚心灵的桎梏"；其二，从旧体诗的表现手法及其要素入手，认为层次、曲折、含蓄、境界和弦外音等是精致艺术的基本要素，可以保留；其三，旧体诗写作"可以将韵脚放宽，把字音相协的韵合并"，以利于新韵的制作。这些诗词革命主张及其实践，完全不同于"五四"式的激进方式，在很大程度上遵循了艺术革新的理性原则。如在"改良诗韵"一节里，李木庵开门见山说，"旧诗韵应改良"，但他接着却从"音韵是天籁，以谐合于人的自然口音为准""中文字音，易随时代地方的口音而有变化"[①]等审美原则去谈诗韵的改良，并论证了改良旧体诗创作及其改良诗韵的理论方法。这就非常符合艺术革新的辩证原则和民族审美法则，是一种相当理性的、科学的审美主张。

同样基于这种理念，李木庵还充满激情地写了《上怀安诗社请愿诗》，倡导"对于革新旧诗、厘定韵本两事"的看法。《上怀安诗社请愿诗》是七古，也是非常有价值的"论诗"诗。其阐述的改良诗韵方法——"人问革从何者先，我意第一废格律。平仄对仗未可拘，五七定言亦不必。参以长短句何妨，所贵意明而气适"和改良诗韵的审美依据——"音韵何可泥古人，但求于时耳能悦。南北时音可

[①] 李木庵编著：《窑台诗话》，第33—34页。

谐者，即非古韵不为失。应将诗韵厘新本，删之并之重剔别。古人古韵本时音，今人时音自可立"，① 完全是通古韵和明诗理的诗学批评家实践经验的总结。而这几乎成了延安革命家诗词创作及其改革旧体诗的"金科玉律"，有效引导了一代诗人的诗词创作。

再如"怀安放脚诗"的4小节，仍谈论怀安诗派革新旧体诗问题，但与前面"改良旧体诗"一节已有了不同。如果说前面两节注重从诗句、语言、格律入手探讨旧体诗革新问题的话，那么"怀安放脚诗"则上升到体式转化来探讨旧体诗形式革新问题："近来怀安诗社里各位擅长五七言文体的老人们都在竞作新式语体诗，力取平易，免除艰涩，虽脱却了冠冕黻黼，仍然留下斗方角巾。强调袒腹赤足，则含蓄蕴藉不足，索然无味。从旧体转到新体，绝非易事。但大家抱着从头学起的精神，日习窗课，屡有试笔，积累若干，乃为之选录，是为开路者留迹也。"② 所以，怀安诗社同仁找到的旧体诗革新的突破口之一，就是"改作语体诗"。对此，林伯渠率先试笔："割草，割草，人人都去割草。/割得鲜草二百斤，折合五十斤干草，/很快把任务完成了。/划分地区，免得彼此乱搅。/不犯群众利益，我们都要记到。/你上那条沟，我上这山峁。/看谁割得快，看谁割得好。/这样光荣的比赛，正当气爽秋高"（《割草谣》）。③ 刘道衡也作了多首这种语体诗，其中之一是《打狗曲》："天

---

① 李木庵编著：《窑台诗话》，第34—35页。
② 李木庵编著：《窑台诗话》，第111—112页。
③ 李木庵编著：《窑台诗话》，第111页。

下不太平，来了老妖精。/驱使中国狗，专咬中国人。/人民早觉醒，打狗棒一根。/打折了两腿，妖精喊调停。/调停只是缓兵计，人民眼睛看得清。/握紧棒，挺起身，/打狗同时撵妖精，/不绝祸根不要停。"① 李木庵则作《蒋管区民变蜂起》积极回应："独夫好杀眼不开，杀得江山骨成堆。/第一战场杀未了，第二战场又杀来。/纵然美械源源济，争奈民心去不回。/杀来杀去等自杀，洋爸还骂不成材。/裤里英雄真可哀。"② 这些尝试在今天看来有些尽管显得草率，但现实感十足，可以看成语体诗实验的初步尝试，不失清新可爱。

在这种改良中，地方歌谣、古典诗、词、曲和各种民间曲调形式，都被延安革命家加以引用，成为改良古体诗词的有效元素。像"秧歌舞"词、刘禹锡引用改造过的"竹枝词"等，就被他们拿来转化成了大量的"延安竹枝词"。李木庵的"延安竹枝词"，似绝句，也像民谣。高敏夫《蒋军愁》则用三字式民谣，直截了当地讽刺国民党军人的懦弱："跑着来，爬着走，缺了腿，断了手；笑着来，哭着走，披长衣，挂短袖……要不死，当俘虏。"③ 这些"新诗"韵律和谐，形式活泼，曲折有致，在形式、内容方面都有可称道的地方，成为延安革命家诗人与怀安诗人的独特创造。延安革命家诗人认识到"国风雅颂亦民谣"，因此"竞相试笔新体诗"成为延安革命家诗词创作的共识。"旧体诗市场不大

---

① 李木庵编著：《窑台诗话》，第113页。
② 李木庵编著：《窑台诗话》，第115页。
③ 李木庵编著：《窑台诗话》，第114页。

了，诗人应翻然改图。我意旧诗难合时宜，是因格调过于严整，含义每有晦涩。严整失自然，晦涩欠通俗。似应求齐整中不失自然，自然中不失整齐。嵌用韵脚以作整齐之矩，参用长短句藉传自然之神。"① 在这种尝试中，李木庵的创作很具代表性。从他的《延安新竹枝词》《纺纱词》《开荒曲》《神仙几歌》《秧歌舞吟》《无定河感赋》《延安思》（问答体）等诗题里的"竹枝词""词""曲""几歌""赋"和"问答体"等体式尝试，足可以看出他在旧体诗词创作方面的勇于创新。在《怀安放脚诗》一节，他甚至引用了9首"各地翻身歌谣"作示范，使"旧瓶新酒，成为推行政教的工具"。这些"入民间又出民间，辞到真时令自娴"② 的诗作，"俗白可懂"，"自然传神"，"齐整中不失自然"，"自然中不失整齐"，代表了延安革命家认可的现代中国旧体诗创作革新的新方向。

从文学史的角度来考察，这种革新方向实际上影响深远。1949年后的新民歌运动、大批红色歌谣的出现，以及一些"干部"体诗歌创作等都与此相关。延安革命家诗人发现了"雅颂亦民谣""深能浅出""穷则变通"等艺术发展规律，积极为传统抒情艺术的发展探索新方向，而这实际上正是延安革命家诗词创作最可称道的地方。从《南社》到《怀安诗社》，从柳亚子到林伯渠、李木庵等，延安革命家通过这类"新诗"创作倡导革命、激励抗战、

---

① 李木庵编著：《窑台诗话》，第110页。
② 李木庵编著：《窑台诗话》，第16页。

团结大众，同时也切实推动了古典抒情传统向现代转化——尽管这一方向在后来又走向极端，但延安革命家诗词创作的本土化、民族化、革命化等大众艺术追求，仍是现代汉语诗歌不断发展的重要方向。它们代表的传统抒情的节奏、腔调、语势已被规范成一种审美定势，已经内化为重要的民族艺术形式。例如来自西方的新体自由诗无法有效传达军民劳动生活的活泼情致，对国民党反动派的讽刺往往就只能用简短有力的诗句才能淋漓尽致。

另外，延安革命家诗人也自信这些旧形式一旦装进新内容，将必定创造出新艺术：以民族化的旧形式，置入马克思主义及现代革命政治思想信仰，可以发展出新的诗歌形式，用以宣传革命、激励抗战。这是延安革命家及怀安诗人革新新诗的一个重要策略，是他们在诗词创作的审美和信仰之间的一种平衡追求。事实上，这是艺术革命的一个新路径、新规律。毛泽东、陈毅以及"延安十老"正因为把握了这一艺术创作的革新规律，才创作出了《沁园春·雪》《念奴娇·昆仑》《六言诗·给彭德怀同志》等真正具有中国气派和中国风格的现代诗词。

五、文学史意义及当下启示

从文学史发展的角度来说，毛泽东等数十位延安革命家几十年来创作的大量诗词及其革新实践，具有重要的文学史及诗史意义。延安革命家的诗词创作不仅以独特的审美格调突破了"鲁郭茅巴老曹"开拓的伟大传统，成为现代文学的重要组成部分，同时也丰富了现代文学艺术形式建构的独特内涵。它们绝非"谬种流传，贻误青年"，而是"历史的珍品，艺术的瑰宝"。①

首先，怀安诗社的旧诗词形式创作构成了现代中国文学诗歌创作的一个重要流派，传承了中华民族精美艺术的优良形式传统。五四新文学运动以来，"南社"成为旧诗词创作的重要一脉，但"南社"之后，旧诗词创作由于五四新文学作家的激烈反对而一度没落，潜隐发展。到了延安时期，在"延安十老"及其他延安革命家的推动下，旧体诗词创作再度兴盛，并形成一股新潮流。延安革命家作为现代诗词创作的主力军，上承柳亚子等"南社"的诗词创作，下启20世纪末诗词创作之风，具有重要的文学史引渡之功。因此，从中国现代文学发展的古今维度来看，毛泽东以及延安革命家的诗词创作充分延续了"南社"以来的现代文学传统，因而具有独特的文学史意义和诗史价值。

其次，延安革命诗人以"旧瓶装新酒"这一策略对传统诗词形式进行革新，引导了现代文学大众化、通俗化和人民性的创新方向，有力推进了中国文学抒情传统的现代性转化。郭沫若说，"我们如果要在文艺创作上追求怎样才能使革命的现实主义和革命的浪漫主义结合，毛泽东同志的诗词就是我们绝好的典范"；② 姚雪垠认为，毛泽东诗词是"革

---

① 付建舟编：《毛泽东诗词全集详注》，武汉：武汉大学出版社，1999年，第408、419页。
② 郭沫若：《浪漫主义和现实主义》，臧克家主编：《毛泽东诗词鉴赏》，第298—299页。

命英雄主义的千古绝唱"。① 在今天看来，以毛泽东为代表的延安老一辈革命家的诗词创作，是对现代现实主义和浪漫主义相结合的抒情传统的重要开拓：在"诗言志"的理念下，把旧体诗词这种古典艺术形式转化成书写革命情怀的现代情感表现形式，成功实现了"旧瓶装新酒"的现代转化，同时也有力地延展了中国抒情文学的优良传统。

最后，延安革命家的诗词创作实践，彰显了延安文学作为革命文学、战争文学及红色经典的基本特性，凸显了延安文学作为现代文学史有机组成的独特意义。以往中国现代文学史勾勒延安文学，大多局限于丁玲、艾青、鲁迅等左翼文学和解放区赵树理等一脉，在文学文体上也只注重现代小说、现代白话新诗、延安戏剧戏曲和现代散文、报告文学，忽视延安革命文学家的旧体诗词创作及红色歌谣等红色经典的核心部分。这显然是现代文学史叙述的重大疏漏。同时，怀安诗人及其他延安革命家的旧体诗词创作是延安文学，尤其是现代革命文学、左翼文学的重要组成部分，是延安文学中的"铙歌"。如果忽视了这部分红色经典，我们就无从全面把握延安文学特质及其现代左翼传统，也无法从延安革命文学的角度深入了解中国现代文学传统。

进一步说，延安文学大体上可以分为三个系统：以丁玲、艾青为代表的左翼革命文学系统，以延安及解放区民间文艺为基础的大众化文学系统，以延安革命家为代表的古体

---

① 姚雪垠：《革命英雄主义的千古绝唱——重读〈七律·长征〉》，臧克家主编：《毛泽东诗词鉴赏》，第90页。

诗创作系统。从现代文学史的总体格局看，这三大系统都属于左翼文学系统，对于现代文学的抒情文学传统和叙事文学传统都有推进、丰富和发展。但延安革命家旧体诗词创作这一系统对于延安文学系统来说更具特殊意义，因为它们为"颂歌"基调的现代政治抒情诗开辟了道路，是马克思主义文艺思想指引下的产物，是延安革命家"革命初心"的真正表达，是左翼文学中最与民族命运和现代历史相关的部分。中国现代文学有启蒙、救亡两大主题，延安革命家诗词在很大程度上对这两大主题进行了共时性表现。

延安革命家为何独独钟情于旧体诗创作？在我们看来有以下几方面原因：

第一，老一代延安革命家大多出生于晚清时期，部分甚至受过私塾教育，考中过秀才。他们深谙诗词创作之道，因而以诗词形式创作就成了他们的文体最佳选择。如毛泽东曾考入湖南省立第四师范。在读期间，他深受老师杨昌济的器重，也受到了非常好的古典文学训练，因此他一生的文学创作主要是诗词形式。朱德也受过较好的古典诗词创作训练。尽管他有脍炙人口的散文问世，但表达情感主要还是诗词形式。"延安五老"的董必武，18岁考取秀才，后曾在东京私立日本大学学习法律，但诗词创作仍是其一生基业。林伯渠入学湖南西路师范学堂，经选拔考试，被师范学校选送到日本东京弘文学校公费留学，其创作也以诗词为主。主编《怀安诗社》的李木庵，15岁考取秀才，后考入京师法政学堂。受维新思想影响，李木庵笃信"传播教育，开发民智"是重要的革新任务，但对于诗词创作却情有独钟。他主持怀安诗社近10年,留下了现代诗学批评史上极为重要的一部诗话集。

第二,延安革命家以旧体诗词形式创作,也与诗词这种古典体裁形式本身的特性有关。诗词作为一种文学形式,是中国古典抒情传统里极为有效的一种抒情体式。这种抒情体式是一种轻型体裁。除古体长诗外,一般句数有限,规模和体制不大,因而不需要像长篇小说、戏剧等大型体裁那样经年苦心经营。这非常有利于延安革命家在"公余之暇"进行创作。事实上,延安革命家也正是利用这种独特艺术形式创作,才留下了现代诗歌史上堪称一流、数量甚巨、体式多样的古典诗词。如毛泽东1949年以前创作诗词50余首,大多质量上乘。[1] 又如钱来苏写诗1400多首。《十老诗选》中记载,"钱来苏同志写过很多诗。在二战区时,'请缨不许,愤而为诗',共得六百余首,集名《孤愤草》,抒发对蒋阎集团卖国独裁、反共残民之愤怒。到延安后,继续写作,并参加怀安诗社,至一九五一年,共作了一千四百余首。抗战胜利后所作,集名《初喜集》。一九五一年印成《孤愤草初喜集合稿》"。[2] 谢觉哉出版过《什么集》,创作了大量旧体诗词。作为怀安诗社社长,李木庵擅长律诗,犹善七古、五古长诗,其《延安雅集》《秧歌舞吟》都是延安文学绝唱。后者从大众文艺历史视角、从新文化新文明的高度称赞秧歌舞,认为它是现代高尚文艺的代表,并精心描述秧歌舞的表

---

[1] 臧克家考辨说,延安时期印过《风沙诗词》,内收毛泽东作品70首,但版本尚未找到。(参见臧克家主编:《毛泽东诗词鉴赏》,第1、424页)

[2] 《十老诗选》,第304页。

演过程，对这一集体狂欢歌舞过程中农民大众的欢乐作了极尽夸张描写，并由此展现延安政教文艺事业的成功样态。所以，正是在诗词体式选择及其革新的意义上，李木庵与林伯渠一起引领了现代文学史上唯一一个规模巨大、影响深远的古体诗词创作流派，接通了现代文学发展的古今维度，引领怀安诗派古诗词革新，以通俗化、谣曲化追求为革新方向，推进了延安文学的大众化文学运动。

第三，延安革命家不写新体自由诗，也与他们对于旧体诗词这种民族形式的审美态度密切相关。因为旧体诗词形式背后蕴含着深刻的民族审美心理及其精神价值旨趣。它对于"律"的不断追求，如朱光潜所言，有深刻的艺术、审美和社会文化原因，因此成为中国文学艺术的金字招牌。胡适以进化论思想阐释旧体诗词的历史合理性，认为从五言、七言到词、曲的发展就是诗体的解放与发展，此观点在一定程度上还是缺乏审美逻辑说服力。而且自由体新诗诞生后，其作为一种形式及其体式的"自由"品格并没有被多少人理解，反而因为白话化、散文化、形式化，使其诗味丧失，艺术性也失却根由。而一些诗人又刻意模仿西方诗歌的形式，洋腔洋调，这对于强调大众化、民族形式、中国气魄中国精神，主张走自己道路的延安革命家来说，无论如何也不会去迎合。这可能是他们不写新体自由诗反而成立怀安诗社、鼓励诗词形式革新的深层原因。

就艺术探索来说，延安革命家的这种诗词创作形式选择及其革新实践给当下诗歌创作实践带来了重要启示。自五四新诗诞生以来，受新旧二元对立思维影响，现代诗歌的形式探索一直存在诸多问题：其一，一些创作者一直唯新是瞻，旧形式被激进派全然否定，结果在新文学史上至今没有诗词创作的章节，更毋论其文学史定位。其二，受内容决定形式论的影响，一些诗人将形式置于从属地位，忽视形式审美，更有甚者忽视语言媒介形式变化可能引发诗歌形式变化的艺术事实，纯然否定形式探索的价值。其三，部分诗人忽视艺术形式多元化、多样性原则，否定诗词形式本身的价值。对于这些诗学议题，延安革命家诗人始终保持清醒的认识。谢觉哉赋诗说："新诗应比旧诗好，新代旧又代不了……新旧只缘时世殊，文白都须词理妙……可以旧瓶装新酒，亦可旧酒入新瓶。当年白陆何曾旧，今日韩黄亦必新。不改温柔敦厚旨，无妨土语俗词陈。里巷皆歌儿女唱，本来风雅在宜人。"[1] 这首诗里，谢觉哉的论述至少包含五个诗学议题：一是"五四"以来新诗作者一直困惑不已的"新旧"之争，二是"旧瓶装新酒"的艺术旨趣，三是如何追求"词理妙"，四是"不改温柔敦厚旨"而追求诗歌的教化效果，五是坚持"里巷皆歌儿女唱"的人民性创作原则。因此，延安革命家诗人的诗歌创作实践及其革新主张，可看作对"五四"以来新诗形式探索的前述问题之"预先"反驳。由于明白了"里巷皆歌儿女唱，本来风雅在宜人"和"旧瓶装新酒"的辩证艺术规律，所以他们才为现代诗歌诗词形式革新探索了新路，推进了20世纪40年代旧体诗诗歌创作艺术的繁荣，使诗词创作实现了自"南社"以来的又一次

---

[1] 《怀安诗选》，第79—80页。

"中兴"。这给当下诗歌艺术发展带来重要启示：我们绝对不能疏离古典诗歌精致艺术的传统，而去靠"横的移植"来开拓诗路。坚持"古为今用"，充分继承优秀的古典文学抒情传统，认清形式和内容的辩证艺术规律，才是当下诗歌创作的正途所在。比如旧体诗词和民间艺术形式典雅、古朴、凝练的文体特征，对于艺术性要求极高。遵循这样的要求，精心推敲，方能使"旧瓶"和"新酒"完美结合，创作出精美的诗歌杰作。这实际上是我们利用"旧瓶"时必须掌握的"规律"，毛泽东、李木庵、朱德、陈毅等正是掌握了这些规律，才创作出前无古人的杰作。而李木庵等人的竹枝词、歌、曲、谣以及"问答体"之所以质量上乘，也在于他能利用这些"旧瓶"进行创作。又如，延安革命家诗人因发现了"音韵是天籁""谐合于自然口音"、口音变化与诗词形式革新的审美机制和民族审美心理原理，继而用大量创作实践有力证明"旧瓶装新酒"这一创作理路的可行性，最终在人民性创作原则下进行了一系列大众化的旧体诗词创作。艺术形式的探索往往是艺术发展的重要契机，中国现代诗创作实践恰恰也在这里给我们提供了经验教训。如在新诗形式内部，诗的格律及其形式的探索就一直没有停息过。先是"新月派"反驳胡适、郭沫若，出现新格律诗运动，后是50、60年代林庚、何其芳、卞之琳的半逗律、典型诗行、九言诗"五四体"等"现代格律诗"的形式探索，这些探索直接促进了新诗形式变化发展——尽管后者没有取得如前者一样有影响的创作成果。再如，近些年来，随着我们对传统文化的重视，中国诗词再次焕发新生命力，百年诗词传统得到重新梳理研究,旧体诗词创作再度得到诗坛认可。一些海外诗刊,如《洛城诗刊》一半登载新诗,一半登载旧体诗词创作,"汉唐诗风"逐渐成为风尚。这既是诗歌艺术形式探索的美学回声,也是怀安诗人提供的艺术与历史经验的当下延续。所以,80年前延安革命家的诗词创作及其艺术形式探索,尤其是李木庵等人关于文字、语言、节奏、音韵、诗词文体诸多方面革新诗词形式的努力,当是现代中国诗歌形式革新史上的重要一环,对新世纪、新时代的诗歌艺术形式探索及创作仍有重要意义。

结　　语

"世运中兴卜文艺,来源况出古黄河。"① 李木庵曾说:"一国兴亡,视乎民气;民气升沉,系乎士志;士志激越,发为心声。诗词歌曲,皆心声也……意切共鸣,言出自由,或创作,或译述,辞在雅俗之间,体无新旧之限。不以地囿,相应声同。积篇成帖,随期公布,俾草木天籁,合成巨响;涔蹄浅沼,汇为洪流,既可扬民族之性,亦以振中国之魂。则心声所及,国运可回;军歌与战鼓齐鸣,吟坛共战场并捷。直可辅翼武功,岂徒目为文艺!"② 毛泽东、朱德、叶剑英、陶铸等革命家及董必武、林伯渠、李木庵等老革命家,以鲜明的主体精神展现延安革命洪流,创造了具有时代

---

① 李木庵编著:《窑台诗话》,第16页。此诗为李木庵引自"凡僧"的五绝诗。
② 李石涵编:《怀安诗社诗选》,西安:陕西人民出版社,1980年,第292—293页。

特性和民族特色的诗词作品。这些诗词代表了左翼文艺中与现代民族及国运复兴最密切相关的部分，是代表塞上风云的"铙歌"、是黄土高坡的"离骚"，更是中华民族革命的慷慨悲歌。延安革命家诗词创作在充分彰显延安文学作为战争文学、红色经典等基本特性的同时，也对中国现代诗歌创作和中国现代文学史研究持续不断地产生积极影响。因此，延安革命家诗词创作的艺术风格及时代品格将具有永恒价值。

（原载《中国社会科学》2020年第3期）

《中国社会科学》2020 年度好文章获奖文章颁奖辞

《中国社会科学》2020 年度好文章之《金融市场与宏观经济的风险传染关系——基于混合频率的实证研究》（作者：杨子晖，责任编辑：梁华）

为实体经济服务是金融的重要宗旨，也是防范化解金融风险的根本举措，由此金融市场与宏观经济的风险传染关系成为亟须研究的重大问题。长期以来，如何突破宏观经济部门与微观金融市场数据频次不匹配的状况，一直是个难题。该文基于大量数据，运用最新发展的混频模型，为克服这一困扰作出了积极尝试。在此基础上，作者考察了中国金融市场与宏观经济间的相互作用，刻画了金融风险对不同经济部门的冲击力度，为避免"一刀切"的政策倾向，实施差别化、精细化监管，提升调控政策的针对性和有效性提供了有益指导。文章引入混频方法，为深化金融市场与宏观经济的关系研究注入了新的能量。如能适当考虑银行部门作用，因果证明将更加令人信服。

金融市场与宏观经济的风险传染关系*
——基于混合频率的实证研究

杨子晖

摘要：为实体经济服务是金融的重要宗旨，也是防范化解金融风险的根本举措。以共频方法展开的传统研究因无法处理金融市场数据与宏观经济数据存在的频次不匹配问题，可能导致忽略重要风险传染途径、严重低估金融风险外溢冲击，以及误判风险传染角色的重大失误。混频因果检验以及混频溢出方法，可以有效克服这一不足。基于此，对中国金融市场与宏观经济间的风险传染关系展开研究，并进一步基于因子增广向量自回归模型克服"维度诅咒"问题，实证检验金融风险对宏观部门信息集的具体影响，刻画金融风险对不同经济部门的冲击力度与传导机制，结果表明：中国金融市场均为风险冲击的净输出方，

---

* 本文为国家社会科学基金重大项目"基于结构性数据分析的我国系统性金融风险防范体系研究"（17ZDA073）阶段性成果。

所有宏观经济部门均为风险冲击的净输入方；金融风险是导致消费、利率、货币和消费者信心等出现明显变动的原因，进而对宏观经济部门产生显著冲击；利率、货币等宏观部门的变动，也会经由信贷渠道、"观望"理论阐释的传导途径等，对金融市场产生明显的反馈作用。这将有助于完善与高质量发展要求相适应的宏观调控体系。

关键词：金融市场　宏观经济混合频率　高频信息

作者杨子晖，中山大学岭南学院教授（广州　510275）。

引　言

2008年国际金融危机席卷全球，引发各国金融市场剧烈动荡，与金融机构联系日益紧密的实体经济也受到严重冲击。此后，各国央行意识到资金"脱实向虚"将导致严重的风险隐患，仅关注个体金融机构安全的防控方式更是无法有效抑制金融风险的过度累积。习近平总书记在2019年2月中共中央政治局第十三次集体学习时指出，应"增强金融服务实体经济能力，坚决打好防范化解包括金融风险在内的重大风险攻坚战"。然而，传统分析方法无法处理混频数据，容易损失高频信息，因此难以实时监控宏观经济受到的即期风险冲击，也难以准确评估金融风险与宏观经济部门的相互关系，从而使得宏观经济政策表现出明显的滞后性，实施效果不及预期。在当前金融与实体经济风险外溢性提高的背景下,基于混频分析框架,深入剖析金融风险对宏观经济部门的传导途径,有效识别宏观经济各部门的外溢效应及其对金融系统的反馈机制,不仅有助于完善系统性金融风险的防控体系,深化对金融与实体经济关系的统筹认识,而且有助于构建实体经济与金融市场良性互动的发展机制,缓释系统性金融风险在二者间的溢出冲击,进而加快形成以国内大循环为主体、国内国际双循环相互促进的新发展格局。

需要说明的是,股票市场与外汇市场是我国金融市场体系中最主要的组成部分。据世界银行数据显示,2019年,我国上市公司总市值达到了85.16千亿美元,为全球第二大股票市场。与此同时,随着人民币国际化进程的不断推进,我国外汇交易规模不断扩大。中国人民银行于2020年8月发布的《2020年人民币国际化报告》指出,人民币已成为全球第五大外汇储备货币与国际支付货币。除了股票与债券市场,其他金融市场在我国整体金融市场中占比较小,且研究表明,我国债券市场与其他金融市场相对分割,出现风险传染的概率较低,而衍生品、保险等市场起步较晚,规模较小,数据可得性也严重受限。因此本文选用股票市场与外汇市场作为我国金融市场的代表市场,并展开相应的风险传染研究。①

---

① 参见史永东等:《市场互联、风险溢出与金融稳定——基于股票市场与债券市场溢出效应分析的视角》,《金融研究》2013年第3期。

一、文献综述

在金融系统中，尾部风险事件①往往会导致资本发生异常流动，对各金融机构或市场产生大规模的负面冲击，引发系统性金融风险。② 与此同时，单个金融机构和整体金融系统均存在明显的尾部共振现象，机构间的风险溢出会加速金融危机的蔓延。③ 因此，在系统性金融风险理论研究中，基于网络关联视角的分析方法有助于我们准确识别经济体系中具有系统性重要地位的市场（部门），并在统一框架下综合考察系统中的有效信息。④ 而随着该领域研究的日臻完善，从实证分析的角度来考察金融市场与宏观经济的风险传染关系，成为一个新的研究视角。这是因为系统性金融风险除了在金融市场内部产生风险溢出冲击外，更会导致金融系统内在运行机制失灵，进而对宏观经济和消费者福利造成巨大冲击，反之，宏观失衡带来的负向反馈也会加剧风险的扩散。⑤

---

① 尾部风险（Tail Risk）是指损失巨大，超过损失分布一定分位数的风险。
② 参见 Y. Hong, Y. Liu and S. Wang, "Granger Causality in Risk and Detection of Extreme Risk Spillover between Financial Markets," *Journal of Econometrics*, vol. 150, no. 2, 2009, pp. 271–287.
③ 参见 T. Adrian and M. K. Brunnermeier, "CoVaR," *American Economic Review*, vol. 106, no. 7, 2016, pp. 1705–1741.
④ 参见 F. X. Diebold and K. Yìlmaz, "On the Network Topology of Variance Decompositions: Measuring the Connectedness of Financial Firms," *Journal of Econometrics*, vol. 182, no. 1, 2014, pp. 119–134.
⑤ 参见 M. Rodríguez-Moreno and J. I. Peña, "Systemic Risk Measures: The Simpler the Better?" *Journal of Banking & Finance*, vol. 37, no. 6, 2013, pp. 1817–1883.

研究表明，金融部门和实体经济间往往会由于合同签订、价格传导或是流动性关联等因素，产生显著的溢出效应。① 例如金融危机期间，大型金融机构的资本不足会对当前消费需求造成负面冲击，也使得未来需求的不确定性大幅增加，导致资本支出急剧减少，对宏观部门产生显著的负外部性。② 而且，资本市场尾部风险事件的发生，也会通过财富效应而对居民消费带来显著冲击。相应地，国内生产总值、工业增加值、通货膨胀等实体部门的变动以及宏观政策的调整也会使得金融市场产生明显波动。③ 宏观基本面的不利信息会使得投资者下调预期、甚至大量抛售证券，引发资本市场的剧烈震荡。④

其中，较之易于获取的微观金融数据，宏观数据的采集成本高，统计难度大，而且，宏观经济变量与金融市场数据通常具有不同的采样频率。早前的相关研究就已注意到，基于不同频率采样，时间序列数据的可用性会严重受限，例如 Ghysels 等人首次对高频数据与低频数据进行了区分，同时

---

① 参见 M. K. Brunnermeier, G. Gorton and A. Krishnamurthy, "Risk Topography," *NBER Macroeconomics Annual*, vol. 26, no. 1, 2012, pp. 149 – 176.

② 参见 C. Brownlees and R. F. Engle, "SRISK: A Conditional Capital Shortfall Measure of Systemic Risk," *The Review of Financial Studies*, vol. 30, no. 1, 2017, pp. 48 – 79.

③ 参见 B. S. Paye, " 'Déjà Vol': Predictive Regressions for Aggregate Stock Market Volatility using Macroeconomic Variables," *Journal of Financial Economics*, vol. 106, no. 3, 2012, pp. 527 – 546.

④ 参见 A. Shleifer and R. W. Vishny, "Unstable Banking," *Journal of Financial Economics*, vol. 97, no. 3, 2009, pp. 306 – 318.

指出高频数据会包含额外的潜在信息。① 此后，大量研究开始深入探讨不同采样频率的数据间的信息差异，代表性的文献包括 Forsberg 和 Ghysels、Clements 等人的研究。② 相关文献指出，高频变量中存在潜在的有价值信息，但在其余变量的采样频率过低时，研究者就无法直接使用这些高频信息。③ 因此，传统研究往往将高频变量进行降频聚合分析，在此过程中，高频变量中包含的潜在的有用信息可能被丢弃，由此产生明显的结论偏差。④ 此外，传统的因果分析方法常由于数据频次不匹配而出现依时性加总（temporal aggregation）问题，使得参数估计与假设检验结果失真，可能会得到错误的因果关系。⑤ 最新研究发现，高频金融数据包含的信息通常与金融市场对经济基本面的冲击相关，此类冲

---

① 参见 E. Ghysels, P. Santa-Clara and R. Valkanov, "The MIDAS Touch: Mixed Data Sampling Regression Models," Working Paper, 2004; E. Ghysels, A. Sinko and R. Valkanov, "MIDAS Regressions: Further Results and New Directions," *Econometric Reviews*, vol. 26, no. 1, 2007, pp. 53 – 90.

② 参见 L. Forsberg and E. Ghysels, "Why Do Absolute Returns Predict Volatility So Well?" *Journal of Financial Econometrics*, vol. 5, no. 1, 2007, pp. 31 – 67; M. P. Clements, A. B. Galvão and J. H. Kim, "Quantile Forecasts of Daily Exchange Rate Returns from Forecasts of Realized Volatility," *Journal of Empirical Finance*, vol. 15, no. 4, 2008, pp. 729 – 750.

③ 参见 E. Ghysels, A. Sinko and R. Valkanov, "MIDAS Regressions: Further Results and New Directions," pp. 53 – 90.

④ 参见 L. Ferrara and P. Guérin, "What Are the Macroeconomic Effects of High-Frequency Uncertainty Shocks?" *Journal of Applied Econometrics*, vol. 33, no. 5, 2018, pp. 662 – 679; E. Ghysels, J. B. Hill and K. Motegi, "Testing for Granger Causality with Mixed Frequency Data," *Journal of Econometrics*, vol. 192, no. 1, 2016, pp. 207 – 230.

⑤ 参见 T. B. Götz, A. Hecq and J. P. Urbain, "Forecasting Mixed-Frequency Time Series with Ecm-Midas Models," *Journal of Forecasting*, vol. 33, no. 3, 2014, pp. 198 – 213.

击在低频序列中是难以识别的。[1]

考虑了高频信息的模型,能够更好地刻画宏观经济基本面的变动。[2] 然而,由于缺乏合适的分析模型,这一问题始终未得到有效解决。随着现代计量经济学方法的不断发展,最新的研究开始采用混频模型对不同频次变量间的相互作用展开分析,近年来逐步应用于金融领域相关问题的研究。具体而言,混频方法涵盖了所有频率下的数据,能够有效利用序列中的高频信息,提高估计和预测的准确性。早期的混频研究方法将低频序列中的相应观测值视为潜在值,并以高频信息的形式加入模型中,从而对不同频率间变量的因果关系进行分析,代表性的方法包括桥梁方程、因子 MIDAS、混合数据抽样等,并在经济学领域得到了较好的运用。然而,由于金融机构间存在显著的尾部风险共振现象,研究者需要基于网络关联的视角,在统一的框架下综合考察系统中的有效信息,从而获得唯一可靠的分析结论。[3] 而此类模型在建模时纳入了潜在的低频冲击,使得研究者无法从网络关联分析的角度具体量化金融市场与宏观经济间的冲击力度。[4] 因此在一段时间内,混频模型在

---

[1] 参见 E. Ghysels, "Macroeconomics and the Reality of Mixed Frequency Data," *Journal of Econometrics*, vol. 193, no. 2, 2016, pp. 294 – 314.

[2] 参见 S. Boffelli, V. D. Skintzi and G. Urga, "High-and Low-Frequency Correlations in European Government Bond Spreads and Their Macroeconomic Drivers," *Journal of Financial Econometrics*, vol. 15, no. 1, 2016, pp. 62 – 105.

[3] 参见 S. Martinez-Jaramillo et al., "An Empirical Study of the Mexican Banking System's Network and Its Implications for Systemic Risk," *Journal of Economic Dynamics and Control*, vol. 40, nos. 1 – 3, 2014, pp. 242 – 265.

[4] 参见 J. Cotter, M. Hallam and K. Yilmaz, "Mixed-Frequency Macro-Financial Spillovers," KU-TUSIAD Economic Research Forum, Working Paper, no. 1704, 2017.

金融学研究领域下的运用与发展始终受到严重制约。Ghysels 等在最新研究中提出了混频向量自回归模型（The Mixed-Frequency VAR Model，MF-VAR），有效克服了传统混频模型无法分解预测误差方差的缺陷，同时最大限度地减少了因频率转换而产生的信息损失，从而有助于我们更准确地检验混频变量间可能存在的因果关系。[①] 在此基础上，Cotter 等进一步提出了混合频率溢出方法，该方法能够基于不同频次的多变量展开分析，量化高频变量与低频变量间的风险冲击与传染关系。[②]

国内很多学者已从人口结构、非线性传染等不同角度对系统性金融风险进行了研究。[③] 纵观该领域的研究，首先，现有文献大部分集中在分析金融部门之间的风险传染效应，很少对金融风险与宏观经济之间的相互关系展开深入研究，然而尾部风险易在金融机构间跨部门传染，进而在金融系统内部蔓延，引发系统性金融风险。[④] 由于金融部门与实体经济间存在显著的联动性，[⑤] 系统性金融风险往往会对宏观经

[①] E. Ghysels, J. B. Hill and K. Motegi, "Testing for Granger Causality with Mixed Frequency Data," pp. 207 – 230.

[②] J. Cotter, M. Hallam and K. Yılmaz, "Mixed-Frequency Macro-Financial Spillovers."

[③] 参见范小云、段月姣、杨昊晰：《人口结构与系统性风险测度及监管——以利率为纽带的视角》，《经济研究》2018 年第 8 期；杨子晖、陈雨恬、陈里璇：《极端金融风险的有效测度与非线性传染》，《经济研究》2019 年第 5 期。

[④] 参见 J. C. Reboredo, M. A. Rivera-Castro and A. Ugolini, "Downside and Upside Risk Spillovers between Exchange Rates and Stock Prices," *Journal of Banking & Finance*, vol. 62, 2016, pp. 76 – 96.

[⑤] 参见 M. K. Brunnermeier, G. Gorton and A. Krishnamurthy, "Risk Topography," pp. 149 – 176.

济造成明显的负面影响,① 实体经济的下行压力也会对金融部门产生反馈冲击,导致风险在金融与实体部门间形成恶性循环,威胁整个经济体系的安全与稳定。② 其次,由于宏观经济数据采样频率往往低于金融市场的变量序列,传统共频分析框架会因忽略高频信息而产生结论偏差,难以准确衡量金融风险与宏观经济的冲击传导关系。而一些相关的混频方法在建模时,往往将低频观测值视为潜在高频信息,使得预测方差的分解受限,无法计算不同频率变量间的风险溢出指数。③ 因此,现有为数不多考察风险与宏观经济的文献,大多仅分析了金融风险与实体经济部门的作用方向,而未能对风险传染的冲击力度、动态演变、作用机制等方面展开多维度的定量分析。最后,宏观数据的类别较多,而金融风险事件的样本期往往过短,在分析过程中常常面临"维度诅咒"(Curse of Dimensionality)问题,使得现有研究无法就系统性金融风险对宏观经济部门的具体冲击展开客观分析,这成为提升金融支持实体经济针对性、有效性的难点。而前沿的因子增广向量自回归(Factor-Augmented Vector Autoregressive)模型不仅能有效克服数据受限问题,而且能够精确地

---

① 参见 A. Bucǎ and P. Vermeulen, "Corporate Investment and Bank-Dependent Borrowers during the Recent Financial Crisis," *Journal of Banking & Finance*, vol. 78, 2017, pp. 164 – 180.

② 参见 Y. Altunbas, M. Binici and L. Gambacorta, "Macroprudential Policy and Bank Risk," *Journal of International Money and Finance*, vol. 81, 2017, pp. 203 – 220.

③ 参见 C. Foroni, E. Ghysels and M. Marcellino, "Mixed-Frequency Vector Autoregressive Models," *Advances in Econometrics*, vol. 32, 2013, pp. 247 – 272.

刻画金融风险与大量不同类别宏观变量的作用关系。①

有鉴于此，首先，本文基于CAViaR模型测度我国股票市场与外汇市场的尾部风险。其次，本文采用混合频率溢出方法，分别从静态与动态视角考察了我国金融市场与宏观经济间的相互作用关系，并基于混频因果检验等方法进一步探讨了金融危机期间的风险传导机制。最后，本文采用前沿的因子增广向量自回归模型，分析了金融风险对我国宏观经济7个部门90个变量的具体冲击，为加强金融监管协调机制建设，未雨绸缪进行系统性金融风险防控，以及构建实体经济与金融市场良性互动的经济环境，保障经济稳中向好与长期向好的发展趋势，提供重要参考依据。

二、模型设定、方法说明

（一）基于混频向量自回归模型（MF-VAR）的因果关系检验

为了简化计算，模型假定数据的采样频率只分为高频（High Frequency，HF）、低频（Low Frequency，LF）两类，且频率比率为m。

因此，Ghysels等②分别将高频数据降频为低频数据，以

---

① 参见 Z. Liu, M. Spiegel and A. Tai, "Measuring the Effects of Dollar Appreciation on Asia: A FAVAR Approach," *Journal of International Money and Finance*, vol. 74, 2017, pp. 353–370.

② E. Ghysels, J. B. Hill and K. Motegi, "Testing for Granger Causality with Mixed Frequency Data," pp. 207–230.

及聚合为混频变量（Mixed Frequency，MF）。其中，混频向量可用下式表示：

$$X(\tau_L) = [X_H(\tau_L,1)', \cdots, X_H(\tau_L,m)', X_L(\tau_L)']' \qquad (1)$$

与此同时，他们假定该混频向量服从 VAR（p）过程，即：

$$X(\tau_L) = \sum_{k=1}^{p} A_k X(\tau_L - k) + u(\tau_L) \qquad (2)$$

为了检验混频变量间是否存在长期 Granger 因果关系，他在考虑预测步长 h 的基础上将式（2）进一步扩展，得到 MF-VAR（p，h）模型，即：

$$X(\tau_L + h) = \sum_{k=1}^{p} A_k^{(h)} X(\tau_L + 1 - k) + u^{(h)}(\tau_L) \qquad (3)$$

其中 $A_k^{(1)} = A_k$，$A_k^{(i)} = A_{k+i-1} + \sum_{l=1}^{i-1} A_{i-l} A_k^{(l)}$（$i \geq 2$），$u^{(h)}(\tau_L) = \sum_{k=1}^{h-1} \varphi_k \varepsilon(\tau_L - k)$。Ghysels 等将原假设"不存在因果关系"转变为线性系数约束表达，即：

$$H_0(h): Rvec[B(h)] = r \qquad (4)$$

其中，R 是行满秩的选择矩阵，B（h）为 MF-VAR（p，h）模型的系数，r 则为约束向量。为了对模型的有效性进行检验，Ghysels 同时构建了如下的 Wald 统计量：

$$W_{T^*} \equiv T^* (Rvec[\hat{B}(h)] - r)' \times (R \sum_p (h) R')^{-1} \times$$

$$(Rvec[\hat{B}(h)] - r) \qquad (5)$$

T^* 为信息集中的有效样本数量，$\hat{B}$（h）是式（5）原假设中 B（h）的最小二乘估计量。此外，该模型还使用自举 p 值法（bootstrapped p-value）对 Wald 统计量的显著性水平进行进一步检验。

（二）混频溢出方法（Mixed-Frequency Spillover Methodology）

Cotter 等构建了混合频率溢出方法，从而能够直接使用原始低频的宏观经济数据和高频金融财务数据估计溢出指数与冲击力度。[①] 基于此，Cotter 等构建了 k 维的混合频率矢量序列，该序列包含了低频 $K_L < K$ 与高频 $K_H = K - K_L$ 两类信息，频率比例为 m。他们在每个低频时间段的基础上，将高频观测值分组，以便展开预测误差方差分解（FEVD）聚合。因此，当 $K_H > 1$ 时，我们可设定高频向量为：

$$X_{H,i}(\tau_L) = [X_{H,i}(\tau_L,1), \cdots, X_{H,i}(\tau_L,m)]' \quad (6)$$

其中，$x_{H,i}(\tau_L, j)$ 代表第 i 个高频变量在 τ_L 的低频时间段观测到的第 j 个高频阶段。在此基础上，将观测值聚合为如下的混频向量，即：

$$X(\tau_L) = [X_{H,1}(\tau_L)', \cdots, X_{H,K_H}(\tau_L), X_L(\tau_L)]' \quad (7)$$

此时混频信息可用 $K_x \equiv (mK_H + K_L)$ 表示，假定该混频向量服从 MF-VAR（p）过程，即：

$$X(\tau_L) = A_0 + \sum_{j=1}^{p} A_j(\tau_L - j) + \varepsilon(\tau_L) \quad (8)$$

其中，A_0 和 $\varepsilon(\tau_L)$ 分别为 K_x 维参数向量和误差向量，而 A_j 则为 $(K_x \times K_x)$ 维的参数矩阵，此时堆叠的 MF-VAR 模型中的变量等价于标准变量，进而可以用标准方法来进行估计与相应的分析。混频模型中的 FEVD 矩阵如下所示：

[①] 参见 J. Cotter, M. Hallam and K. Yilmaz, "Mixed-Frequency Macro-Financial Spillovers."

$$\begin{bmatrix} \theta_{11}(H) & \cdots & \theta_{1K_x}(H) \\ \vdots & \ddots & \vdots \\ \theta_{K_x1}(H) & \cdots & \theta_{K_xK_x}(H) \end{bmatrix} \quad (9)$$

该矩阵中各元素 $\theta_{ij}(H) = \lambda_{ij}(H)/\varphi_{ij}(H)$，且满足：

$$\lambda_{ij}(H) \equiv \sigma_{jj} \sum_{h=0}^{H-1} (e_i' B_h \Sigma e_j)^2;$$

$$\varphi_{ij}(H) \equiv \sigma_{jj} \sum_{h=0}^{H-1} (e_i' B_h \Sigma e_i) \quad (10)$$

其中，$\varphi_i(H)$ 是变量 i 的 H 步预测期的误差方差，$\lambda_{ij}(H)$ 则为变量 i 由于变量 j 冲击而产生的预测误差方差。因此，计算 H 步预测期的 FEVD 矩阵中每一个变量：

$$\varphi_{kl}(H) = \left[\sum_{i \in L_k, j \in J_l} \lambda_{ij}(H)\right] / \left[\sum_{i \in L_k} \varphi_{ij}(H)\right] \quad (11)$$

L_k 和 J_l 分别为混频模型和传统的 FEVD 矩阵中数据的集合。类似地，Cotter 等采用下述向量将高维序列降频至低频序列的共频过程：

$$Y(\tau_L) = [X_{HtL}(\tau_L), X_L(\tau_L)]' \quad (12)$$

则共频过程下可适用于标准 VAR 模型，即：

$$Y(\tau_L) = B_0 + \sum_{j=1}^p B_j(\tau_L - j) + \mu(\tau_L) \quad (13)$$

其中，B_0 和 $\mu(\tau_L)$ 为 K 维参数向量和误差向量。

（三）数据说明

本文分别选用上证综指和人民币广义实际汇率指数作为股市与汇市指数收益率的衡量指标，据此测度我国股票与外汇两个主要金融市场的尾部风险。需要说明的是，为了进一步展开混频分析，根据 Cotter 等人的建议，我们将每个月内的交易日划分为 4 周，并在此基础上使用日度数据构造周频率的风险指标。①

而且，我们使用月度工业增加值来衡量我国经济产出，并分别选择中国社会消费品零售总额、固定资产投资完成额、金融机构中人民币各项贷款的月度增加值以及银行间同业拆借加权平均利率、货币和准货币（M2）作为消费、投资、贷款、利率、货币等宏观部门的代表变量，同时引入了宏观经济景气一致指数与消费者信心指数，并在此基础上构造了7个信息集，类别包含了工业增加值、消费、投资、贷款、货币、经济景气与消费者信心，共计90个指标。② 其中，上证综指来源于 Wind 数据库，汇率数据来源于国际清算银行（Bank of International Settlements，BIS），而相关的宏观变量则来源于中经网统计数据库以及 Wind 数据库。依据数据的可获得性，本文分析的样本期间为1996年5月1日—2018年12月31日。

为了具有可比性，遵循该领域的研究惯例，本文采用 CPI 定基指数将上述名义指标调整为实际变量，并结合 X11 方法对宏观变量进行季节性调整。

三、实证结果

（一）我国金融市场系统性金融风险测度

首先，本文采用 CAViaR 模型测度我国股票市场与外汇市场的尾部风险，使用 DQ 检验进行后验分析，并在图1中

---

① 参见 J. Cotter, M. Hallam and K. Yılmaz, "Mixed-Frequency Macro-Financial Spillovers."

② 受篇幅所限，各信息集的具体指标请向作者索取。

画出尾部风险测度值。① 图1表明，1996年至2018年间，我国资本市场的尾部风险与一些重大风险事件紧密相关，且由于我国股票市场与外汇市场存在紧密的关联性，易由此引发系统性金融风险。

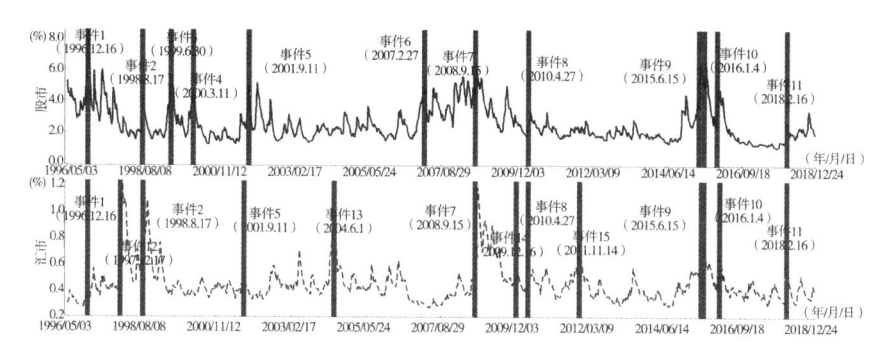

图1 我国金融市场尾部风险测度与事件分析

注：（1）事件1：涨跌幅制度开始施行；事件2：亚洲金融危机对中国香港产生最大幅度的冲击；事件3：股市"5·19"行情后开始大幅回调；事件4：美国股市重大动荡，互联网泡沫破裂；事件5：美国发生"9·11"恐怖袭击，随后引发全球金融市场震荡；事件6：中国股市暴跌，沪指跌幅高达8.84%；事件7：雷曼兄弟申请破产保护，国际金融危机爆发；事件8："国十条"地产调控政策出台引发市场恐慌，地产股和银行股大幅下跌；事件9：2015年"重大股灾"事件；事件10："熔断机制"出台后的首个交易日；事件11：美国商务部公布了对美国进口钢铁和铝产品的国家安全调查报告，建议对进口限制措施，中美贸易摩擦出现；事件12：亚洲金融危机由东南亚国家席卷至整个亚洲；事件13：美国轻质原油期货收市价打破历史最高纪录，国际油价开始一路走高；事件14：标准普尔将希腊的长期主权信用评级由"A-"下调为"BBB+"；事件15：亚太经济合作组织领导人发布声明，称欧债危机使全球经济面临巨大下行风险，危机对我国的影响不断扩大。（2）该测度结果基于为5%分位数下的CAViaR指标。

---

① 受篇幅所限，测度结果与DQ检验结果请向作者索取。间接GARCH、非对称斜率模型、对称绝对值模型和适应性模型的结论一致、稳健。

（二）我国金融市场与宏观经济风险溢出的静态分析

在前文分析的基础上，本文以股票与外汇市场的 CAViaR 指标作为我国金融市场尾部风险的衡量指标，并分别采用混频与共频方法考察我国系统性金融风险与宏观经济间的相互作用机制。表 1 表明，在总体样本内金融市场的尾部风险并未对我国经济平稳运行的基本态势造成严重影响。混频结果显示，1996—2018 年期间，股票和外汇市场对宏观经济的影响较小，冲击力度在 0.16%—5.64% 间不等，在一定程度上佐证了我国宏观调控政策在防范金融风险冲击、促进经济平稳健康发展上的有效性。表 1 的混频分析结论表明，自 1996 年以来，我国金融市场均为风险冲击的净输出方，所有宏观经济部门均为风险冲击的净输入者，而相对于外汇市场 3.93% 的风险净溢出，源于股票市场的风险冲击力度更大，净溢出总指数达 13.17%。同时，宏观部门间也存在较强的关联性，银行间同业拆借市场与货币市场间存在显著的作用关系，M2 对利率、利率对 M2 的解释力度分别达到了 40.24% 和 40.65%。这是由于宽松的货币政策的出台，往往会引发银行间同业拆借利率下降，信贷资金供给增加，大量资金进入资本市场，则可能放大股市泡沫风险。此外，来自消费、投资的冲击易进一步扩散，其对我国工业增加值分别产生 7.58% 和 6.45% 的影响。

表 1　金融风险溢出矩阵的全样本分析　　　　　（单位:%）

		股票	外汇	工业增加值	消费	投资	贷款	利率	M2	From
股票	MF	96.49	1.49	0.11	0.39	0.77	0.11	0.35	0.29	3.51
	CF	94.82	1.45	0.15	0.11	1.85	0.08	0.81	0.74	5.18
外汇	MF	1.20	98.32	0.03	0.03	0.13	0.25	0.03	0.02	1.68
	CF	1.49	97.62	0.27	0.23	0.20	0.11	0.05	0.03	2.38
工业增加值	MF	1.07	0.20	83.07	7.58	6.45	0.07	1.05	0.50	16.93
	CF	0.13	0.23	83.26	8.84	6.39	0.15	0.75	0.25	16.74
消费	MF	2.98	0.41	7.91	86.60	0.01	0.18	0.98	0.94	13.40
	CF	0.10	0.21	9.45	88.99	0.04	0.00	0.62	0.58	11.01
投资	MF	5.64	1.06	6.64	0.01	85.55	0.84	0.22	0.05	14.45
	CF	1.75	0.18	6.90	0.04	89.87	1.04	0.10	0.11	10.13
贷款	MF	1.13	2.14	0.09	0.20	0.93	94.63	0.52	0.37	5.37
	CF	0.08	0.11	0.17	0.00	1.13	97.44	0.56	0.49	2.56
利率	MF	2.54	0.16	0.70	0.63	0.14	0.30	55.29	40.24	44.71
	CF	0.48	0.03	0.51	0.39	0.06	0.33	56.45	41.74	43.55
M2	MF	2.12	0.17	0.34	0.61	0.03	0.22	40.65	55.86	44.14
	CF	0.44	0.01	0.17	0.37	0.07	0.29	41.93	56.71	43.29
To	MF	16.67	5.62	15.80	9.44	8.46	1.97	43.80	42.43	—
	CF	4.48	2.22	17.62	9.99	9.74	2.00	44.83	43.94	—
Net	MF	13.17	3.93	−1.13	−3.96	−5.99	−3.39	−0.91	−1.71	144.19
	CF	−0.70	−0.15	0.88	−1.02	−0.39	−0.56	1.28	0.65	134.82

注:(1) 表1报告了预测期为1个月的风险溢出矩阵,其他预测期结果稳健、备索。(2)"To"所在行的第j个元素,表示由市场j到其他市场的风险溢出效应。(3)"From"所在列的第i个元素,表示由其他市场到市场i的风险溢出效应。(4) Net所在行的From列衡量了我国系统性风险溢出总效应。(5)"MF"表示基于混频溢出方法的分析结果,"CF"表示基于共频溢出方法的分析结果。(6) 表2—表6类似,以下不再赘述。

我们比较了风险溢出指数在混频与共频模型下的差值与比值。表2表明，使用混频方法计算的金融市场的风险溢出远高于共频模型下的溢出强度。其中，股市与汇市对外的混频影响力度为传统方法下的3.72倍和2.53倍，股票市场的差值更是高达12.19%。而且在股票、外汇市场以及大部分宏观经济部门的Net指标中，MF/CF指标均为负，表明在两种方法下得出了相反的风险净输入输出关系。因此，在分析高频金融数据与低频宏观数据间关联时，基于传统共频方法的分析结果可能由于遗漏高频信息等问题而出现明显的结论偏差。

表2 混频与共频方法下的风险溢出效应比较

	To MF-CF	To MF/CF	From MF-CF	From MF/CF	Net MF-CF	Net MF/CF
股票	12.19	3.72	−1.67	0.68	13.87	−18.81
外汇	3.40	2.53	−0.70	0.71	4.08	−26.20
工业增加值	−1.82	0.90	0.19	1.01	−2.01	−1.28
消费	−0.55	0.94	2.39	1.22	−2.94	3.88
投资	−1.28	0.87	4.32	1.43	−5.60	15.36
贷款	−0.03	0.99	2.81	2.10	−2.83	6.05
利率	−1.03	0.98	1.16	1.03	−2.19	−0.71
M2	−1.51	0.97	0.85	1.02	−2.36	−2.63

注：(1)"MF-CF"表示基于混频溢出方法的结果减去基于共频溢出方法的分析结果后的数值。单位为%。(2)"MF/CF"表示基于混频溢出方法的结果除以基于共频溢出方法的分析结果后的数值。

本文在表3中进一步考察了不同预测期下，分别使用混频与共频模型估计的风险溢出效应。[①] 可以清楚地看到，在两种方法下，金融市场对宏观经济的风险冲击均随着预测期的延长不断增强，净溢出力度不断增加。值得注意的是，从From指标来看，预测期数从1推移至6时，贷款部门在混频与共频方法下受到的风险冲击增幅分别为5.7倍和8.3倍。这表明，共频模型在低估经济部门受到冲击的同时，在衡量风险溢出效应时，也存在显著的滞后性。

表3 不同预测期的风险冲击扩散分析 （单位:%）

混频溢出方法												
	股票市场			外汇市场			投资			贷款		
H	To	From	Net	To	From	Net	To	From	Net	To	From	Net
1	16.67	3.51	13.17	5.62	1.68	3.93	8.46	14.45	−5.99	1.97	5.37	−3.39
3	25.81	4.36	21.45	14.50	3.59	10.92	28.21	28.63	−0.42	3.67	17.55	−13.88
6	38.15	6.05	32.10	27.83	5.35	22.48	44.13	34.42	9.71	5.08	36.08	−31.00

共频溢出方法												
	股票市场			外汇市场			投资			贷款		
H	To	From	Net	To	From	Net	To	From	Net	To	From	Net
1	4.48	5.18	−0.70	2.22	2.38	−0.15	9.74	10.13	−0.39	2.00	2.56	−0.56
3	8.63	7.15	1.48	5.19	4.85	0.34	28.75	23.64	5.10	2.67	10.80	−8.13
6	16.08	9.04	7.04	11.66	7.52	4.14	45.81	30.52	15.30	3.75	23.76	−20.00

---

① 由于篇幅限制，其他宏观部门的分析结果备索。

(三) 我国金融市场与宏观经济风险溢出的动态分析

在上述全样本静态分析的基础上，本文使用"滚动估计分析"方法，具体识别影响我国经济发展全局的风险事件。图2表明，基于混频方法和共频方法的总溢出指数在全样本期间的波动走势大致类似，2008年以来由于传统和新兴金融业规模的快速扩张、影子银行信贷规模不断增加、资金"脱实向虚"现象日益加剧等因素，

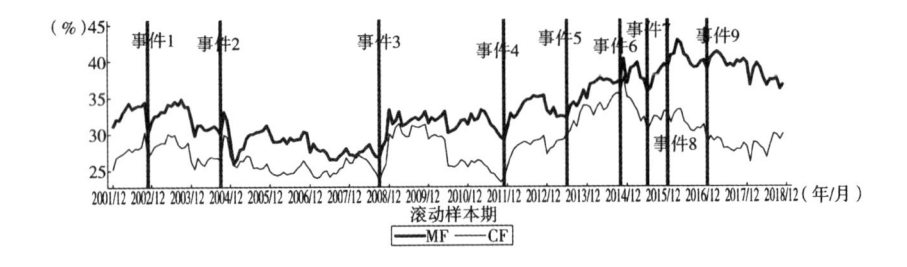

图2 我国金融市场与宏观经济总体溢出效应的动态分析

注：(1)事件1：我国向外资金融机构开放人民币业务，此外东亚、汇丰和恒生三家外资银行同时宣布在中国内地推出网上银行业务，时间：2002年12月；事件2：保险资金直接入市，时间：2004年10月；事件3：国际金融危机加剧，雷曼兄弟申请破产保护，时间：2008年9月；事件4：中国人民银行宣布从2011年12月5日起下调存款类金融机构人民币存款准备金率0.5个百分点，为三年内首次下调，时间：2011年11月；事件5："历史性银行钱荒"事件，时间：2013年6月；事件6：中国PPI跌幅加大，达2.2%，CPI与PMI指数持续回落，时间：2014年10月；事件7：中国"股灾"事件，时间：2015年6月；事件8："熔断机制"出台，时间：2016年1月；事件9：股市出现恐慌性抛盘，上证指数创147天内最大跌幅，时间：2016年12月。(2)滚动分析窗口长度为60个月，而预测方差分解分析的预测期为1个月，图3保持相同设置，不作赘述。(3)基于不同滚动窗口与预测期的结论依然稳健。

市场间的风险溢出整体呈上升趋势。但自2016年12月中央经济工作会议首次强调要把防范金融风险放到更加重要的位置后，监管措施密集出台，风险溢出指数也从2017年后开始略微下落。与此同时，图2也清楚地表明，在全样本期间，采用混频方法估计的风险溢出（粗线）均显著地高于共频方法（细线）的估计结果，同时能更好地识别出我国2016年1月的"熔断机制"出台等尾部风险事件。

我们同样计算出我国股票市场、外汇市场对宏观经济各部门的冲击溢出，并在图3中画出。图3表明，采用周度数据的混频模型能够准确识别2015年6月"重大股灾"、2016年1月"熔断机制"出台等金融风险事件。与此形成鲜明对比的是，基于共频模型的风险溢出指数依旧均无法对上述事件进行准确刻画，且严重低估了资本市场产生的风险冲击。

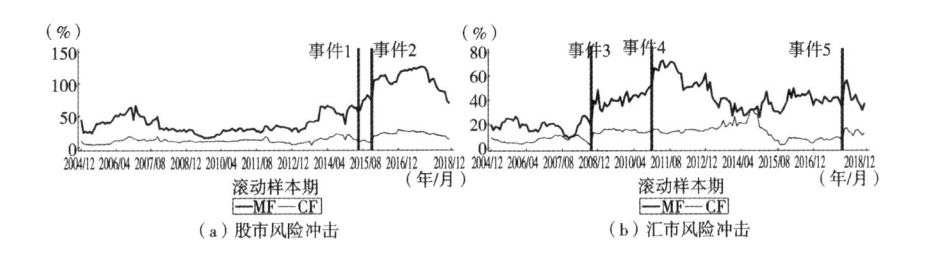

图3 金融市场对宏观经济溢出冲击的动态分析

注：事件1：中国"重大股灾"开始，时间：2015年6月；事件2：中国股市"熔断机制"出台，时间：2016年1月；事件3：国际金融危机，引发世界经济局势持续动荡，时间：2008年9月；事件4：欧债危机加剧，时间：2010年12月；事件5：美股暴跌，道琼斯指数创下史上最大盘中点数跌幅，多国汇率随之大跌，时间：2018年2月。

(四)危机期间我国金融市场与宏观经济的风险溢出效应分析

下面采用混频溢出方法对 1997 年亚洲金融危机等三个重要的尾部风险爆发时期,我国金融市场与宏观经济间的作用关系展开分析。

我们在表 4 中考察了亚洲金融危机时期(1997 年 7 月—1999 年 12 月),我国金融市场与宏观各部门间的风险冲击力度。由表 4 可以清楚地发现,在该危机爆发时段,金融市场依旧是风险的净输出方,宏观部门则均为风险冲击的净接收者。其中,To 指标表明,股票市场产生了最高的风险溢出效应,对外冲击强度达到了 68.65%,远高于总体样本期间的 16.67%。需要注意的是,较之股市,外汇市场的对外作用力度仅为 37.78%,这意味着 1997—1998 年期间,在资本大量外流、汇率贬值的压力下,我国对宏观调控方向进行的调整(例如收紧资本项下的用汇管理等),有效缓释了该国际金融风暴通过外汇市场造成的外溢冲击。

表 4 显示,M2 与利率是宏观经济中的薄弱环节,受到了最为显著的金融风险冲击。其中,股市对 M2 的风险冲击力度高达 37.52%,汇市风险对利率波动的解释力度也达到了 9.99%。因此,亚洲金融危机期间,信贷流动性紧张,银行间利率市场震荡,进而对贷款供给产生显著的影响(24.07%)。而贷款部门随之对工业增加值产生了 28.34% 的冲击,这可能是由于贷款的减少遏制了市场参与者的雇用与投资行为,进而冲击了宏观经济基本面,加大了经济下行的压力。

表4 亚洲金融危机时期风险溢出矩阵分析　　（单位:%）

	股票	外汇	工业增加值	消费	投资	贷款	利率	M2	From
股票	83.36	5.13	1.84	0.57	0.93	2.30	0.55	5.32	16.64
外汇	3.31	89.50	1.62	0.65	0.78	1.30	2.83	0.01	10.50
工业增加值	5.72	5.64	28.62	0.04	5.69	28.34	24.93	1.02	71.38
消费	6.26	8.20	0.10	69.11	14.42	0.09	0.84	0.98	30.89
投资	6.86	3.99	9.98	10.48	50.22	10.04	8.43	0.01	49.78
贷款	7.29	4.68	28.23	0.04	5.70	28.50	24.07	1.49	71.50
利率	1.68	9.99	26.44	0.37	5.09	25.63	30.35	0.46	69.65
M2	37.52	0.16	1.98	0.79	0.01	2.92	0.85	55.77	44.23
To	68.65	37.78	70.18	12.93	32.62	70.62	62.50	9.29	—
Net	52.02	27.28	-1.20	-17.96	-17.16	-0.88	-7.15	-34.94	364.57

表5显示了国际金融危机期间（2007年8月—2009年12月）我国宏观经济与金融市场间的风险溢出关系。可以发现，该风险事件使得我国资本市场剧烈震荡，对宏观经济产生了明显的外部冲击。其中，股票市场对货币、利率、投资以及消费部门分别产生了25.07%、19.68%、17.88%以及12.94%的影响。此外，宏观经济的波动也对金融市场产生了一定的冲击反馈。例如，贷款部门对外汇市场输出的宏观反馈比重为7.07%，M2对股票市场的影响也达到了8.68%。这表明国际金融危机带来的资本市场的剧烈波动，使得危机期间我国企业融资需求锐减、居民消费需求低迷，而实体经济的走弱也对金融市场产生了显著的不良反馈。

表5　国际金融危机时期风险溢出矩阵分析　　（单位:%）

	股票	外汇	工业增加值	消费	投资	贷款	利率	M2	From
股票	67.44	8.98	1.09	2.24	5.12	1.64	4.81	8.68	32.56
外汇	14.86	67.63	0.68	3.08	0.13	7.07	2.92	3.63	32.37
工业增加值	6.86	4.65	57.41	4.46	18.37	5.05	3.14	0.05	42.59
消费	12.94	27.76	3.74	48.16	3.24	2.42	1.73	0.01	51.84
投资	17.88	0.53	11.56	2.43	36.11	6.93	12.30	12.26	63.89
贷款	8.25	29.00	2.81	1.60	6.13	31.96	7.94	12.30	68.04
利率	19.68	8.38	1.70	1.11	10.58	7.72	31.05	19.77	68.95
M2	25.07	8.28	0.02	0.01	9.58	10.86	17.96	28.21	71.79
To	105.55	87.57	21.61	14.94	53.16	41.69	50.81	56.71	—
Net	72.99	55.21	-20.99	-36.91	-10.73	-26.35	-18.14	-15.08	432.03

在表6中，进一步考察中国"重大股灾"时期（2015年6月—2017年12月）金融市场与宏观经济之间的影响力度。由表6可以发现，股票市场与外汇市场间存在明显的风险联动效应，传染比例分别达到了17.24%和21.68%，较之全样本（1.49%和1.20%）、亚洲金融危机期间（5.13%和3.31%）以及国际金融危机期间（8.98%和14.86%）均有显著增加。

与此同时，在2015年"重大股灾"期间，宏观经济受到的股市风险冲击大幅提升，例如贷款部门由全样本期间的1.13%增至24.35%，银行间同业拆借利率、工业增加值、投资等部门也受到了股票市场14%—33%不等的风险溢出。其中，银行间同业拆借利率受到股票市场的风险溢出比例为

14.78%,这是由于危机期间大量股票的停牌使得资本市场的资金供求状况严重恶化,场内流动性基本枯竭,经由信贷渠道迅速波及银行间同业拆借市场。

表6进一步显示,宏观经济也对金融市场存在显著的负面反馈效应,工业增加值对股票市场和外汇市场的溢出指数分别达到了7.59%和5.35%,投资也对股市产生了6.26%的冲击。而2015年初,由于实体投资的不景气与银行信贷的收缩,经济增速大幅下滑,3月的工业增加值同比实际增速仅为5.6%,跌至2012年以来的最低值,直接融资需求急剧增加、大量资金涌入股票市场,资本市场的杠杆率快速攀升。因此,宏观经济对金融市场的负面影响可能在一定程度上加速了"股灾"的爆发。

表6 2015年"重大股灾"时期风险溢出矩阵分析 (单位:%)

	股票	外汇	工业增加值	消费	投资	贷款	利率	M2	From
股票	64.34	17.24	7.59	0.63	6.26	2.54	1.04	0.36	35.66
外汇	21.68	65.73	5.35	0.97	3.48	0.21	0.14	2.44	34.27
工业增加值	31.56	15.77	24.18	1.56	14.89	1.06	4.94	6.04	75.82
消费	10.57	6.22	3.47	53.70	6.40	6.54	1.66	11.44	46.30
投资	32.09	12.24	17.12	3.31	27.81	2.06	0.18	5.20	72.19
贷款	24.35	1.54	2.61	7.24	4.42	59.45	0.03	0.36	40.55
利率	14.78	1.36	11.97	1.81	0.37	0.03	58.59	11.08	41.41
M2	4.13	12.52	11.29	9.63	8.44	0.27	8.55	45.17	54.83
To	139.15	66.90	59.39	25.15	44.26	12.73	16.53	36.92	—
Net	103.49	32.63	-16.43	-21.15	-27.93	-27.82	-24.88	-17.91	401.04

由以上分析，可以清楚地看出，我国金融市场与实体经济间密切相连，金融风险易对宏观经济造成显著冲击，并通过相互作用机制产生反馈效应，引发风险冲击在经济系统中的恶性循环。

在图4中，给出了不同时期各宏观经济部门受到的金融风险冲击。图4表明，较之全样本的分析结果，在危机期间，资本市场对实体经济的风险冲击强度显著提高，金融危机会放大资本市场对宏观经济的负外部性，冲击实体经济的平稳发展。而股票市场对各宏观部门的风险冲击（较浅阴影区域）在各时期均明显大于外汇市场的影响（较深阴影区域），是我国金融系统中主要的风险输出者。此外，值得注意的是，相对于1997年亚洲金融危机、2008年国际金融危机，金融市场在2015年"股灾"期间产生了更为显著的风险冲击。这意味着较之来自全球金融市场的冲击，国内金融体系中潜在风险的爆发，将可能引发我国实体经济部门更大幅度的波动。

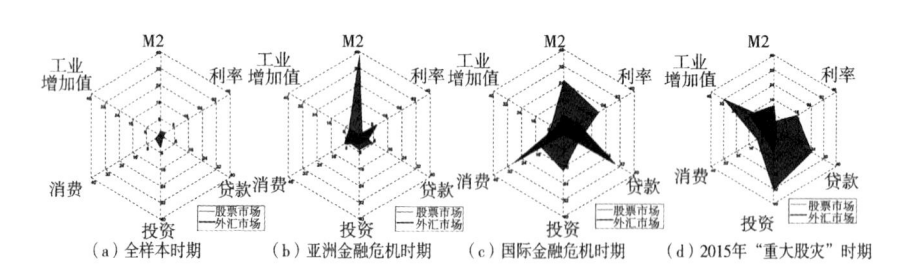

图4 各宏观经济部门受到的金融风险冲击

注：较浅阴影区域表示股票市场对各部门的风险溢出效应，较深阴影区域表示外汇市场对各部门的风险溢出效应。图6相同，不再赘述。

(五) 我国金融市场与宏观经济的风险传导机制

在上文的研究基础上，本文采用宏观经济景气一致指数替代工业增加值，并进一步将消费者信心指数纳入分析框架，根据最新发展的混频因果关系检验方法，深入探讨中国"股灾"时期（2015年6月—2017年12月），风险冲击在我国金融市场与宏观经济各部门间的传导路径。

表7的混频检验结果显示，股票市场与外汇市场的风险联动效应在股灾期间大幅增强，存在显著的双向传染关系。同时，表7表明，对于大部分宏观部门而言，检验统计量均显著拒绝"不存在由股票（外汇）市场风险到该部门的因果关系"的原假设，这表明我国金融市场在重大股灾期间的巨幅震荡对消费、投资、利率和货币等宏观经济部门的平稳运行造成明显冲击。

此外，由表7还可以发现，金融风险是导致消费者信心变动的原因，而消费者信心的变动会引发利率、货币等部门震荡，同时也存在由消费者信心到金融市场风险的因果关系。这表明，金融市场的风险事件在对M2、利率等宏观部门造成直接影响的同时，会经由消费者信心对宏观经济的平稳产生间接冲击。然而，通过对比分析我们发现，传统共频分析方法却无法识别"金融风险→消费者信心→相关宏观经济部门"这一重要的风险传染途径。

表7 2015年"重大股灾"时期金融风险传导的混频因果分析

		股票	外汇	消费	投资	贷款	利率	M2	经济景气	消费者信心
股票	MF	—	0.00***	0.14	0.11	0.00***	0.08*	0.20	0.00***	0.00***
	CF	—	0.47	0.53	0.39	0.03**	0.35	0.92	0.06*	0.00***
外汇	MF	0.00***	—	0.20	0.03**	0.02**	0.29	0.00***	0.36	0.00***
	CF	0.00***	—	0.15	0.00***	0.20	0.64	0.56	0.07*	0.91
消费	MF	0.00***	0.02**	—	0.72	0.57	0.31	0.17	0.07*	0.25
	CF	0.05**	0.87	—	0.91	0.55	0.27	0.20	0.78	0.09*
投资	MF	0.00***	0.12	0.90	—	0.84	0.53	0.06*	0.30	0.73
	CF	0.00***	0.85	0.39	—	0.75	0.39	0.01***	0.48	0.77
贷款	MF	0.89	0.01***	0.73	0.70	—	0.02**	0.09*	0.05**	0.13
	CF	0.20	0.01***	0.79	0.88	—	0.14	0.12	0.18	0.35
利率	MF	0.09*	0.00***	0.09*	0.71	0.09*	—	0.36	0.27	0.01***
	CF	0.71	0.40	0.17	0.64	0.36	—	0.03**	0.89	0.06**
M2	MF	0.00***	0.00***	0.35	0.25	0.71	0.54	—	0.26	0.00***
	CF	0.48	0.82	0.10	0.49	0.90	0.60	—	0.24	0.00***
经济景气	MF	0.16	0.17	0.46	0.96	0.29	0.81	0.33	—	0.46
	CF	0.07*	0.96	0.82	0.99	0.31	0.58	0.19	—	0.76
消费者信心	MF	0.07*	0.04**	0.00***	0.00***	0.88	0.00***	0.53	0.57	—
	CF	0.98	0.77	0.00***	0.06*	0.21	0.08	0.96	0.79	—

注：(1) 表中报道了检验统计量的 p 值，原假设为"不存在由列元素到行元素的因果关系"。(2) 检验使用了 Newey 和 West 提出的核函数 HAC 协方差估计方法；最优滞后阶数基于 Newey 和 West 选择；显著性检验基于 Gonçalves 和 Kilian 提出的自举 p 值法。(3) 检验重复次数 N 为 500 次。(4) ***、**、*，表示在 1%、5% 及 10% 显著性水平上拒绝"不存在 Granger 因果关系"的原假设。

我们结合表 7 混频因果关系的分析结果，在图 5 中画出了以下的冲击传导机制图。首先，消费与投资部门受到了金融风险的显著冲击。这表明在"股灾"期间，金融资产价格的大幅下跌带来的负财富效应会减少消费、抑制投资，影响国内经济循环。其次，还存在着"金融市场→M2→投资→金融市场"的因果关系。这符合 Bloom、Chatterjee 等人提出的"观望"（Wait and See）理论，即产生金融风险冲击时，市场的流动性变动将提高未来资金来源与成本的不确定性，难以估计投资的潜在回报率，投资者会出现"观望"情绪，推迟当前的投资行为，宏观经济活动迅速放缓，[①] 并进一步对金融市场产生冲击影响。最后，图 5 中"金融市场→利率→贷款→金融市场"的因果关系表明，在金融风险冲击下，银行间同业拆借市场震荡，进而产生了显著的收入效应与替代效应，使得借款人降低贷款水平。与此同时，银行往往会大量减少对非流动性投资项目的可贷资金供给，以应对风险敞口增加带来的流动性问题，但这又严重抑制了投资活动与未来消费，加大了宏观经济的下行可能，通过信贷渠道从总供给层面对宏观经济造成了严重冲击，进而反馈至金融市场。因此，在我国金融市场剧烈波动时，系统性金融风险会从总需求和总供给两个层面作用于宏观经济，产生显著的冲击，并进一步反馈作用于金融市场，这也

---

① 参见 N. Bloom, "The Impact of Uncertainty Shocks," *Econometrica*, vol. 77, no. 3, 2009, pp. 623 – 685; P. Chatterjee, "Asymmetric Impact of Uncertainty in Recessions: Are Emerging Countries More Vulnerable?" *Studies in Nonlinear Dynamics & Econometrics*, vol. 23, no. 2, 2019, pp. 27 – 54.

与 Allen 等人的研究结果相一致。[①] 而上述机制在传统的共频研究中常常被忽略。

此外，图 5 显示，存在"相关宏观部门→消费者信心→金融市场""经济景气→金融市场"的宏观反馈机制。这表明投资减少、消费下滑等宏观环境的震荡会放大市场参与者的恐慌情绪，使得消费者信心再次承压，影响投资者对未来现金流的预判，进而快速下调预期甚至大量抛售证券，加剧金融市场波动。

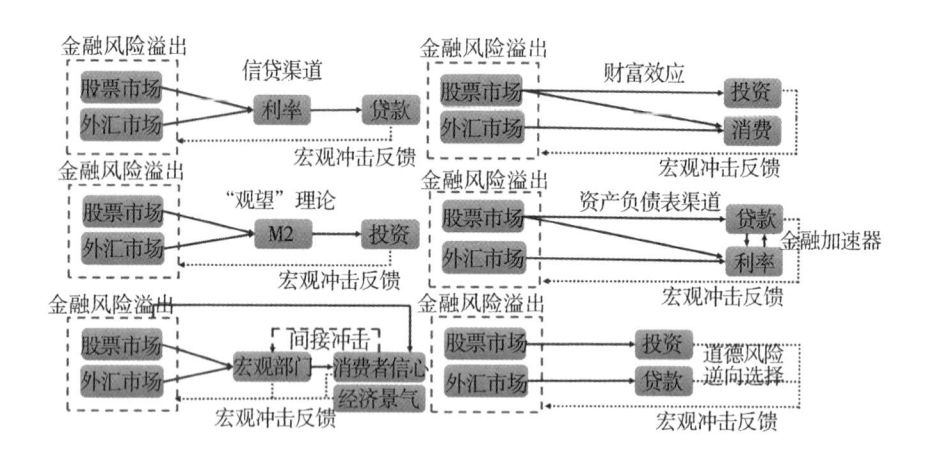

图 5　2015 年"重大股灾"时期冲击传导机制

注：根据表 7 的检验结果列出的 2015 年"重大股灾"时期的冲击传导机制。

在此基础上，我们进一步探讨了在不同预测期下 2015 年"重大股灾"期间风险冲击力度的变化。图 6 表明，金融市场

[①] 参见 L. Allen, T. G. Bali and Y. Tang, "Does Systemic Risk in the Financial Sector Predict Future Economic Downturns?" *Review of Financial Studies*, vol. 25, no. 10, 2012, pp. 3000–3036.

对宏观各部门的风险冲击力度随着时间的推移不断增强。其中,在预测期为6时,股票市场与外汇市场均对经济景气程度产生了明显冲击,这表明银行大量减少对非流动性投资项目的可贷资金供给,对投资、消费的负面影响逐渐显现。与此同时,随着风险的循环放大与不断积聚,来自金融市场的冲击将逐渐增强,对实体经济的影响程度不断提高,加大经济下行压力。

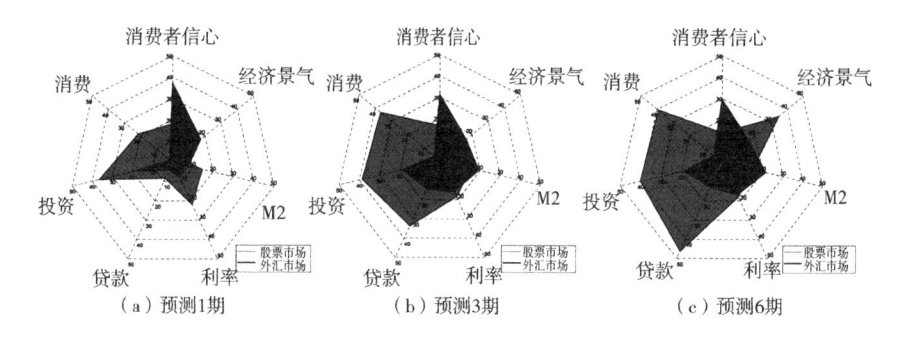

图6 金融市场风险冲击的时滞分析

(六)"重大股灾"时期我国金融风险对宏观经济的冲击影响

本文采用了因子增广向量自回归模型,[1] 分析2015年"重大股灾"期间,系统性金融风险对我国宏观经济的冲击影响。[2] 图7(b)、(c)、(g)与(h)表明,与粮油食品

---

[1] 参见 B. S. Bernake, J. Boivin and P. Eliasz, "Measuring the Effects of Monetary Policy: A Factor-Augmented Vector Autoregressive (FAVAR) Approach," *The Quarterly Journal of Economics*, vol. 120, 2005, pp. 387 – 422.

[2] 由于篇幅限制,本文在此并未列出所有的分析结果,读者可向作者索取。

等需求弹性较小的行业不同,在金融市场动荡期间,家具等需求弹性较大的行业受到了明显的负面冲击。同时,图7(d)与(i)显示,娱乐行业的消费在事件初期也出现了短暂的回落态势。这表明2015年"重大股灾"期间,上证综指由6月12日的5178.19暴跌至7月9日的3373(跌幅达35%),金融资产价格的大幅下跌显著影响了家庭资产的流动性,居民减少耐用品的消费支出,以应对可能面临的财务困境。此外,受市场避险情绪上升、经济不确定性增强等因素影响,金银珠宝等一般等价物的消费快速上扬,汇率风险的影响强度更是达到了4.0。黄金等贵金属商品依旧是重要避险资产之一,在一定程度上能够缓释金融市场波动的风险。

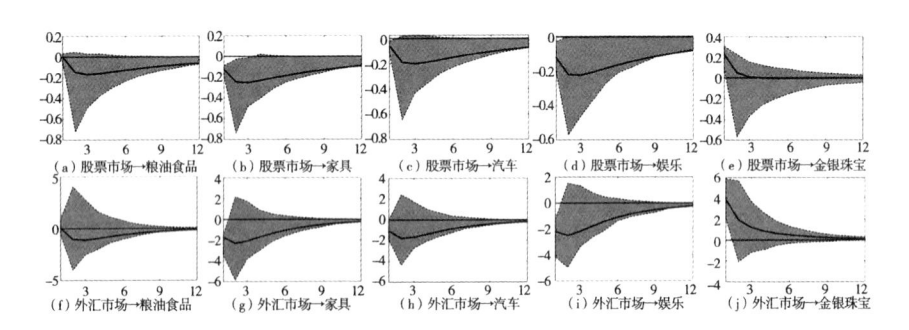

图7 消费对金融风险冲击的脉冲响应

图8(d)与(h)表明,较之制造业、房地产业以及金融业,租赁与商务服务业对金融风险的敏感程度较高,股市与汇市风险在初期对该行业的冲击力度分别高达-4.55与-2.10。这是由于根据国家统计局的行业分类标准,租赁与商务服务业还囊括了职业中介服务、办公服务等服务行

业，其中小微企业与个体工商户占比较高，风险承受能力较低，金融风险显著抑制了此类投资者的投资需求。

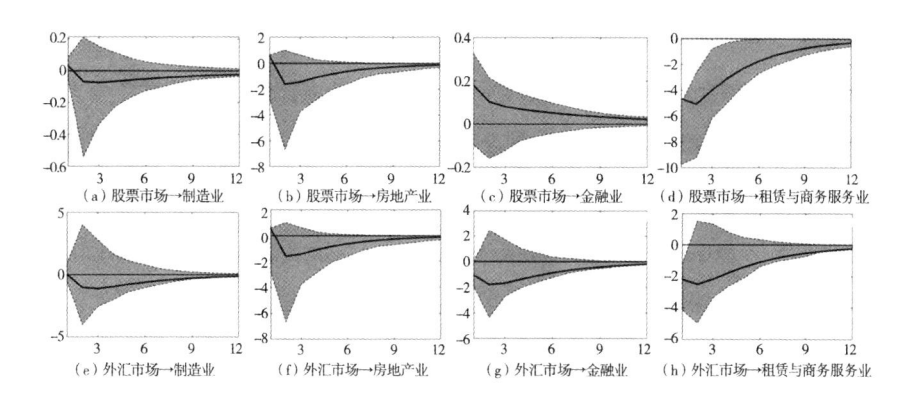

图8 投资对金融风险冲击的脉冲响应

本文以消费者信心指数、预期指数以及满意指数作为危机期间公众心理的代表变量。图9表明，三个指数均出现了明显下降，股市与汇市风险的最大冲击强度分别在 -0.20 至 -0.30 间、-2.00 至 -3.10 间不等。值得注意的是，冲击作用的持续时间较长，直至10个月与6个月后才开始逐步消退，这意味着受金融市场大幅波动影响，消费者对市场的预期出现了持续性的下调。

图10（a）与（f）表明，随着"股灾"期间"降准降息"等货币政策密集落地，流通中货币出现了短暂上扬的趋势，并在之后滑落。与此同时，图10（b）、（c）、（d）、（g）等显示，金融风险对活期存款、单位定期存款以及个人存款产生了显著且持续的负面作用。与前文的分析结论相一致，这再次表明，在系统性风险冲击下，金融市场会出现

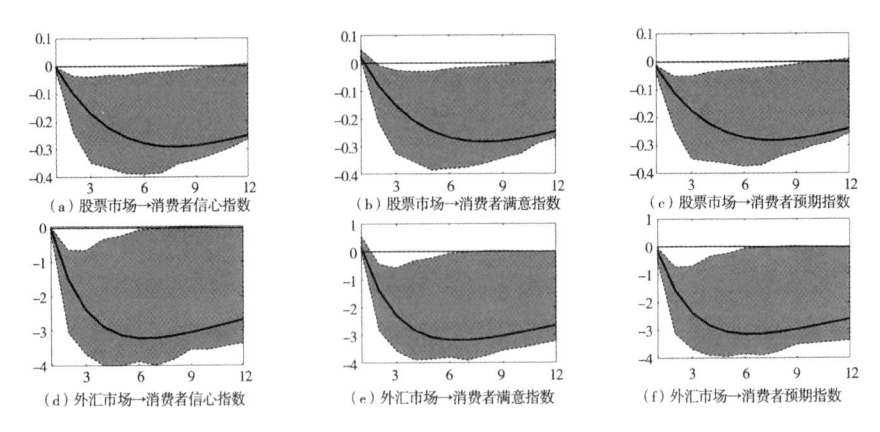

图9 消费者信心对金融风险冲击的脉冲响应

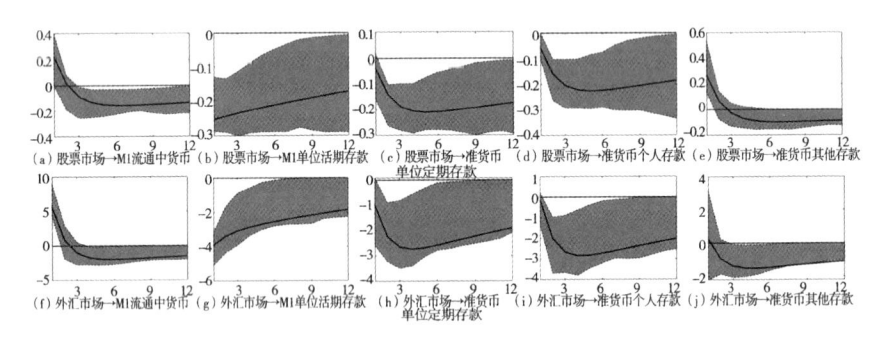

图10 货币对金融风险冲击的脉冲响应

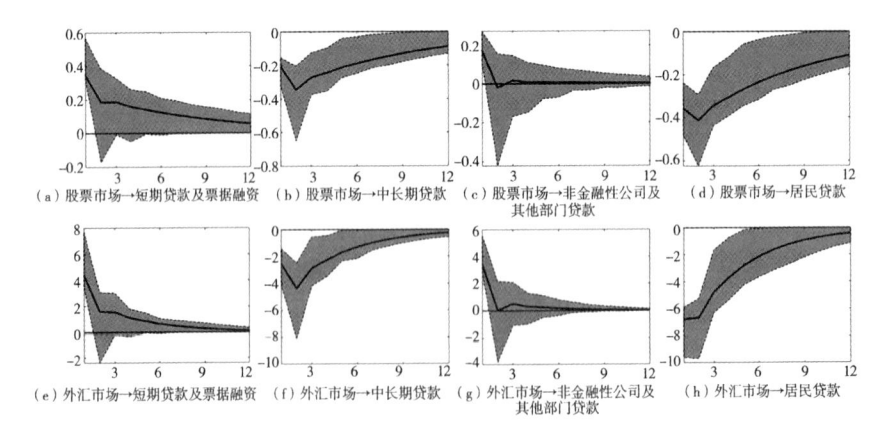

图11 贷款对金融风险冲击的脉冲响应

明显的财富效应，个人财富随着资产价格的下跌同步减少，进而显著地抑制了消费，对宏观经济产生不利影响。

此外，图 11（a）与（e）显示，危机期间，股市与汇市的风险分别对短期贷款及票据融资产生了 0.38 与 4.10 的正向影响。这表明银行等金融机构在减少对非流动性投资项目贷款投放的同时，更倾向于过度发放短期贷款，扰乱了原有的信贷期限结构。图 11（b）与（f）则表明，中长期贷款受到了 -0.20 与 -2.10 的负向冲击。这就意味着从长期来看，银行增加发放短期贷款的行为将通过资产负债表渠道冲击企业偿债能力、盈利能力以及成长性，影响财务状况的可持续性，使企业中长期贷款资金获取能力受限。与此同时，风险引发的财富效应可能使企业可抵押资产的价值大幅下降，加重了逆向选择与道德风险，贷款量急剧下滑，对实体经济造成严重冲击。因此，在危机期间应对金融风险事件带来的短期流动性问题时，应适度提高中小企业中长期贷款额度，具体甄别金融风险事件对不同宏观部门的影响，实施更精细化的货币调控政策。

结论与启示

为实体经济服务是金融的重要宗旨，也是防范化解金融风险的根本举措。传统研究主要是以共频方法展开研究，但共频方法无法处理金融市场数据与宏观经济数据存在的频次不匹配问题，基于此方法得出的结论可能也会存在诸多偏误。混频溢出方法与混频因果检验，可以有效弥补这一不足。

混频风险溢出的估计结果表明：首先，我国金融市场均为风险冲击的净输出方，而所有宏观经济部门均为风险冲击的净输入方，相对于外汇市场，源于股市的风险冲击力度更大。其次，基于动态视角深入考察金融风险溢出与宏观负面反馈效应的渐进演变，发现混频模型能够准确识别2008年国际金融危机、2015年中国"股灾"、2016年"熔断机制"出台等风险事件。其中，对2015年"重大股灾"时期的混频因果分析表明，金融风险是导致消费、投资、利率、货币和消费者信心等出现明显变动的原因，而利率、货币等宏观部门的变动也会经由信贷渠道（金融市场→利率→贷款→金融市场）、"观望"理论（金融市场→M2→投资→金融市场）等传导途径对金融市场产生明显的反馈作用，而上述机制在传统共频研究中常常被忽略。

因子增广向量自回归模型的分析结果则进一步显示，"重大股灾"时期，金融风险对不同宏观变量的具体影响存在显著差异。例如在贷款部门中，银行在减少对非流动性投资项目贷款、中长期贷款投放的同时，会更倾向于过度发放短期贷款，扰乱了原有的信贷期限结构，加大了经济下行风险。

本文是系统性金融风险研究领域的一次有益拓展和尝试。基于混频模型考察我国金融市场与宏观经济间的相互作用关系，在我国发展的外部环境和内部条件发生深刻复杂变化的背景下，将高频次的金融市场数据与低频次的宏观数据进行有机的结合，深入挖掘金融数据序列所包含的高频信息，将有助于我们结合中国实际经济条件，有效甄别宏观实体经济与金融市场的传染关系与作用机制，为完善与高质量发展要求相适应的宏观调控体系提供有针对性的意见和建议。同时，本文也为混频方法在金融学研究中的应用推广，以及推动系统性金融风险与宏观经济传染研究的未来发展提供了借鉴。

（原载《中国社会科学》2020年第12期）

《中国社会科学》2020年度好文章获奖文章颁奖辞

《中国社会科学》2020年度好文章之《行政许可的民法意义》（作者：王轶，责任编辑：李树民）

该文是近年来跨民法学和行政法学领域的精品力作。文章以"行政许可与民事法律行为的效力如何判断"这一跨民法学和行政法学重大论题为研究对象，本质上涉及"国家权力运行的人文精神和科学意涵在民事领域如何表达和实现"，是一个带有鲜明中国特色而又具有国际性的重大问题。选题具有前沿性和创建性。文章从行政许可的类型区分出发，以法律规范的类型区分和体系建构为依托，彰显了在中国国家治理中，国家权力、社会秩序、公民权利之间法律关系建构所应遵从的现代法治文明精神，具有重要的理论创新价值。同时，文章将学术力量转化成了国家治理的制度效能，为《中华人民共和国民法典》立法提供了坚实而有力的指引，体现了鲜明的理论可行性。

行政许可的民法意义[*]

王　轶

摘要： 行政许可与民事法律行为的效力判断联系密切。从民法学的视角观察，行政机关基于行政许可准予公民、法人或者其他组织从事特定活动，有的属于准予实施事实行为；有的属于准予实施民事法律行为；有的则需要区分情形，有时属于准予实施事实行为，有时属于准予实施民事法律行为。与此对应，法律或者行政法规确立行政许可的规定，有的属于简单规范中的强制性规定；有的属于复杂规范中的强制性规定；有的则需要区分情形，有时属于简单规范中的强制性规定，有时属于复杂规范中的强制性规定。当事人借助民事法律行为意图约定排除这些强制性规定法律适用的，得援引《中华人民共和国民法典》草案（总则编）第153条第2款认定该约定绝对无效。当事人实施的民事法律行为违反复杂规范中强制性规定的，得援引《中华人民共和国民

---

[*] 本文为国家社会科学基金重大项目"民法典编纂重大疑难问题研究"（14ZDC017）阶段性成果。

法典》草案（总则编）第 153 条第 1 款区分情形进行效力判断。

关键词： 行政许可　事实行为　民事法律行为　简单规范　复杂规范　强制性规定

作者王轶，中国人民大学民商事法律科学研究中心研究员、中国人民大学法学院教授（北京　100872）。

依据《中华人民共和国行政许可法》（以下简称《行政许可法》）第 2 条的规定，行政许可是指行政机关根据公民、法人或者其他组织的申请，经依法审查，准予从事特定活动的行为。我国现行法律或者行政法规多以"准予""经批准""经依法批准""实行许可证管理""审查批准"等词语表述行政许可。[①] 行政许可与民事法律行为，尤其是合

[①] 依据《行政许可法》第 14 条、第 15 条、第 16 条、第 17 条的规定，法律可以设定行政许可；尚未制定法律的，行政法规可以设定行政许可；必要时，国务院可以采用发布决定的方式设定行政许可；尚未制定法律、行政法规的，地方性法规可以设定行政许可；尚未制定法律、行政法规和地方性法规的，因行政管理的需要，确需立即实施行政许可的，省、自治区、直辖市人民政府规章可以设定临时性的行政许可。除前述规范性文件外，其他规范性文件一律不得设定行政许可。出于充分保障民事主体交往自由、建立统一国内市场、避免条块分割的需要，《中华人民共和国民法典》草案（总则编）第 153 条第 1 款秉持《中华人民共和国合同法》第 52 条第 5 项开创的立法传统，只有违反法律、行政法规的强制性规定的民事法律行为，才可能被认定为绝对无效；违反地方性法规或者省、自治区、直辖市人民政府规章的强制性规定的民事法律行为，可以依据《中华人民共和国民法典》草案（总则编）第 153 条第 2 款，以违背公序良俗为由，认定该民事法律行为无效，因此本文仅讨论法律或者行政法规设立的行政许可。

同行为的效力判断联系密切。[①] 本文拟围绕民事法律行为效力的妥当判断，运用类型化和体系化的思考方法，从民法学视角下行政许可的类型区分出发，以法律规范的类型区分和体系建构为依托，就行政许可的民法意义展开研究。

一、民法学视角下行政许可的类型区分

《行政许可法》第 12 条就设定行政许可的事项，以类型列举结合概括规定的方式予以明确，包括特定活动的进行、获得特定权利、获得特定资质或者资格、须检验或者检

[①] 关于这一问题的讨论，代表性文献如刘贵祥：《论行政审批与合同效力》，《中国法学》2011 年第 2 期；蔡立东：《行政审批与权利转让合同的效力》，《中国法学》2013 年第 1 期；吴光荣：《行政审批对合同效力的影响：理论与实践》，《法学家》2013 年第 1 期；崔建远：《不得盲目扩张〈合同法〉第 44 条第 2 款的适用范围》，《中外法学》2013 年第 6 期；杨永清：《批准生效合同若干问题探讨》，《中国法学》2013 年第 6 期；朱广新：《合同未办理法定批准手续时的效力》，《法商研究》2015 年第 6 期；马新彦：《论民法对合同行政审批的立法态度》，《中国法学》2016 年第 6 期；秦鹏、祝睿：《未经行政审批之矿业权转让合同的效力认定：裁判实践与应然路径》，《法律科学》2018 年第 2 期；李永军：《民法典编纂中的行政法因素》，《行政法学研究》2019 年第 5 期；等等。比较法的考察如汤文平：《德国法上的批准生效合同研究》，《清华法学》2010 年第 6 期。《中华人民共和国民法典》草案有关行政许可与合同效力判断的规定，如合同编第 502 条第 2 款第 1 句确认，"依照法律、行政法规的规定，合同应当办理批准等手续生效，未办理批准等手续的，该合同不生效，但是不影响合同中履行报批等义务条款以及相关条款的效力。"第 738 条确认，"依照法律、行政法规的规定，承租人对于租赁物的经营使用应当取得行政许可的，出租人未取得行政许可不影响融资租赁合同的效力。"

疫以及检测的事项、获得主体资格等五种情形。① 从民法学的视角观察，行政机关基于行政许可准予公民、法人或者其他组织从事的特定活动，以民事法律事实的类型区分和体系建构为背景，② 有的属于准予实施事实行为；有的属于准予实施民事法律行为；有的则需要区分情形，有时属于准予实施事实行为，有时属于准予实施民事法律行为。

行政许可属于准予实施事实行为的，如《中华人民共和国渔业法》（以下简称《渔业法》）第 11 条第 1 款第 2 句确认，"单位和个人使用国家规划用于养殖业的全民所有的水域、滩涂的，使用者应当向县级以上地方人民政府渔业行政主管部门提出申请，由本级人民政府核发养殖证，许可其使用该水域、滩涂从事养殖生产。"许可使用水域、滩涂从事养殖生产，就是准予实施事实行为。类似的如《中华人民共和国药品管理法》（以下简称《药品管理法》）第 41 条第 1 款确认，"从事药品生产活动，应当经所在地省、自治区、直辖市人民政府药品监督管理部门批准，取得药品生产许可证。无药品生产许可证的，不得生产药品。"许可生产药品，也是准予实施事实行为。再如《中华人民共和国城乡规划法》（以下简称《城乡规划法》）第 40 条第 1 款确认，"在城市、镇规划区内进行建

---

① 行政法学理论有关行政许可的类型区分，参见姜明安主编：《行政许可法条文精释与案例解析》，北京：人民法院出版社，2003 年，第 36—42 页；胡建淼主编：《中国现行行政法律制度》，北京：中国法制出版社，2011 年，第 72—79 页。

② 关于民事法律事实的类型区分及其体系建构的讨论，参见王轶：《论民事法律事实的类型区分》，《中国法学》2013 年第 1 期。

筑物、构筑物、道路、管线和其他工程建设的，建设单位或者个人应当向城市、县人民政府城乡规划主管部门或者省、自治区、直辖市人民政府确定的镇人民政府申请办理建设工程规划许可证。"第41条第1款确认，"在乡、村庄规划区内进行乡镇企业、乡村公共设施和公益事业建设的，建设单位或者个人应当向乡、镇人民政府提出申请，由乡、镇人民政府报城市、县人民政府城乡规划主管部门核发乡村建设规划许可证。"第44条第1款第1句确认，"在城市、镇规划区内进行临时建设的，应当经城市、县人民政府城乡规划主管部门批准。"无论是许可在城市、镇规划区内进行建筑物、构筑物、道路、管线和其他工程建设，还是许可在乡、村庄规划区内进行乡镇企业、乡村公共设施和公益事业建设，或者是许可在城市、镇规划区内进行临时建设，都是属于准予实施事实行为。还如《中华人民共和国矿产资源法》（以下简称《矿产资源法》）第3条第3款第1句前段确认，"勘查、开采矿产资源，必须依法分别申请、经批准取得探矿权、采矿权，并办理登记。"许可勘查、开采矿产资源，就是准予实施事实行为。[①]

[①] 法律设定的行政许可属于准予实施事实行为的，为数不少。如《中华人民共和国文物保护法》第17条、第21条第2款、第33条等，《中华人民共和国水法》第7条、第34条第2款等，《中华人民共和国草原法》第41条、第50条第1款等，《中华人民共和国野生动物保护法》第21条第2款、第25条第2款、第40条等，《中华人民共和国烟草专卖法》第12条等，《中华人民共和国电力法》第52条第2款、第54条等，《中华人民共和国枪支管理法》第6条、第7条、第8条、第9条、第10条、第15条第3款第1句，《中华人民共和国公路法》第25条等，《中华人民共和国土地管理法》第35条第1款、第44条等，《中华人民共和国港口法》第13条第1款等，《中华人民共和国安全生产法》第60条等。

行政许可属于准予实施民事法律行为的，如《矿产资源法》第6条第1款第1项第2句确认，"探矿权人在完成规定的最低勘查投入后，经依法批准，可以将探矿权转让他人。"第6条第1款第2项确认，已取得采矿权的矿山企业，"经依法批准可以将采矿权转让他人采矿。"许可转让探矿权、采矿权，就是许可经由民事法律行为，主要是经由合同行为转让探矿权、采矿权，属于准予实施民事法律行为。再如《中华人民共和国城市房地产管理法》（以下简称《城市房地产管理法》）第45条第1款确认，商品房预售，需要"向县级以上人民政府房产管理部门办理预售登记，取得商品房预售许可证明。"许可预售商品房，就是许可取得从事商品房预售交易的市场准入资格，也就是许可订立商品房预售合同，也是属于准予实施民事法律行为。还如《中华人民共和国保险法》（以下简称《保险法》）第67条第1款确认，"设立保险公司应当经国务院保险监督管理机构批准。"许可设立保险公司，既是对公司设立行为的许可，[1] 同时也是对设立后公司从事相应类型保险交易市场准入资格的许可，换言之，就是既许可保险公司的设立行为，又颁发经营保险业务许可证，许可设立后的保险公司订立相应类型的保险合同，[2] 这些都属于准

---

[1] 《中华人民共和国保险法》第68—72条。
[2] 《中华人民共和国保险法》第73条。

予实施民事法律行为。①

需要区分情形，有时属于准予实施事实行为，有时属于准予实施民事法律行为的行政许可，如《中华人民共和国野生动物保护法》（以下简称《野生动物保护法》）第27条第2款确认，因科学研究、人工繁育、公众展示展演、文物保护或者其他特殊情况，需要利用国家重点保护野生动物及其制品的，除国务院对批准机关另有规定，应当经省、自治区、直辖市人民政府野生动物保护主管部门批准。从民法学的视角观察，该款中许可"利用国家重点保护野生动物及其制品"，有时属于准予实施事实行为，如出于文物保护需要，准予对国家重点保护野生动物制品进行加工；有时属于准予实施民事法律行为，如出于公众展示展演需要，准予订立借用或者租赁国家重点保护野生动物及其制品的合同。

---

① 法律设定的行政许可属于准予实施民事法律行为的，也为数不少。如《药品管理法》第34条第1款第2句，《中华人民共和国草原法》第13条第2款后段、第13条第3款等，《中华人民共和国野生动物保护法》第35条第2款、第37条第1款等，《中华人民共和国烟草专卖法》第15条等，《中华人民共和国对外贸易法》第15条第2款、第19条第1款等，《中华人民共和国商业银行法》第3条第3款、第11条第1款、第25条第2款、第28条、第45条等，《中华人民共和国电力法》第25条第3款等，《中华人民共和国律师法》第6条、第18条等，《中华人民共和国拍卖法》第11条等，《中华人民共和国枪支管理法》第15条第3款第2句，《中华人民共和国企业国有资产法》第53条第2句等，《中华人民共和国农村土地承包法》第52条第1款等，《中华人民共和国公司法》第6条第2款、第12条第2款等，《中华人民共和国证券法》第38条、第99条第2款等，《中华人民共和国证券投资基金法》第13条等，《中华人民共和国港口法》第22条第1款等。

二、简单规范与复杂规范之分

从民法学视角出发，对行政许可作以上的类型区分，对于妥当判断民事法律行为的效力意义重大。原因在于，服务于对民事法律行为效力作出妥当判断的目的，裁判者需要着重回答以下两个问题：第一，当事人实施民事法律行为，意在约定排除法律或者行政法规某一规定的适用时，该民事法律行为效力如何？第二，当事人实施的民事法律行为，违反[1]法律或者行政法规某一规定时，该民事法律行为效力如何？这是两个虽有关联，但却相互独立的问题。[2] 前者要回答的是法律或者行政法规的规定被当事人约定排除其适用时，该约定的效力判断问题；后者要回答的是法律或者行政法规的规定被当事人实施的民事法律行为违反时，该民事法律行为的效力判断问题。

确立行政许可的规定，属于准予实施事实行为的，设定

---

[1] 这里所谓"违反"，既包括"应为而不为"，也包括"不应为而为之"，换言之，能够被民事法律行为"违反"的规定，一定是表达了立法者对当事人在实施民事法律行为时"作为"或者"不作为"的期待。

[2] 以《中华人民共和国民法典》草案（物权编）第301条的规定为例，该条确认，"处分共有的不动产或者动产以及对共有的不动产或者动产作重大修缮、变更性质或者用途的，应当经占份额三分之二以上的按份共有人或者全体共同共有人同意，但是共有人之间另有约定的除外。"如果共同共有人之间约定，处分共有的不动产或者动产，无须全体共同共有人同意，这就属于共同共有人借助民事法律行为意图约定排除第301条法律适用的情形；如果某共同共有人在共有人之间没有另行约定的情况下，未经全体共同共有人同意，擅自处分共有的不动产或者动产，这就属于该共同共有人实施的民事法律行为违反第301条的情形。

了实施事实行为的前置条件，意在协调事实行为引起的利益关系，此类规定能够成为当事人借助民事法律行为意图约定排除其适用的对象，但却不能够成为当事人实施的民事法律行为违反的对象。确立行政许可的规定，属于准予实施民事法律行为的，设定了实施民事法律行为的前置条件，意在协调民事法律行为引起的利益关系，既能够成为当事人借助民事法律行为意图约定排除其适用的对象，也能够成为当事人实施的民事法律行为违反的对象。服务于妥当判断民事法律行为效力的目的，法律或者行政法规中能够成为当事人借助民事法律行为意图约定排除其适用的对象，但不能够成为民事法律行为违反对象的规定，不存在依据《中华人民共和国民法典》草案（以下简称"《民法典》草案"）（总则编）第153条第1款作是否为强制性规定类型区分的问题，在这种意义上，可称之为简单规范。法律或者行政法规中既能够成为当事人借助民事法律行为意图约定排除其适用的对象，又能够成为民事法律行为违反对象的规定，存在依据《民法典》草案（总则编）第153条第1款作是否为强制性规定类型区分的问题，在这种意义上，可称之为复杂规范。前述《渔业法》第11条第1款第2句、《药品管理法》第41条第1款、《城乡规划法》第40条第1款、第41条第1款以及第44条第1款第1句、《矿产资源法》第3条第3款第1句等，属于简单规范。前述《城市房地产管理法》第45条第1款、《保险法》第67条第1款、《矿产资源法》第6条第1款第1项第2句以及第6条第1款第2项等，属于复杂规范。前述《野生动物保护法》第 27 条第 2 款有关许可利用国家重点保护野生动物及其制品的规定，属于准予实施事实行为时，为简单规范；属于准予实施民事法律行为时，为复杂规范。

遗憾的是，我国以往司法实践对于区分简单规范和复杂规范，对于区分准予实施事实行为的行政许可和准予实施民事法律行为的行政许可，没有给予充分重视，致使司法解释的若干规定，误将简单规范当作复杂规范，未将不同类型的行政许可区别对待，从而对相关民事法律行为的效力作出了不妥当的判断。以《最高人民法院关于审理城镇房屋租赁合同纠纷案件具体应用法律若干问题的解释》（法释〔2009〕11 号）（以下简称《城镇房屋租赁合同解释》）第 2 条为例进行说明。该条确认，"出租人就未取得建设工程规划许可证或者未按照建设工程规划许可证的规定建设的房屋，与承租人订立的租赁合同无效。但在一审法庭辩论终结前取得建设工程规划许可证或者经主管部门批准建设的，人民法院应当认定有效。"该条规定回应的问题是：城镇房屋租赁合同的出租人，以违反《城乡规划法》第 40 条第 1 款的规定建设的房屋作为租赁物，与承租人订立的房屋租赁合同效力如何？该条规定值得商榷之处有二。

一是误将简单规范当作复杂规范。该条规定误以为出租人以违反《城乡规划法》第 40 条第 1 款规定建设的房屋作为租赁物，与承租人订立房屋租赁合同，该房屋租赁合同就违反了《城乡规划法》第 40 条第 1 款的规定。① 其实违反《城乡规划法》第 40 条第 1 款规定的，是建设房屋的事实行为，而非房屋租赁合同这一民事法律行为。换言之，建设单位或者个人未向城市、县人民政府城乡规划主管部门或者省、自治区、直辖市人民政府确定的镇人民政府申请办理建设工程规划许可证，就在城市、镇规划区内进行建筑物、构筑物、道路、管线和其他工程建设的建设行为，这才属于违反该款规定的情形。理论上可能会存在当事人之间约定在城市、镇规划区内进行建筑物、构筑物、道路、管线和其他工程建设，建设单位或者个人无须向城市、县人民政府城乡规划主管部门或者省、自治区、直辖市人民政府确定的镇人民政府申请办理建设工程规划许可证的情形，换言之，该款规定能够成为当事人借助民事法律行为意图约定排除其适用的对象，但绝对不可能成为当事人实施的民事法律行为违反的对象，因而属于简单规范。房屋租赁合同不可能违反一项简单规范，它能够违反的应当是法律或者行政法规这样的规定，即

---

① 据参与《城镇房屋租赁合同解释》起草的最高人民法院民一庭法官介绍，该司法解释第 2 条"是有关规定租赁合同效力的内容。本条规定合同无效的根本原因在于标的物缺陷，影响合同效力的根本原因在于'未取得建设工程规划许可证或者未按照建设工程规划许可证的规定建设的房屋'，即标的物本身存在瑕疵，且该缺陷直接对合同效力产生影响，直接导致房屋租赁有效或者无效。本条规定的标的物缺陷就是指标的物是违法建筑，因此租赁合同无效"。"未取得建设工程规划许可证或者未按照建设工程规划许可证的规定建设的房屋，即违章建筑的违法性体现在哪呢？首先，违法建筑违反了《城乡规划法》规定。其次，法条对此作出的规定是强制性的规定，是有关合同效力性的规定。据此，应当认定就违法建筑签订的租赁合同无效。"参见最高人民法院民事审判第一庭编著：《最高人民法院关于审理城镇房屋租赁合同纠纷案件司法解释的理解与适用》，北京：人民法院出版社，2016 年，第 34、36—37 页。

"不得以违反《城乡规划法》第 40 条第 1 款建设的房屋作为租赁物，订立房屋租赁合同。"这样的规定既能够成为当事人借助民事法律行为意图约定排除其适用的对象，也能够成为当事人实施的民事法律行为违反的对象，属于复杂规范。但遍查我国现行法律和行政法规，尚未发现这样的规定。[①] 因此，出租人就未取得建设工程规划许可证或者未按照建设工程规划许可证的规定建设的房屋，与承租人订立的租赁合同，就不存在违反法律或者行政法规强制性规定的问题。《城镇房屋租赁合同解释》第 2 条误将《城乡规划法》第 40 条第 1 款确立的简单规范，当作了复杂规范，解释不当。

二是未将不同类型的行政许可区别对待。该条规定不妥当地效法了《最高人民法院关于适用〈中华人民共和国合同法〉若干问题的解释（一）》（法释〔1999〕19 号）（以下简

---

① 以建设工程施工合同为例进行补充说明。《中华人民共和国建筑法》第 13 条确认，从事建筑活动的建筑施工企业按照其拥有的注册资本、专业技术人员、技术装备和已完成的建筑工程业绩等资质条件，划分为不同的资质等级，经资质审查合格，取得相应等级的资质证书后，方可在其资质等级许可的范围内从事建筑活动。从民法学的视角观察，许可从事建筑活动，就是属于准予实施事实行为，该条确立的是简单规范，不会成为建设工程施工合同违反的对象。但该法第 26 条就有所不同，该条确认，"承包建设工程的单位应当持有依法取得的资质证书，并在其资质等级许可的业务范围内承揽工程。""禁止建筑施工企业超越本企业资质等级许可的业务范围……承揽工程。"该条所谓承揽工程，就是指订立建设工程施工合同。这一规定不仅会成为当事人意图约定排除其适用的对象，还会成为当事人实施的建设工程施工合同违反的对象，因而属于复杂规范。

称《合同法解释（一）》）第9条第1款的前段。① 该段确认，"依照合同法第44条第2款的规定，法律、行政法规规定合同应当办理批准手续，或者办理批准、登记等手续才生效，在一审法庭辩论终结前当事人仍未办理批准手续的，或者仍未办理批准、登记等手续的，人民法院应当认定该合同未生效。"该段规定回应的是《合同法》第44条第2款提出的问题：即依照法律或者行政法规，实施某项合同行为需要取得行政许可才能生效，尚未取得行政许可的合同行为效力如何？依据该段规定，在一审法庭辩论终结前当事人仍未办理批准手续的，或者仍未办理批准、登记等手续的，合同未生效。值得注意的是，《合同法》第44条第2款所规定的"应当办理批准手续"，乃是指合同应当办理批准手续。换言之，批准的对象是合同行为。② 此类行政许可属于准予实施民事法律行为的情形，确立此类行政许可的规定，既能够成为当事人借助民事法律行为意图约定排除其适用的对象，又能够成为当事人实施的民事法律行为违反的对象，属于复杂规范。由此可见，《合同法》第44条第2款指向的行政许可与《城乡规划法》第40条第1款确立的行政许可明显不同；《合同法解释（一）》第9条第1款

---

① 据参与《城镇房屋租赁合同解释》起草的最高人民法院民一庭法官介绍，该司法解释第2条就租赁合同的效力之所以作出如此规定，是因为"最高人民法院有很多司法解释规定，因为欠缺某些要件而合同无效，在一审法庭辩论终结前，补办相关手续，违法因素消失后，人民法院可以裁判认定合同有效。《最高人民法院关于适用〈中华人民共和国合同法〉若干问题的解释（一）》第九条规定……据此，按照最高法院有关《合同法》的司法解释的规定，'一审法庭辩论终结前'是当事人补正效力的最后时点"。参见最高人民法院民事审判第一庭编著：《最高人民法院关于审理城镇房屋租赁合同纠纷案件司法解释的理解与适用》，第42页。

② 杨永清：《批准生效合同若干问题探讨》，《中国法学》2013年第6期。

前段回应的问题,与《城镇房屋租赁合同解释》第 2 条回应的问题也明显不同,径行借鉴,有失妥当。

实际上,出租人就未取得建设工程规划许可证或者未按照建设工程规划许可证的规定建设的房屋,与承租人订立的租赁合同,其效力不应受到出租人建造房屋违反《城乡规划法》第 40 条第 1 款规定的影响。对于未取得建设工程规划许可证或者未按照建设工程规划许可证的规定建设的房屋,如果能够采取改正措施消除对规划实施的影响,并在限期内改正的,该房屋租赁合同可以继续履行;采取改正措施影响合同履行的,承租人得依据房屋租赁合同请求出租人承担相应的违约责任。对于未取得建设工程规划许可证或者未按照建设工程规划许可证的规定建设的房屋,如果无法采取改正措施消除影响,被限期拆除或者被没收,致使租赁合同无法履行的,承租人得依法解除合同并依据房屋租赁合同请求出租人承担相应的违约责任。前述两种情形,都不影响县级以上地方人民政府城乡规划主管部门依据《城乡规划法》第 64 条的规定对出租人进行相应的行政处罚。[①]

---

① 同样遗憾的是,不仅《城镇房屋租赁合同解释》第 2 条误将简单规范当作复杂规范,未将不同类型的行政许可区别对待,从而对相关民事法律行为的效力作出了不妥当的判断,该司法解释第 3 条第 1 款也存在同样的问题。该款确认,"出租人就未经批准或者未按照批准内容建设的临时建筑,与承租人订立的租赁合同无效。但在一审法庭辩论终结前经主管部门批准建设的,人民法院应当认定有效。"该款规定回应的问题是:城镇房屋租赁合同的出租人,以违反《城乡规划法》第 44 条第 1 款第 1 句的规定建设的临时建筑作为租赁物,与承租人订立的房屋租赁合同效力如何?能够违反《城乡规划法》第 44 条第 1 款第 1 句规定的,是建设临时建筑物的事实行为,而非以违反该句规定建设的临时建筑作为租赁物与承租人订立的房屋租赁合同。换言之,该句规定属于简单规范,而非复杂规范。许可建设临时建筑物,属于准予实施事实行为,而非准予实施民事法律行为,自然不能效法《合同法解释(一)》第 9 条第 1 款的前段,来对房屋租赁合同的效力作出判断。

值得注意的是,即使是法律或者行政法规中的简单规范,也有其不简单之处:服务于妥当判断排除简单规范法律适用的约定效力如何的需要,根据简单规范能否被当事人借助民事法律行为约定排除其适用,可以将简单规范作进一步的类型区分:一是任意性规范。有的简单规范协调民事主体之间的利益关系,能够被当事人约定排除其适用,这就是学说上所谓的"任意性规范",排除其适用的民事法律行为有效。二是强制性规范。有的简单规范协调民事主体的利益与公共利益之间的关系,不能被当事人约定排除其适用,这就是学说上与"任意性规范"对立存在的"强制性规范",排除其适用的民事法律行为因损害公共利益,得援引《民法典》草案(总则编)第153条第2款认定该行为无效。三是混合性规范。在能够被约定排除其适用的"任意性规范"和不能被约定排除其适用的"强制性规范"之间,还存在有时能够被当事人约定排除其适用,有时不能被当事人约定排除其适用的"混合性规范"。法律、行政法规中存在两种类型的混合性规范,一种混合性规范协调民事主体的利益与公共利益之间的关系,如果当事人意图排除其适用的约定与法律的规定相比,更加有利于公共利益的确认、保障和维护,则该约定有效;如果当事人意图排除其适用的约定与法律的规定相比,不利于公共利益的确认、保障和维护,则该约定无效。另一种混合性规范有时协调民事主体之间的利益关系,属于前述任意性规范;有时协调民事主体的利益与公共利益之间的关系,属于前述强制性规范。为任意性规范时,排除其适用的民事法律行为有效;为强制性规范时,排除其适用的民事法律行为无效。① 考虑到可以设定行政许可的事项，都关涉公共利益的确认、保障和维护，② 因此法律或者行政法规确立的行政许可属于准予实施事实行为的规定，都属于简单规范中的强制性规范。当事人借助民事法律行为意图约定排除其适用的，得援引《民法典》草案（总则编）第153条第2款"违背公序良俗的民事法律行为无效"，认定该民事法律行为无效。

三、准予实施民事法律行为行政许可的类型区分

法律或者行政法规确立的行政许可，属于准予实施民事法律行为的，此类规定与简单规范的相似之处在于，它们也能够成为当事人借助民事法律行为意图约定排除其适用的对象，因而在任意性规范、强制性规范、混合性规范的三分法之下，也属于强制性规范；但与此同时，此类规定又有与简单规范不同之处，即它们还能够成为当事人实施的民事法律行为违反的对象，因而属于复杂规范，还需

---

① 王轶：《民法典物权编规范配置的新思考》，《法学杂志》2019年第7期。
② 《行政许可法》第11条确认，设定行政许可，应当遵循经济和社会发展规律，有利于发挥公民、法人或者其他组织的积极性、主动性，维护公共利益和社会秩序，促进经济、社会和生态环境协调发展。学者研究表明，行政许可关涉公共利益，属于大多数国家和地区的通例。参见朱芒：《日本的行政许可》，《中外法学》1999年第4期。陈端洪教授就此认为，"行政许可的正当性和限度在于公共利益，创设和实施行政许可必须谋求个人自由与公共利益的平衡。"（陈端洪：《行政许可与个人自由》，《法学研究》2004年第5期）

要依据《民法典》草案（总则编）第 153 条第 1 款作是否为强制性规定的类型区分。

依据《民法典》草案（总则编）第 153 条第 1 款作是否为强制性规定的类型区分时，需要根据复杂规范所协调的利益关系类型的差异，作进一步的类型区分：首先，是仅协调民事法律行为当事人之间利益关系的倡导性规范；其次，是协调民事法律行为当事人与特定第三人利益关系的授权第三人规范；最后，是协调民事法律行为当事人的利益与公共利益之间关系的强制性规范。① 如前所述，可以设定行政许可的事项，都关涉公共利益的确认、保障和维护，因此法律或者行政法规确立的行政许可属于准予实施民事法律行为的情形，都属于强制性规范。

由此可见，服务于对民事法律行为的效力作出妥当判断的目的，法律或者行政法规中存在着二元的法律规范体系：其一，围绕着回答当事人实施民事法律行为意图约定排除法律或者行政法规某一规定的法律适用时，该民事法律行为的效力如何，存在着任意性规范、强制性规范、混合性规范之分；其二，围绕着回答当事人实施的民事法律行为违反法律或者行政法规某一规定时，该民事法律行为的效力如何，存在着倡导性规范、授权第三人规范、强制性规范之别。

这个二元的法律规范体系，既相互关联，又各自独立。第一个法律规范体系中的任意性规范、强制性规范、混合性规范，能够成为当事人借助民事法律行为意图约定

---

① 王轶：《民法典物权编规范配置的新思考》，《法学杂志》2019 年第 7 期。

排除其适用的对象,但并非都能够成为当事人实施的民事法律行为违反的对象。对于其中不能够成为民事法律行为违反对象的规定,即简单规范,就不需要依据《民法典》草案(总则编)第153条第1款作是否为强制性规定的类型区分。第二个法律规范体系中的倡导性规范、授权第三人规范、强制性规范,作为复杂规范,既能够成为当事人借助民事法律行为意图约定排除适用的对象,又能够成为当事人实施的民事法律行为违反的对象,因此需要依据《民法典》草案(总则编)第153条第1款作是否为强制性规定的类型区分。

不难看出,第一个法律规范体系中的"强制性规范"与第二个法律规范体系中的"强制性规范"尽管都关涉民事主体的利益与公共利益之间关系的调整,都承担着确认、保障和维护公共利益的使命,都不得被当事人借助民事法律行为约定排除其适用,但第一个法律规范体系中的"强制性规范"并非都能够成为民事法律行为违反的对象,如作为简单规范的"强制性规范"。如果不能够成为民事法律行为违反的对象,这些强制性规范就一定不是《民法典》草案(总则编)第153条第1款所言的"强制性规定",法律或者行政法规确立的行政许可属于准予实施事实行为的情形即属此类。第二个法律规范体系中的"强制性规范",既能够成为当事人借助民事法律行为意图约定排除其适用的对象,又能够成为当事人实施的民事法律行为违反的对象,属于《民法典》草案(总则编)第153条第1款所言的"强制性规定",法律或者行政法规确立的行政许可属于准予实施民事法律行为的情形即属此类。一言以蔽之，第一个法律规范体系中的"强制性规范"如果属于简单规范，就不是第二个法律规范体系中的"强制性规范"；但第二个法律规范体系中的"强制性规范"，同时也是第一个法律规范体系中的"强制性规范"。

法律或者行政法规确立的行政许可属于准予实施民事法律行为的情形，属于倡导性规范、授权第三人规范、强制性规范三分法中的强制性规范。此类行政许可，服务于妥当判断民事法律行为效力的目的，还需要再作进一步的类型区分。

一是法律或者行政法规确立的行政许可属于准予实施某项民事法律行为。如《民法典》草案（合同编）第502条第2款第1句确认，"依照法律、行政法规的规定，合同应当办理批准等手续生效，未办理批准等手续的，该合同不生效，但是不影响合同中履行报批等义务条款以及相关条款的效力。"其中所谓"办理批准手续生效的"，就是指某项合同行为需要获得行政许可，才能生效。行政许可的对象，就是该项合同行为，此处的行政许可属于准予实施某项民事法律行为的情形。典型者如《矿产资源法》第6条第1款第1项第2句的规定。该句确认，探矿权转让合同，需要获得行政许可。行政许可准予实施的民事法律行为，就是该项探矿权转让合同。再如《野生动物保护法》第27条第2款确认，因科学研究、人工繁育、公众展示展演、文物保护或者其他特殊情况，需要出售、购买国家重点保护野生动物及其制品的，除国务院对批准机关另有规定，应当经省、自治区、直辖市人民政府野生动物保护主管部门批准。依据该款规定，特定情形下买卖国家重点保护野生动物及其制品需要获得行政许可，行政许可准予实施的民事法律行为，就是该项买卖合同。

二是法律或者行政法规确立的行政许可属于准予实施某类民事法律行为。如《城市房地产管理法》第45条第1款第4项的规定，一旦当事人依法取得商品房预售许可证，即可从事商品房预售交易。当事人基于该行政许可，不是只能订立一项商品房预售合同，只能实施某项民事法律行为，而是可以在许可范围内订立多项商品房预售合同，可以实施商品房预售交易这一类民事法律行为。再如《中华人民共和国邮政法》第51条第1款确认，"经营快递业务，应当依照本法规定取得快递业务经营许可；未经许可，任何单位和个人不得经营快递业务。"依据该款规定，当事人一旦取得快递业务经营许可，即可经营快递业务，能够在许可范围内订立多项快递服务合同，可以实施快递服务交易这一类民事法律行为。

三是法律或者行政法规确立的行政许可属于既准予实施某项民事法律行为，又准予实施某类民事法律行为。如《保险法》第67条第1款的规定，许可设立保险公司，既是对保险公司设立行为的许可，这就是准予实施某项民事法律行为；同时也是对设立后公司从事相应类型保险交易市场准入资格的许可，这就是准予实施某类民事法律行为。设立后的保险公司基于该行政许可，取得经营保险业务许可证，可以从事相应类型的保险交易，在许可范围内订立多项保险合同。再如《中华人民共和国商业银行法》（以下简称《商业银行法》）第11条第1款确认，"设立商业银行，应当经国务院银行业监督管理机构审查批准。"许可设立商业银行，既是对商业银行设立行为的许可，[①] 这就是准予实施某项民事法律行为；同时也是对设立后的商业银行可以从事吸收公众存款、发放贷款、办理结算等相应类型金融交易市场准入资格的许可，这就是准予实施某类民事法律行为。设立后的商业银行基于该行政许可，取得经营许可证，并凭该许可证向工商行政管理部门办理登记，领取营业执照，[②] 即可从事相应类型的金融交易，在许可范围内订立多项合同。

这一区分对于妥当判断民事法律行为的效力同样意义重大。对于行政许可属于准予实施某项民事法律行为的情形，行政许可属于该项民事法律行为的法定特别生效条件。当事人实施某项民事法律行为，没有取得行政许可的，《民法典》草案（合同编）第502条第2款的第1句确认，"依照法律、行政法规的规定，合同应当办理批准等手续生效，未办理批准手续的，该合同不生效，但是不影响合同中履行报批等义务条款以及相关条款的效力。"换言之，该合同属于尚未完全生效的合同。《民法典》草

[①] 《中华人民共和国商业银行法》第12—15条。

[②] 《中华人民共和国商业银行法》第16条。

案（合同编）第 502 条第 2 款的第 1 句回应的问题是：依据法律或者行政法规的规定，某项合同行为需要取得行政许可才能生效，该合同行为尚未取得行政许可，其效力如何？《民法典》草案（合同编）第 502 条第 2 款的第 1 句所规定的"应当办理批准手续"，乃是指合同应当办理批准手续。换言之，行政许可的对象就是该项合同行为。典型者如前述《矿产资源法》第 6 条第 1 款第 1 项第 2 句的规定。依据该句规定，探矿权转让合同需要依法报地质矿产主管部门审查批准，该合同行为就是审查批准的对象。探矿权转让合同未依照该句确立的规则办理审查批准手续的，即属违反了该句规定。由于该句确立的规则，能够成为探矿权转让合同违反的对象，因而属于需要进一步区分是否为强制性规定的复杂规范。之所以对于探矿权转让合同设置审查批准的程序要求，是因为立法者确信探矿权转让合同事关公共利益，因此该复杂规范属于强制性规定。该强制性规定要求探矿权转让合同的当事人必须采用特定行为模式，即办理审查批准手续，探矿权转让合同违反该强制性规定，一定是发生在这样的情形：即探矿权转让合同当事人没有依照该强制性规定办理审查批准手续，所以该强制性规定属于要求当事人必须采用特定行为模式的强制性规定，而非禁止当事人采用特定行为模式的强制性规定。审查批准手续的办理属于探矿权转让合同的法定特别生效条件，违反了该句确立的规则，未办理审查批准手续的，合同因生效条件尚不齐备，处在尚未完全生效的状态。一旦办理了审查批准手续，获得了行政许可，生效条件齐备，合同即可成为完全生效的合同。① 上述分析同时表明，要求当事人必须采用特定行为模式的强制性规定，并非《民法典》草案（总则编）第153条第1款第1句的强制性规定，违反此类强制性规定，会因为欠缺法律或者行政法规所设置的法定特别生效条件，从而影响合同行为效力的发生，但绝对不会导致合同行为绝对无效。这就说明，《民法典》草案（总则编）第153条第1款第1句的强制性规定，是指禁止当事人采用特定行为模式的强制性规定。《民法典》草案（总则编）第153条第1款第2句确认，"但是，该强制性规定不导致该民事法律行为无效的除外。"该句但书所言的不导致民事法律行为无效的强制性规定，首先就包括要求当事人必须采用特定行为模式的强制性规定。②

这与行政许可属于准予实施某类民事法律行为的情形明

---

① 最高人民法院审判委员会讨论通过，2019年12月24日发布的第123号指导案例"于红岩与锡林郭勒盟隆兴矿业有限责任公司执行监督案"，在"裁判理由"中提及"根据现行法律法规的规定，申请转让探矿权、采矿权的，须经审批管理机关审批，其批准转让的，转让合同自批准之日起生效。""鉴于转让合同因未经批准而未生效的，不影响合同中关于履行报批义务的条款的效力，结合判决理由部分，本案生效判决所称的隆兴矿业按照《矿权转让合同》的约定为于红岩办理矿权转让手续，并非对矿业权权属的认定，而首先应是指履行促成合同生效的合同报批义务，合同经过审批管理机关批准后，才涉及到办理矿权转让过户登记。"

② 德国学者弗卢梅提出，"那些法律行为一般需经官方或法院批准才能生效的规范……不属于禁止性规范，因为它们仅限制了形成法律关系的可能性。"参见维尔纳·弗卢梅：《法律行为论》，迟颖译，北京：法律出版社，2013年，第404页。学说上关于禁止规范和命令规范之争，还可参见金可可：《强行规定与禁止规定》，王洪亮等主编：《中德私法研究》第13期，北京：北京大学出版社，2016年，第3—24页；耿林：《论中国法上强制性规定概念的统一性——评金可可教授〈强行规定与禁止规定〉》，王洪亮等主编：《中德私法研究》第13期，第38—51页。

显不同。以《城市房地产管理法》第45条第1款第4项的规定为例进行说明。依据该项规定，需要取得行政许可的，是当事人从事商品房预售交易的市场准入资格，即当事人从事商品房预售交易必须符合一系列条件，[①] 方可取得市场准入资格。当事人没有取得商品房预售许可证明就从事商品房预售交易，订立商品房预售合同，即属违反该项规定的情形。商品房预售合同违反该强制性规定，一定是发生在这样的情形，即当事人未取得商品房预售许可证明就进行商品房预售交易，订立商品房预售合同。这也意味着，该强制性规定一定是在这种意义上成为违反的对象：即未取得商品房预售许可证的，不得进行商品房预售，订立商品房预售合同。所以该强制性规定属于禁止当事人采用特定行为模式的强制性规定，而非要求当事人必须采用特定行为模式的强制性规定。

遗憾的是，我国以往司法实践对于区分要求当事人必须采用特定行为模式的强制性规定和禁止当事人采用特定行为模式的强制性规定，对于区分准予实施某项民事法律行为的行政许可和准予实施某类民事法律行为的行政许可，没有给予充分重视，致使司法解释的若干规定，混淆了两类强制性规范，未将不同类型的行政许可区别对待，从而对相关民事法律行为的效力作出了不妥当的判断。以《最高人民法院关于审理商品房买卖合同纠纷案件适用法律若干问题的解释》（法释〔2003〕7号）（以下简称《商品房买卖解释》）第2条的规定为例进行说明。该条确认，"出卖人未取得商品房

[①] 参见《城市商品房预售管理办法》第5条、第7条。

预售许可证明,与买受人订立的商品房预售合同,应当认定无效,但是在起诉前取得商品房预售许可证明的,可以认定有效。"该条规定回应的问题是:出卖人未取得商品房预售许可证明,与买受人订立商品房预售合同,违反了《城市房地产管理法》第 45 条第 1 款第 4 项的规定,该商品房预售合同效力如何?该条规定效法了《合同法解释(一)》第 9 条第 1 款的前段,[①] 值得商榷之处有二。

一是混淆了两类强制性规范,误将禁止当事人采用特定行为模式的强制性规定,当作了要求当事人必须采用特定行为模式的强制性规定。《合同法解释(一)》第 9 条第 1 款前段回应的是合同行为违反要求当事人必须采用特定行为模式的强制性规定的情形,而《城市房地产管理法》第 45 条第 1 款第 4 项确立的强制性规定,属于禁止当事人采用特定行为模式的强制性规定,二者泾渭分明。

二是未对不同类型行政许可区别对待,将准予实施某类民事法律行为的行政许可,与准予实施某项民事法律行为的行政许可混为一谈。《合同法解释(一)》第 9 条第 1 款前段针对的是准予实施某项民事法律行为的行政许可,而《城市房地产管理法》第 45 条第 1 款第 4 项指向的是准予实施某类民事法律行为的行政许可,二者判然有别。

[①] 据参与《商品房买卖合同解释》起草的最高人民法院民一庭法官介绍,就该司法解释第 2 条的规则设计,存在不同的意见和主张。"在听取和讨论上述不同意见后,根据房地产审判实践经验并考虑到法律的原则,借鉴最高人民法院《关于适用〈中华人民共和国合同法〉若干问题的解释(一)》第 9 条中有关合同效力补正的规定,本解释确定合同的效力是可以补正的。"参见最高人民法院民事审判第一庭编著:《最高人民法院关于审理商品房买卖合同纠纷案件司法解释的理解与适用》,北京:人民法院出版社,2015 年,第 37 页。

可见,《商品房买卖解释》第 2 条径行效法《合同法解释(一)》第 9 条第 1 款,确属不当。实际上,《城市房地产管理法》第 45 条第 1 款第 4 项作为禁止当事人采用特定行为模式的强制性规定,从形式上看,该强制性规定意在禁止特定人从事商品房预售交易,即未取得商品房预售许可证的人不得从事商品房预售交易,订立商品房预售合同,而非禁止任何人从事商品房预售交易,禁止任何人订立商品房预售合同。因此该强制性规定禁止的对象是从事商品房预售交易的特定人,即未取得商品房预售许可证明的当事人订立商品房预售合同,是法律禁止的对象,商品房预售合同本身并不当然损害公共利益,并非法律禁止的对象。从规范目的上看,《城市房地产管理法》第 1 条确认,"为了加强对城市房地产的管理,维护房地产市场秩序,保障房地产权利人的合法权益,促进房地产业的健康发展,制定本法。"该法第 45 条第 1 款第 4 项设置行政许可,其规范目的就是经由商品房预售交易市场准入资格的要求,确保预售商品房的当事人具备完成商品房开发建设,履行商品房买卖合同义务的能力,以维护商品房预售领域的社会交往秩序,避免对商品房买卖交易领域的市场秩序以及不特定买房人利益等公共利益造成损害。据此,违反该强制性规定的商品房预售合同,其效力不应因违法性而受到影响。① 但违反该强制性规定的,依

---

① 陕西省西安市中级人民法院在西安闻天科技实业集团与李琛茹确认合同无效纠纷案的判决书中提出,"闻天公司签约时未取得商品房预售许可证,虽然违反了有关'商品房预售应当取得商品房预售许可证明'的规定,但是并不必然导致其签订认购合同的民事法律行为无效。"参见陕西省西安市中级人民法院(2018)陕 01 民终 8145 号民事判决书。

据《城市房地产管理法》第68条，由县级以上人民政府房产管理部门责令开发企业停止预售活动，没收违法所得，还可以并处罚款。

四、管理性强制性规定与效力性强制性规定之分

《最高人民法院关于适用〈中华人民共和国合同法〉若干问题的解释（二）》（法释［2009］5号）（以下简称《合同法解释（二）》）第14条确认，"合同法第五十二条第（五）项规定的'强制性规定'，是指效力性强制性规定。"由于违反要求当事人必须采用特定行为模式的强制性规定，民事法律行为的效力仅存在尚未完全生效这一种情形，因此就妥当判断民事法律行为的效力而言，要求当事人必须采用特定行为模式的强制性规定，无须作进一步的类型区分，只有禁止当事人采用特定行为模式的强制性规定，才需要进一步作效力性强制性规定与管理性强制性规定的类型区分。违反效力性强制性规定的，合同无效；违反管理性强制性规定的，不影响合同效力，但合同当事人需要依据法律或者行政法规的规定承担相应的行政责任，甚至刑事责任，并须承受诸如因法律上的障碍不履行或者不完全履行合同义务等所带来的不利法律后果。换言之，管理性的强制性规定，也属于《民法典》草案（总则编）第153条第1款中"但是，该强制性规定不导致该民事法律行为无效的除外。"这一但书所言不导致民事法

律行为无效的强制性规定。

就效力性与管理性两类强制性规定的类型区分，理论和实践中存在不易区分说以及不必区分说的质疑。不易区分说强调，一项禁止当事人采用特定行为模式的强制性规定，究竟属于效力性强制性规定，还是管理性强制性规定，区分起来，实属不易，因此不应进行此类区分。必须承认，在缺乏足够法学理论和法律实践共识的背景下，不易区分说道出了实情。但不易区分的，岂止是效力性与管理性的强制性规定？视野所及，所有事关法律妥当适用的区分事项，容易区分的总是少数。不易区分说的价值在于，提醒人们面对效力性与管理性强制性规定的区分，要注重在法学研究中积累理论共识，在裁判活动中积累实践共识。在有足够充分法律共识的情形，要依据分享的法律共识去进行区分；在没有足够充分法律共识的情形，裁判者既要毅然担负起不容逃避的法律决断责任，知难而上；又要注重养成良好的法律素养和职业道德，审慎为之。在裁判者作出决断之后，理论界和实务界还须及时跟进，以个案中的裁判为基础，经由交流辩驳，求同存异，推动形成新的法律共识。事实上，在以往法律适用的过程中，围绕着效力性与管理性强制性规定的类型区分，尽管还远远不够，[①] 但无论中外，都已经积累了不少宝贵的理论

---

① 关于是否应当区分效力性与管理性强制性规定，以及如何妥当区分效力性与管理性强制性规定的争论，参见王文胜等：《效力性强制性规范的识别：争论、法理与路径》，《人民司法》2017年第7期。

共识和司法共识。①

不必区分说对于效力性与管理性强制性规定的类型区分，可谓釜底抽薪。该说强调效力性与管理性强制性规定的区分，属于以问答问、循环论证的文字游戏，没有任何实际的意义和价值。② 不必区分说强调以效力性与管理性强制性规定的区分为前提，法律适用的应有逻辑是裁判者应当首先区分其所面对的强制性规定，究竟是效力性强制性规定，还是管理性强制性规定，然后据此判断违反强制性规定的民事法律行为的效力。但法律实践中面对禁止当事人采用特定行为模式的强制性规定，

---

① 就我国而言，如王利明：《合同法研究》第 1 卷，北京：中国人民大学出版社，2018 年，第 629—635 页；崔建远：《合同法》，北京：北京大学出版社，2013 年，第 90—92 页；石一峰：《效力性强制性规定的类型化分析》，《武汉大学学报》（哲学社会科学版）2018 年第 2 期。再如 2009 年 7 月 7 日印发的《最高人民法院关于当前形势下审理民事合同纠纷案件若干问题的指导意见》（法发〔2009〕40 号）之五"正确适用强制性规定，稳妥认定民商事合同效力"，其中第 16 条就确立了这样的规则，"人民法院应当综合法律法规的意旨，权衡相互冲突的权益，诸如权益的种类、交易安全以及其所规制的对象等，综合认定强制性规定的类型。如果强制性规范规制的是合同行为本身即只要该合同行为发生即绝对地损害国家利益或者社会公共利益的，人民法院应当认定合同无效。如果强制性规定规制的是当事人的'市场准入'资格而非某种类型的合同行为，或者规制的是某种合同的履行行为而非某类合同行为，人民法院对于此类合同效力的认定，应当慎重把握，必要时应当征求相关立法部门的意见或者请示上级人民法院"。再如 2019 年 11 月 8 日最高人民法院印发的《全国法院民商事审判工作会议纪要》第 30 条所表达的意见体现了最新的司法共识，对妥当区分效力性强制性规定与管理性强制性规定具有重要价值。

② 就笔者所见，这一说法在中文文献中最早见于苏永钦：《私法自治中的经济理性》，北京：中国人民大学出版社，2004 年，第 43 页。与此有关的论述，还可参见黄忠：《违法合同的效力判定路径之辨识》，《法学家》2010 年第 5 期；朱庆育：《〈合同法〉第 52 条第 5 项评注》，《法学家》2016 年第 3 期。

如果裁判者准备确认某项民事法律行为绝对无效，就会认定该民事法律行为违反的是效力性强制性规定；如果裁判者准备确认某项民事法律行为生效，就会认定该民事法律行为违反的是管理性强制性规定，这就颠倒了法律适用的应有逻辑。不必区分说的确反映了部分法律适用的现实，但在笔者看来，仍有必要区分效力性与管理性强制性规定。原因在于：

其一，效力性与管理性强制性规定的类型区分，属于民法问题中的价值判断问题。这一区分的实践价值在于，遵循民法价值判断问题的实体性论证规则及其派生的论证负担规则，就同一价值判断问题作出的不同的价值判断结论而言，主张限制民事主体交往自由的裁判者，需要负担论证责任，必须提出足够充分且正当的理由来证成自己的价值判断结论。[①] 以效力性与管理性强制性规定的区分为前提，违反效力性强制性规定的，民事法律行为无效；违反管理性强制性规定的，不影响民事法律行为效力。可见，就民事法律行为的效力判断而言，效力性强制性规定直接限制了民事主体的交往自由，因此面对同一禁止当事人采用特定行为模式的强制性规定，凡主张其为效力性强制性规定的，皆须承担论证的责任，不能提供足够充分且正当的理由，就应接受该强制性规定为管理性强制性规定

[①] 关于民法价值判断问题的实体性论证规则，参见王轶：《民法价值判断问题的实体性论证规则——以中国民法学的学术实践为背景》，《中国社会科学》2004年第6期。

的结论。[1] 可见，效力性与管理性强制性规定的类型区分，绝非以问答问、循环论证的文字游戏。以法律实践中存在着以问答问、循环论证的现象，就得出不必区分的结论，不仅有以偏概全之嫌，也是对价值判断领域基于最低限度价值共识派生的论证负担规则的漠视。其实法律实践中存在以问答问、循环论证的现象，更多的反倒是提醒我们，未来要致力于让裁判者更加重视和效力性与管理性强制性规定类型区分有关的法律共识和裁判技能。

其二，就禁止当事人采用特定行为模式的强制性规定而言，既有的法律共识表明，民事法律行为违反此类强制性规定，有归于绝对无效的，也有效力不因此受到影响的，这就说明存在着两种不同类型的禁止当事人采用特定行为模式的强制性规定，如不分别称之为"效力性强制性规定"与"管理性强制性规定"，那就一定要赋予它们其他的名称。

---

[1] 《民法典》草案（总则编）第153条第1款所谓"违反法律、行政法规的强制性规定的民事法律行为无效。但是，该强制性规定不导致该民事法律行为无效的除外。"单从字面上看，存在被解读为违反法律、行政法规强制性规定的民事法律行为原则上无效、例外才有效的可能。在民事法律行为违反强制性规定的场合，该款似乎是将论证责任分配给了主张民事法律行为效力不受违法性影响的一方。（比较法上也有此类见解，如克劳斯－威廉·卡纳里斯：《法律禁令和法律行为》，赵文杰译，王洪亮等主编：《中德私法研究》第13期，第59—61页）但基于文中的分析，法律实践中恰恰应当反其道而行之：民事法律行为违反强制性规定的，原则上效力不受影响，例外的方为无效。主张违反的是效力性强制性规定的一方，才需要承担论证的责任。就此而言，《民法典》草案（总则编）第153条第1款更为准确的表达应当是"违反法律、行政法规效力性强制性规定的民事法律行为无效。"

这就涉及民法问题中的解释选择问题。① "效力性强制性规定"与"管理性强制性规定"的界分，不但在学术讨论中被长期使用，还得到了最高人民法院司法解释和司法解释性文件的认同，并在法律实践中被广泛运用，相较于其他的解释选择结论，当更为可取。

其三，法律适用的过程，一定是一个目光在事实素材和法律素材之间往返流转的复杂过程。裁判者理应洞察世事人情，明了人间百态，因此，既不可能不带任何前见、偏好和取向而进入案件事实的建构和认定，也不可能不带任何前见、偏好和取向而投身于法律规则的寻找和解释。一个好的裁判者并非不带任何前见、偏好和取向，而是能够在目光往返流转的过程中，尊重已有共识，限制个人任性，勇于反思并善于调适自己的前见、偏好和取向。区分禁止当事人采用特定行为模式的强制性规定究竟属于效力性还是管理性的强制性规定，与判断民事法律行为的效力究竟是否应当受到违法性的影响，二者之间一定是一个同频共振、相互渗透、彼此影响的过程。就此而言，不必区分说对于法律适用过程的想象，未免过于理想，对于人之为人的要求，未免过于苛刻。

其四，比较法上，认可效力性与管理性强制性规定的类型区分，可谓是古已有之，且传承至今。据学者考察，罗

---

① 就解释选择问题的讨论而言，首先需要明确不同的结论并不存在真假、对错之分，但哪种讨论结论更符合大多数人所分享的前见，更遵从人们使用概念的习惯，哪种解释选择的结论就是更为可取的结论。关于解释选择问题讨论方法，参见王轶：《论民事法律事实的类型区分》，《中国法学》2013年第1期；王充：《刑法问题类型划分方法与构成要件的排列顺序》，《法制与社会发展》2007年第4期；沈健州：《民法解释选择问题的分析框架》，《中外法学》2019年第4期。

马人将法律严格区分为完全法律、次完全法律和不完全法律。完全法律使被禁止的行为无效,次完全法律使所实施或者实行的行为虽然应受惩罚但并未宣告它无效,不完全法律则既不使行为无效又不使行为应受惩罚,而是将维护该法律的职责委诸裁判官。① 这一区分,可谓是效力性与管理性强制性规定区分的雏形。德国的民法学说和民事司法不但实质上认可效力性与管理性强制性规定的区分,而且围绕着两者的区分标准,先后出现了规范性质理论、规范对象理论、规范关联性理论、规范目的理论、价值权衡理论等理论主张。② 在日本,末弘严太郎以公法与私法严加区别为基调,确立了"违反管理规定的行为之私法上的效力论",认为管理规定中有影响违反行为效力的"效力规定"和不影响违反行为效力的"单纯的管理的规定",其学说为日本迄今为止的通说奠定了基础。随后,井川健、王晨、铃木禄弥、矶村保、大村敦志、山本敬三等学

---

① 马克斯·卡泽尔、罗尔夫·克努特尔:《罗马私法》,田士永译,北京:法律出版社,2018 年,第 128—129 页。

② Claus-Wilhelm Canaris, *Gesetzliches Verbot und Rechtsgeschäft*, Heidelberg: C. F. Müller, 1983; Thomas Westphal, *Zivilrechtliche Vertragsnichtigkeit wegen Verstoßes gegen gewerberechtliche Verbotsgesetze*, Berlin: Duncker & Humblot, 1985. 中文介绍参见卡尔·拉伦茨:《德国民法通论》下册,王晓晔等译,北京:法律出版社,2003 年,第 586—596 页;维尔纳·弗卢梅:《法律行为论》,第 408—413 页;克劳斯-威廉·卡纳里斯:《法律禁令和法律行为》,王洪亮等主编:《中德私法研究》第 13 期,第 59—61 页;汉斯·布洛克斯、沃尔夫·迪特里希·瓦尔克:《德国民法总论》,张艳译,北京:中国人民大学出版社,2012 年,第 210—212 页;叶子超:《法律行为因违反强行规定而无效的问题探讨》,硕士学位论文,辅仁大学法律学系,1999 年;苏永钦:《私法自治中的经济理性》,第 32—41 页。

者进一步深化了有关这一问题的思考。① 我国台湾地区通说认为，法律行为若违反禁止规定，须视该禁止规定系属"取缔规定"或"效力规定"而区分其效力。"违反取缔规定之法律行为，行为人虽受行政或刑事处罚，但该法律行为在私法上仍为有效。反之，在违反效力规定时，该法律行为的私法上效力亦被否定，而成为无效。"②

可见，区分效力性与管理性的强制性规定，虽确属不易，但非常必要。行政许可属于准予实施某类民事法律行为的情形，对应着禁止当事人采用特定行为模式的强制性规定，此类强制性规定，究竟属于效力性的强制性规定还是管理性的强制性规定？就效力性与管理性强制性规定的区分标

---

① 末弘嚴太郎：《法令違反行為の法律的効力》，《法學協會雜誌》1929年第47卷第1號；井川健：《物資統制法規違反契約と民法上の無効——取締法規と強行法規との分類への疑問》（上、下），《判例タイムズ》1967年第205、206號；磯村保：《取締規定に違反する私法上の契約の効力》，《民商法雜誌・創刊五十周年記念論集Ⅰ・判例における法理論の展開》，東京：有斐閣，1986年；王晨：《行政法規に違反した契約の民法上の効力——日本法と中国法を比較して》（一），《民商法雜誌》1991年第104卷第2號；大村敦志：《取引と公序——法令違反行為効力論の再檢討》（上、下），《ジュリスト》1993年第1023、1025號；山本敬三：《取引関係における公法的規制と私法の役割——取締法規論の再検討》（1、2・完），《ジュリスト》1996年第1087、1088號。中文介绍参见加藤雅信等编：《民法学说百年史：日本民法施行100年纪念》，牟宪魁等译，北京：商务印书馆，2017年，第139—145页；解亘：《论违反强制性规定契约之效力》，《中外法学》2003年第1期；孙鹏：《私法自治与公法强制》，《环球法律评论》2007年第2期。

② 陈聪富：《民法总则》，台北：元照出版公司，2016年，第238页。关于这一问题的讨论，还可参见史尚宽：《民法总论》，北京：中国政法大学出版社，2000年，第330页；王泽鉴：《民法总则》，北京：北京大学出版社，2009年，第224—225页；詹森林：《民事法理与判决研究（六）》，台北：元照出版公司，2012年，第35—66页。

准，一直意见纷纭，迄今未有定论，未来也未必会定于一尊。考虑到行政许可属于准予实施某类民事法律行为的情形，从立法目的来看，通常是禁止未取得市场准入资格的当事人从事某类民事法律行为，禁止的对象并非某类民事法律行为本身，而是未获得行政许可的当事人。这就说明，实施某类民事法律行为并不必然损害公共利益，但未获行政许可就去实施某类民事法律行为，则有损害公共利益的可能。出于周到确认、保障和维护公共利益的需要，通过行政许可设立实施某类民事法律行为的门槛，可以实现防患于未然的立法目的。以这一认识为前提，行政许可属于准予实施某类民事法律行为的情形，通常应当对应着管理性的强制性规定，通过对未获行政许可而擅自实施某类民事法律行为的当事人进行行政责任乃至刑事责任的追究，但不否认此类民事法律行为的效力，通常即可实现确立此类行政许可的立法目的，也能实现确认、保障和维护公共利益的立法目标。

即便如此，力图在理论上和实践中为行政许可领域每一项效力性与管理性强制性规定的区分划出清晰可辨的界限，仍是无法实现的幻想。因为一方面，迄今为止的理论研究和法律实践尚不能够为行政许可领域每一项效力性与管理性强制性规定的区分提供足够充分的法律共识，而且在可以预见的将来，在价值取向多元的背景下，尽管可以经由理论讨论和法律实践推动更多法律共识的形成，但仍然不可能为行政许可领域每一项效力性与管理性强制性规定的区分提供足够充分的法律共识。另一方面，行政许可领域效力性与管理性强制性规定的区分，如同其他法律领域效力性与管理性强制性规定的区分一样,区分的结论一定不会是一劳永逸,一成不变的。申言之,当下被认定为属于管理性强制性规定的,随着社会经济环境的变化以及人们分享的法律共识的调整,未来可能被认定为属于效力性的强制性规定,反之亦然。

行政许可领域与其他法律领域一样,对于效力性与管理性强制性规定的区分,必须承认经验比逻辑更有用,因而对于社会生活中已经存在的价值共识,尤其是已经被立法机关、司法机关确认的法律共识,应当给予足够尊重。在没有足够价值共识的情形,需要认识到效力性与管理性强制性规定的类型区分,作为法律适用中的价值判断问题,需要遵循最低限度的价值共识,秉承民法价值判断问题的实体性论证规则,运用由此派生的论证负担规则,凡主张其为效力性强制性规定者,皆须承担论证的责任。在具体案件中,裁判者还需要探究认定禁止当事人采用特定行为模式的强制性规定为效力性强制性规定,从而确认违反强制性规定的民事法律行为绝对无效,是否是特定情形下充分实现规范目的,从而完全实现确认、保障和维护公共利益立法目标的唯一选择和最优选择,进而推动价值共识的形成。这里所谓"唯一选择"和"最优选择",是指只有认定民事法律行为绝对无效方能充分实现规范目的,方能完全实现确认、保障和维护相应公共利益的目标,除了认定民事法律行为绝对无效外,不存在以对相关主体施加行政制裁、刑事处罚等其他途径就能充分实现规范目的,以周到确认、保障和维护公共利益的可能。

2019年11月8日最高人民法院印发的《全国法院民商

事审判工作会议纪要》第30条就效力性与管理性强制性规定的区分表达了最新的司法共识,大多都与行政许可有关。尽管仍有不少可议之处,但为形成新的、更为具体的价值共识开辟了可能,值得认真对待。该条确认:第一,下列强制性规定,应当认定为效力性强制性规定:强制性规定涉及金融安全、市场秩序、国家宏观政策等公序良俗的;交易标的禁止买卖的,如禁止人体器官、毒品、枪支等买卖;违反特许经营规定的,如场外配资合同;交易方式严重违法的,如违反招投标等竞争性缔约方式订立的合同;交易场所违法的,如在批准的交易场所之外进行期货交易。第二,关于经营范围、交易时间、交易数量等行政管理性质的强制性规定,一般应当认定为管理性强制性规定。以上两项规则,大致反映了目前的司法共识,有助于推动实现相关领域司法裁判的统一。但就该条而言,更具实践价值和理论意义的,是其确立的两项司法政策:其一,审判实践中有的人民法院认为凡是行政管理性质的强制性规定都属于管理性强制性规定,不影响合同效力。这种望文生义的认定方法,应予纠正。其二,人民法院在审理合同纠纷案件时,要依据《民法总则》第153条第1款和《合同法解释(二)》第14条的规定慎重判断强制性规定的性质,特别是要在考量强制性规定所保护的法益类型、违法行为的法律后果以及交易安全保护等因素的基础上认定其性质,并在裁判文书中充分说明理由。以上两项司法政策,为民法价值判断问题的实体性论证规则以及由其派生的论证负担规则进入司法裁判过程,并发挥更大作用,开辟了道路,提供了可能。

结　　语

　　从民法学的视角观察，行政机关基于行政许可准予公民、法人或者其他组织从事特定活动，以民事法律事实的类型区分和体系建构为背景，有的属于准予实施事实行为；有的属于准予实施民事法律行为；有的则需要区分情形，有时属于准予实施事实行为，有时属于准予实施民事法律行为。法律或者行政法规确立行政许可的规定，以法律规范的类型区分和体系建构为背景，有的属于简单规范中的强制性规定，对应着准予实施事实行为的情形；有的属于复杂规范中的强制性规定，对应着准予实施民事法律行为的情形；有的则需要区分情形，有时属于简单规范中的强制性规定，有时属于复杂规范中的强制性规定。法律或者行政法规确立行政许可的规定，属于复杂规范中强制性规定的，可以作进一步的类型区分，如果对应着准予实施某项民事法律行为的情形，属于要求当事人必须采用特定行为模式的强制性规定；如果对应着准予实施某类民事法律行为的情形，属于禁止当事人采用特定行为模式的强制性规定。当事人借助民事法律行为意图约定排除这些强制性规定法律适用的，得援引《民法典》草案（总则编）第153条第2款"违背公序良俗的民事法律行为无效"，认定该约定绝对无效。当事人实施的民事法律行为违反复杂规范中的强制性规定，需要援引《民法典》草案（总则编）第153条第1款"违反法律、行政法规强制性规定的民事法律行为无效。但是，该强制性规定不导致该民事法律行为无效的除外",区分情形进行效力判断:违反复杂规范中要求当事人必须采用特定行为模式强制性规定的,该民事法律行为法定特别生效条件尚不具备,属于尚未完全生效的民事法律行为;违反复杂规范中禁止当事人采用特定行为模式强制性规定的,如果该强制性规定属于管理性的强制性规定,不影响该民事法律行为的效力,但当事人需要就此承担行政责任乃至刑事责任,从而可能影响民事义务的履行;如果该强制性规定属于效力性的强制性规定,则该民事法律行为绝对无效。

(原载《中国社会科学》2020年第5期)

《中国社会科学》2020 年度好文章获奖文章颁奖辞

《中国社会科学》2020 年度好文章之《牧区城镇化与草原生态治理》（作者：包智明、石腾飞，责任编辑：刘亚秋）

作为改革开放以来我国最早开始进行生态环境治理的地区之一，内蒙古草原牧区在筑牢我国北方生态安全屏障和推进绿色发展方面发挥着重要作用。该文准确捕捉并把握了中国北方草原牧区城镇化进程中的重大社会现实问题，创造性提出以"牧民流动性"推动实现牧区城镇化与草原生态治理双赢的鲜明观点，进而提出牧区重建、优化牧区产业的相关政策建议。文章基于实地调查，呈现了"定居在城镇、生产在牧区"的"以人为本"的牧区新型城镇化与发展模式；研究了在社会变迁背景下，牧区大传统与小传统的互动、内生性与外生性的张力、主体性与客体性的协调。文章从理论与实践相结合的维度，深化了牧区城镇化与草原生态治理研究，对在民族地区全面准确贯彻新发展理念、推进牧区乡村振兴、铸牢中华民族共同体意识具有重要的启示意义。

牧区城镇化与草原生态治理

包智明　石腾飞

摘要：我国北方草原牧区广泛推行的牧区城镇化政策，延续了中国长期形成的草原生态治理政策的定居化特点。牧区城镇化与草原生态治理的过程需要重新审视牧民的主体性地位，充分认识牧民的流动性特征。在具体实践中，以牧业合作社、草原生态旅游业等新的组织方式和生计方式推动的牧区重建，可以让牧民在牧区与城镇之间往返流动，牧民在享受城镇多元生计与现代生活方式的同时，继续在牧区从事牧业生计和保护草原生态环境，实现牧区城镇化与草原生态治理的双赢，从而在产业、人才、文化、生态、组织等方面推动乡村全面振兴。

关键词：牧区城镇化　草原生态治理　牧民流动性　牧区重建

作者包智明，云南民族大学社会学院教授（昆明 650504）；石腾飞，青岛大学政治与公共管理学院讲师（青岛 266061）。

一、研究背景与问题

农村人口流动和城镇化是学界关注的重要议题。在城乡发展不均衡的背景下，城乡间巨大的经济差异和收入差距通常被认为是人口向城镇流动的最主要原因。[①] 自党的十八届三中全会提出城乡一体化的新型城镇化道路以来，围绕城镇化进程中的农村衰落与乡村振兴等问题，学界进行了一系列颇具启示的研究。总体上，学者对于城镇化问题研究的出发点和落脚点普遍集中在户籍、土地、财政等经济与社会制度范畴，[②] 而对于当前城镇化进程中的人口流动与城镇化推进模式的复杂性状态，尚没有作出充分解释，这尤其体现在北方草原的牧区城镇化上。

与一般农村相比，牧区城镇化有其自身的特殊性。政府推动牧区城镇化的目的不仅是解决经济社会发展问题，同时也要解决生态环境问题，其政策意图不仅在于推进牧民发展转型，还期望通过牧民搬离牧区、定居城镇以实现草原生态治理。当前学界关于牧区城镇化研究的焦点主要集中在影响

[①] 参见李强：《影响中国城乡流动人口的推力与拉力因素分析》，《中国社会科学》2003年第1期。

[②] 参见付伟：《城乡融合发展进程中的乡村产业及其社会基础——以浙江省L市偏远乡村来料加工为例》，《中国社会科学》2018年第6期；李强：《"就近、就地"城镇化可破"异地"困局》，《中国城市报》2015年11月23日，第2版；夏柱智、贺雪峰：《半工半耕与中国渐进城镇化模式》，《中国社会科学》2017年第12期。

牧民流动的推拉因素、① 牧民流动到城镇后的经济与社会效益、② 牧民定居与城镇建设,③ 也有研究注意到牧民在城镇化进程中的回流现象,但仍将落脚点放在如何促进牧民城镇定居与转产就业上。④

然而,牧民和草原是生命共同体。在牧区城镇化进程中,牧民迁出牧区,割裂了牧民与草原之间唇齿相依的联系,带走了蕴藏在牧民身上的有关草原生态环境保护的传统知识和治理能力,从而可能带来一系列政策的意外后果。这意味着,在牧区城镇化成为不可扭转的发展趋势下,有必要进一步研究牧区城镇化与草原生态治理间复杂的社会关联,重新审视牧民在这一过程中的角色。在牧区城镇化的浪潮中,牧区和牧民何去何从?当前北方草原大力推行的牧区城镇化,可否将草原生态治理带向一个可持续发展的未来?如果可以,又该通过怎样的途径发挥牧民在草原生态治理过程中的作用?本研究通过对内蒙古草原牧区相关案例的研究,以在"牧区—城镇"间往返流动的牧民为研究对象,提出草原生态治理的"流动性"视角,探讨在城镇化背景下实现草原生态治理的路径和机制。

---

① 高永久、邓艾:《藏族游牧民定居与新牧区建设——甘南藏族自治州调查报告》,《民族研究》2007 年第 5 期。
② 张涛:《甘南藏族自治州牧民定居模式与效应分析》,《甘肃社会科学》2003 年第 6 期。
③ 李志刚:《牧民定居与小城镇建设——甘肃阿克塞哈萨克族自治县的案例研究》,《社会》2004 年第 12 期。
④ 滕驰:《内蒙古牧区新型城镇化进程中人口转移问题与对策研究——以 W 旗为例》,《中央民族大学学报》2017 年第 1 期。

二、流动性与草原生态治理

关于草原生态退化，超载过牧一直是主流解释框架。依循这一解释逻辑，要实现草原的生态治理，减少牧区人口和草原载畜量势在必行。自20世纪80年代，国家开始通过资金、技术、政策规划等措施干预草原生态环境和牧民生计。在国家主导的草原生态治理脉络里，草畜承包、禁牧休牧、生态移民、牧区城镇化等一系列自上而下的政策相继在北方草原牧区实施。相关研究指出，在这一过程中，地方政府通过"权力的资本—技术网络"限制、管理牧民和牧业，以实现社会的再造与环境的改造。[1] 草原生态环境保护逐渐从依靠牧民理性向依赖国家权威转变。[2]

相关研究还注意到，已有方案忽视了草原生态系统的复杂性和草原生态环境保护的多样性，反而造成草场的普遍退化。有学者指出，草畜承包、建网围栏的本意在于明晰产权、减少牧场的公共性，刺激牧民对草原的保护意识与行为。但在实践过程中，牧民因无法进行长距离、大规模的游牧，他们或是过度利用公共资源以保护自有资源，或是"定居轮牧"，让牲畜在同一片草场重复采食践踏，加剧了

---

[1] 参见荀丽丽：《再造"自然"：国家政权建设的环境视角——以内蒙古S旗的草原畜牧业转型为线索》，《开放时代》2015年第6期。
[2] 王晓毅：《从承包到"再集中"——中国北方草原环境保护政策分析》，《中国农村观察》2009年第3期。

草原的利用程度。① 还有学者认为，草原生态退化主要受草原生态系统本身的不稳定性和降水、火灾、虫灾等诸多不确定性因素影响，集中于载畜量和定居放牧的制度设计使牧业丧失了根据气候变化、草场情况等因素进行调节的余地，牧民应对自然变化的能力减弱，草原脆弱性增加。② 草原生态治理政策在实践过程中出现一些问题，亟须在理论层面寻找问题的症结及其突破口。

20世纪80年代末兴起的"新牧区发展范式"（new pastoral development paradigm）注意到发生在非洲牧场上的草场退化、荒漠化问题，基于对旱地资源系统以及共有产权制度的新认识，提出了牧区发展的新思路。③ 秉承这一研究取向的学者认为，定居化政策忽视了牧业的流动性，不利于草原生态环境

---

① 王晓毅：《制度变迁背景下的草原干旱——牧民定居、草原碎片与牧区市场化的影响》，《中国农业大学学报》2013年第1期；张倩：《蒙古国草原畜牧业的转型及其对中国牧区发展的借鉴意义》，中国社会科学院社会学研究所农村环境与社会研究中心主编：《游牧社会的转型与现代性·蒙古卷》，北京：中国社会科学出版社，2013年，第1—4页。

② 参见 R. J. Thomas, "Opportunities to Reduce the Vulnerability of Dryland Farmers in Central and West Asia and North Africa to Climate Change," *Agriculture, Ecosystems and Environment*, vol. 126, nos. 1-2, 2008, pp. 36-45; P. G. Jones and P. K. Thornton, "Croppers to Livestock Keepers: Livelihood Transitions to 2050 in Africa Due to Climate Change," *Environmental Science and Policy*, vol. 12, no. 4, 2009, pp. 427-437；张倩：《牧民应对气候变化的社会脆弱性：以内蒙古荒漠草原的一个嘎查为例》，《社会学研究》2011年第6期。

③ J. E. Ellis and D. M. Swift, "Stability of African Pastoral Ecosystems: Alternate Paradigms and Implications for Development," *Journal of Range Management*, vol. 41, no. 6, 1988, pp. 450-459; M. Westoby, B. Walker and I. Noy-Meir, "Opportunistic Management for Rangelands Not at Equilibrium," *Journal of Range Management*, vol. 42, no. 4, 1989, pp. 266-274.

保护和牧业发展，牧区的现代化建设应该将牧场的管理权力下放到地方团体，尊重、顺应、吸收牧业生计的流动性特征。[1] 作为对"新牧区发展范式"的总结、反思与发展，富勒（M. Niamir-Fuller）和特纳（M. D. Turner）提出"流动性范式"（mobility paradigm），并从资源基础（resource base）、资源使用者（resource users）、适应性策略（adaptive strategies）、共有产权制度（common property regimes）四个方面阐释在干旱、半干旱的草原牧区，流动性对于实现畜牧业在经济、社会与环境层面的可持续性发展的重要意义。[2]

事实上，早期国外人类学家的研究已经指出，流动性是牧业经济系统的典型特征，是在不确定的自然环境里，牧民适应草原气候变化与保护草原生态环境的重要方式。[3] 移动

---

[1] M. D. Turner, "The New Pastoral Development Paradigm: Engaging the Realities of Property Institutions and Livestock Mobility in Dryland Africa," *Society and Natural Resources*, vol. 24, no. 5, 2011, pp. 469–484; H. K. Adriansen, "Pastoral Mobility as a Response to Climate Variability in African Drylands," *Danish Journal of Geography*, vol. 1, Special Issue, 1999, pp. 1–10; M. Niamir-Fuller, "The Resilience of Pastoral Herding in Sahelian Africa," in F. Berkes and C. Folke, eds., *Linking Social and Ecological Systems: Management Practices and Social Mechanisms for Building Resilience*, Cambridge: Cambridge University Press, 1998, pp. 250–284.

[2] M. Niamir-Fuller and M. D. Turner, "A Review of Recent Literature on Pastoralism and Transhumance in Africa," in M. Niamir-Fuller, ed., *Managing Mobility in African Rangelands: The Legitimization of Transhumance*, London: Intermediate Technology Publications, 1999, pp. 18–46.

[3] E. Evans-Pritchard, *The Nuer: A Description of the Modes of Livelihood and Political Institutions of a Nilotic People*, Oxford: Oxford University Press, 1940; D. J. Stenning, *Savannah Nomads: A Study of the Wodaabe Pastoral Fulani of Western Bornu Province, Northern Region, Nigeria*, London: Oxford University Press, 1959; N. Dyson-Hudson, *Karimojong Politics*, Oxford: Clarendon Press, 1966.

以及随时作出有关移动的抉择可使游牧的人群突破各种空间、社会与意识形态的"边界",利用分散且变化无常的水、草资源,还可及时逃避各种风险。[1] 中国北方草原是一个有着悠久游牧历史的地区,流动性的逻辑也充分展现在其牧业实践中。例如,荀丽丽发现,牧民需要通过游牧的方式适应蒙古高原上气候与草原生态环境的不确定性。在这一过程中,牧民发展出相应的组织、社会规范和本土生态知识,用以学习、适应流动的生产、生活方式,同时规范牧民的资源利用行为,维持生计与生态间的动态平衡。[2] 换言之,在长期的牧业实践中,牧民正是通过流动这一理性的策略躲避灾害,拓展自然资源利用的空间,在气候、地形、草场、牲畜之间寻求整体的平衡。

"流动性"对于牧业经济与草原生态环境保护的重要性在学界被广泛接受,但吸纳和借鉴这种发展新思路的地方经验,以及对它的深入研究较少。虽有研究提出草原牧区可借助现代科技和制度重新建立并支持游牧的生产方式,达到草原复兴的目的,[3] 但基于现代国家治理体系的行政区划制度与草原产权明晰化的社会现实,很难找到一个再现传统跨地区游牧的成功样本。在笔者看来,这种僵局主要在于未能厘

---

[1] 王明珂:《游牧者的抉择:面对汉帝国的北亚游牧部族》,桂林:广西师范大学出版社,2008年,第26页。

[2] 参见荀丽丽:《与"不确定性"共存:草原牧民的本土生态知识》,《学海》2011年第3期。

[3] 韩念勇:《"适度"至上:面对一个半自然生态系统》,韩念勇主编:《草原的逻辑——顺应与适度:游牧文明的未来价值》,北京:北京科学技术出版社,2011年,第86页。

清"牧民流动性"与"牧业流动性"两者之间的内涵。富勒和特纳的"流动性范式"主要关注流动性的牧业生计对草原生态治理的意义,可将其视为一种"牧业流动性"。

在中国,随着以城镇化为导向的牧区发展方式的逐步推进,在牧业、牧群身上寻找流动性对于草原生态治理的现代意涵,不符合草场产权明晰化的制度设计以及以家户为单位围栏放牧的牧业实践。随着西部大开发以来民族地区工业化、城市化的快速发展,牧民生计方式多元化,牧业在牧民家户经济中的重要性逐渐降低。一项基于内蒙古自治区 34 个嘎查(村)[①] 294 个牧民的实地调查数据表明,由于牧业经济效益较低与牧区现代化进程的推进,牧民草原畜牧业经营代际传递意愿较弱,仅有 1/3 的牧民明确表示愿意子女继续从事草原畜牧业。[②] 厉以宁对内蒙古赤峰市牧区城镇化的研究发现,由于牧区的沙化与水源枯竭,牧民有迁移进城的意愿,而城镇就业机会的提供与生活条件的改善,进一步促使牧民作出进城居住与发展的决定。[③] 这意味着,在草原产权明晰化和牧区城镇化大力推进的背景下,牧业流动性实践的社会基础已发生变化,照搬传统的牧业流动性概念分析当前的草原生态治理与牧民行为的实践机制,已不合时宜。

---

① 在内蒙古牧区,"行政村"称"嘎查"。本文用"村"统称牧区的"嘎查"和农区的"行政村"。
② 孔德帅等:《牧民草原畜牧业经营代际传递意愿及其影响因素分析——基于内蒙古自治区 34 个嘎查的调查》,《中国农村观察》2016 年第 1 期。
③ 厉以宁:《牧区城镇化的新思路》,《北京大学学报》2012 年第 1 期。

笔者认为，牧区发展和草原生态治理必然要落实到牧民这一社会主体身上，对于流动性的关注也应该从牧业转移到牧民身上。随着牧区城镇化的推进，牧民的生产系统和生活系统已经开始呈现出明显的分离化倾向，牧民生计方式更加多元，且流动也开始跨越草原牧区，在牧区与城镇更广泛的地域空间内发生。传统的流动性范式已无法对城镇化背景下牧民流动现象作出令人信服的解释，我们必须寻求一种更具包容性和解释力的分析概念，理解流动性对于新时期草原生态治理的意义，及其可能蕴含的牧区发展路径。

为更有效解释牧区城镇化背景下当代牧民的流动现象及其对草原生态治理的作用，本文提出"牧民流动性"概念。既有的"流动性"概念主要指，根据草场状况，牧民和牲畜在不同草场之间移动的传统牧业生计模式，其本质是"牧业流动性"。而"牧民流动性"是指，牧民根据生活和多元生计的需要，在牧区和城镇之间往返流动的当代牧民生产生活模式。牧民流动性承载着多重社会意涵，不仅体现为牧民通过流动的方式，应对生产、生活方式的变迁以及各种不确定性，同时，也蕴含着牧民利用本土知识、社会资本、互惠观念等维持社会秩序、实现社会治理的意涵。通过"牧民流动性"概念，本文意在阐释牧区城镇化进程中，牧民应对政策变迁的主体能动性及其推进草原生态治理的过程和机制。本文认为，如果能把牧民流动性的实践因素与既有的牧区城镇化政策结合起来，或许能够形成一种真正意义上的草原生态环境保护与牧区社会经济发展双赢的制度安排。

本文通过对内蒙古清水区[①]的实地研究，将流动性纳入牧区城镇化与草原生态治理的分析框架，探讨流动性与牧民可持续生计、牧区重建、草原生态治理之间的关系，在此基础上，探索牧区城镇化与草原生态治理的新思路。清水区位于内蒙古西部，是一个集牧区、农区、工业园区与中心城镇四大主体功能为一体的自治区级开发区，其土地面积为5604平方公里，下辖9个牧业村、8个农业村和1个社区居委会，总人口1.4万人，农牧业户籍人口9000人。笔者对清水区的实地调查始于2002年对该地区草原荒漠化与生态移民问题的研究。2011年至今，笔者将研究重点聚焦到清水区的草原生态治理与城镇化建设，对其中实施牧区城镇化的9个牧业村进行了累计8个月的实地调查，本文所用实证资料即源自对这9个牧业村的调查。

三、牧民城镇定居与草原新生态问题

（一）清水区牧区城镇化实践

面对20世纪80年代以来日渐突出的草原生态问题，国家承担了草原生态治理的主要责任。[②] 在处理复杂事务时，现代国家总是希望能够发展出简单化、标准化与集权化的方

[①] 本文对地名、人名进行了匿名化处理。
[②] 参见王晓毅：《生态移民：一个复杂的故事——读谢元媛〈生态移民政策与地方政府实践〉》，《开放时代》2011年第2期。

式，实现社会的管理。① 在国家主导的草原生态治理逻辑中，最简单的办法莫过于将牧民从牧区搬离。牧区城镇化在很大程度上延续了这一治理逻辑。

在清水区，牧区城镇化是当前草原生态治理、牧区发展与牧民转型的主流政策手段。在具体实践中，地方政府主要通过"草原生态补奖""游牧民定居""住房补贴"等资金支持和政策引导的方式，鼓励牧民自愿从周边草原牧区迁往中心城镇，从而控制牧区人口和牲畜数量，让草场得以休养生息，进而改变草原整体生态恶化的状况。同时，地方政府通过发展工业与服务业的方式创造就业岗位，促使牧民从传统的牧业生计中脱身出来，在转变生计方式的基础上实现转产增收。

> 2010年，政府开始推行游牧民定居项目，每户补贴35000元。我看牧区的房子也不能长期住人，就利用那个项目在镇上盖了现在的房子。2012年的时候，政府又出了一个移民扩镇的项目，每户补贴25000元，政府统一在镇上给盖房。我们村大部分牧民通过这两个项目都搬迁过来了。（村干部访谈，编号20140801B）

需要指出的是，在清水区，牧民定居城镇不只是地方政府推动的结果，也是牧民自主选择的结果。随着牧区的发

---

① 参见詹姆斯·斯科特：《国家的视角：那些试图改善人类状况的项目是如何失败的》，王晓毅译，北京：社会科学文献出版社，2011年，第386页。

展，虽然牧民的生产生活条件得到一定程度的改善，但总体而言，在现代信息技术、医疗卫生、教育条件等方面，牧区发展仍然相对落后，牧民需要通过城镇化去享受现代生活的便利。与此同时，随着"双权一制"①的实施与草原产权的稳定，围栏放牧显著降低了牧业生产的劳动强度，对草原载畜量的限制使牧业生产也不再需要太多的人力，造成牧区劳动力剩余。加之近年来牲畜价格低，许多牧民生产生活陷入困境，亟待寻找新出路。而牧民进城之后，不需要放弃原有的草场，草场使用权仍然属于牧民，他们还可以享受"草原生态补奖"。因此，清水区牧民自愿作出进城居住与发展的决定，牧区城镇化成为政府推动与牧民自主选择的社会过程。

从生态治理的角度看，牧区城镇化的逻辑在于推动牧民搬离牧区、定居城镇，在实现其生产生活方式转型的基础上，减轻对草原的利用程度，达成草原生态治理的目的。包括牧民搬迁后的草场禁牧、牧区房屋拆除，以及一系列为了推动牧民进城所提供的优惠政策，都在一步步引导牧民往城镇迁移。这一模式的牧区城镇化呈现出典型的限制牧民和牧业流动性的特征。从现实情况看，牧民搬离牧区、定居城镇，人为割裂了牧民与草原之间唇齿相依的关系，造成牧区人、财、物向城镇集中的同时，也带来了牧区治理的空心化，引发草原生态治理的新问题。

---

① 自20世纪90年代，为解决草原产权制度安排不合理引起的草场退化问题，内蒙古自治区政府推进草牧场"双权一制"改革，将草场所有权落实到嘎查（村），使用权落实到户，并实行承包责任制。

（二）草原新生态问题的产生

牧区城镇化为草原生态治理带来新的契机，并不意味着草原生态治理的任务已经完成。近年来，随着草原生态环境保护政策的持续推进以及牧区城镇化进程的不断加快，清水区禁牧草原面积和转移禁牧的牧民数量都有大幅增加。在实地调查中发现，随着草原禁牧与大量牧民搬离牧区，清水区产生草原新生态问题。

随着牧区城镇化的推进，牧区常住人口逐渐减少。如今，在牧区放牧的主要是四五十岁的中年人，青年人大部分已经定居城镇，老年人肩负起在城镇照顾孙辈上学的任务，同时将城镇作为养老的地方。一些已经适应城镇生活的家庭甚至直接举家搬迁、定居到城镇。随着牧区城镇化的推进与牧民大规模进城定居，牧区的治理资源也在逐渐流失。牧民在牧区的居住格局本身就很分散，随着牧区人口减少，牧民更是呈现零星分布之势，更难组织起来，牧区治理的空心化问题十分严峻。通过在清水区的实地调查发现，如今有能力且又愿意留在牧区担任村干部的"能人"越来越少，牧区社会自治组织出现"没人选"与"选人难"的状况。村委会等基层组织以及一些社会化的服务机构功能也日趋弱化，甚至慢慢退出牧区，大部分牧业社区直接将办公点设在城镇，牧民有事直接去镇上找村干部。

随着本地牧民搬离草场，牧区治理资源流失，牧区"治理难"与"无人治理"状况对外地人的监管和威慑力减弱，给了外地人偷挖、盗采草原动植物的机会。

搬迁后，草场上没有什么牲口和人了，周边外地来的人过来抓蝎子、挖苁蓉、搂发菜。我们这一家子花几万块钱把围栏拉上，结果他们破坏掉围栏，草场被挖成一个个大坑。外地人一来一群，现在牧区人口少，一家一户没办法禁止那些人。（牧民访谈，编号20140823A）

草原生态是一个复合性的功能系统，人、草、畜及各种草原动植物等生物群落都是草原生态系统的组成部分。清水区荒漠草原盛产野生蝎子、苁蓉、发菜等沙生动植物。苁蓉寄生在沙生植物梭梭树、红柳树等的根部。梭梭、红柳根系庞大，纵深可达几米甚至几十米，如此盘根错节的根系结构对于防风固沙与水土保持有着重要的生态价值。野生蝎子是蝗虫、草鳖等草原虫害的天敌，被赋名"草原卫士"，对有效控制和预防虫害的发生起着至关重要的作用。

蝎子、苁蓉等除具备重要的生态价值外，也被视为名贵的中药食补材料，被广泛应用于医药等领域，价格不菲，市场需求量大。发菜与"发财"发音相似，在一些地区受到追捧。在经济利益的刺激下，周边省份的一些人大肆涌入清水区草场挖苁蓉、抓蝎子、搂发菜。苁蓉的根寄生在梭梭与红柳树的根系之间。因此，梭梭、红柳的根有多深，就得挖掘多深的坑洞，才能将苁蓉完整取出。而这些人把苁蓉挖出后并不会将坑洞重新填埋，在草原上留下一个个纵深可达几米的坑洞。根系裸露的梭梭、红柳被风吹倒，失去防风固沙的作用。蝎子昼伏夜出，因此抓捕一般在夜间进行。白天这些外地人通常住在山里的防空洞或者直接在草场上安营扎寨，砍伐草原上的灌木烧火做饭，不仅导致大面积的草场植被严重破坏，也时常引发火灾。蝎子数量剧减，破坏了草原生态链。采发菜需要用钢丝铁耙在草场上来回搂，被铁耙搂过的草场植被需要两三年的时间才能恢复，在降水稀少的年份，极易沙化。

当地牧民深知这些沙生动植物对于草原生态保护的重要意义。因此，即使是在市场力量的刺激下，牧民通常也不会大量抓捕、采挖。采挖过后，牧民会将坑洞填埋平整，以保护脆弱的生态环境。如今，随着当地牧民大规模搬离牧区，在清水区，偷挖、盗采已经从 2006 年[①]的局部现象发展为普遍化的草原生态破坏行为。从清水区农牧局了解的数据显示，目前，由于偷挖、盗采面临沙化的草原面积超过 200 万亩，占该区草原总面积的 1/3 以上。随着偷挖、盗采行为的增加，还时常伴随着破坏牧民围栏和房屋、偷盗牲畜、打架斗殴等一系列事件的发生。外地人与当地牧民之间的冲突加剧，影响牧区的社会稳定。

此外，北方草原地区自然条件总体较差，降雨少、蒸发量大，草原生态系统脆弱，极易发生雪灾、旱灾、火灾及鼠虫灾害。数千年来，作为草原上的生产生活者，牧民正是通过移动放牧来适应和保护干旱半干旱的草原生态环境，对抗各种自然风险。如今，随着牧区禁牧与人口转移，牧区人口

---

① 清水区牧区 2005 年开始禁牧，全区 9 个牧业村从 2005 年陆续开始移民搬迁。

和牲畜减少，导致这些灾害高发。

> 现在草原生态好了，但没有羊吃草，草、落叶一年年在地面上覆盖的越来越多，一旦着火控制不住，前年我们这里刚发生过大型火灾。起火之后100多公里全部着起来，损失相当惨重。还有很多植被本来就需要牛羊吃，不然就自然死掉。比如黄蒿，今年牲畜不吃，明年就枯死。草原没有牲畜、没有人，还是不行。（牧民访谈，编号20170802）

为防范草原火灾，遏制外地人偷挖、盗采行为，维护草原生态平衡与社会稳定，地方政府的草原监管部门耗费了大量人力、物力和财力进行监察、治理。然而，清水区草原面积多达3600多平方公里，且连年干旱，火灾防控难度极大。另外，外地人进入草原偷挖、盗采行动灵活、分散，政府监管困难，相关法律条文对于惩治这种滥采滥挖、破坏草原的行为存在一定程度的缺失，致使执法人员抓到这些偷挖、盗采的外地人，也找不到明确的法律依据，通常只能没收其工具并施以一定的经济处罚。相关部门试图通过市场监管打击收购与贩卖野生蝎子和苁蓉的行为，但由于监管力量有限，问题仍然难以解决。

"人"和"畜"是复合性草原生态系统内的关键一环。在长期牧业实践中，牧民与牲畜、草原以及其他生物群落相依相存，实则形成了一种相互适应的关系。对于传统的游牧民，草原和依靠草原生长繁殖的牲畜是牧民生产生活的全部资产，失去草场、破坏草场就意味着对生产资料的破坏。牧民具有保护利用大自然的传统生态环境意识。例如,蒙古民族世代流传下来的不掘地、不轻易破坏植被、不污染水源、不乱砍树木、禁止在一处久驻、按季节有计划地狩猎等行为禁忌和本土生态知识。①

总之,牧民不仅是草原生态环境的利用者,同时也是草原生态环境的保护者,他们的存在对于草原生态系统的维护至关重要。在当下的环境政策实践中,如果一味强调牧民搬离牧区、定居城镇,不仅会造成牧区人、财、物的流失,也会带来牧民流动性的消解与牧区社会治理资源的消失,这在影响牧民生计与草原生态的同时,最终会影响到牧区城镇化的可持续发展。

四、牧区重建与流动性的再造

清水区牧区城镇化过程中出现的草原生态治理新问题提醒我们,牧区城镇化不是牧民的终结,也并非需要实现草原的"无人化"与"无畜化"。牧区发展与草原生态治理需要牧民的参与。实际上,在牧区城镇化发展过程中,因牧民外流导致的牧区治理空心化问题也日渐被认识到。在近些年的政策实践中,国家开始通过相应的制度设计来应对和解决这些问题。而如何在推动牧民可持续生计发展

---

① 参见贺其叶勒图:《蒙古民族游牧经济与传统生态环境意识》,《内蒙古大学学报》1998年第4期。

的基础上实现草原生态环境保护，是政策制定及其实践中的关键问题。清水区通过建立牧业合作社和发展草原生态旅游业推动牧区重建和草原生态治理的案例，值得我们深入分析和总结。

（一）牧业合作社经营与牧区重建

党的十八大报告明确提出"发展农民专业合作和股份合作，培育新型经营主体"，2013年中央一号文件进一步提出"鼓励和支持承包土地向专业大户、家庭农场、农民合作社流转，发展多种形式的适度规模经营"。在中央政府的政策支持下，清水区地方政府开始推动合作社建设。经过几年的探索，清水区牧业合作社经营已进入相对稳定的发展阶段。事实上，在牧区城镇化政策实施多年之后，地方政府也注意到了牧区社会治理与生态环境保护的新问题。对于牧业合作社建设，地方政府表现积极，并在资金、技术、政策等各方面提供支持。通过对清水区牧业合作社经营的实地调查，笔者发现，合作社在牧区劳动力和生产资源的整合以及社区治理能力的提升等方面发挥了重要作用。

基于游牧传统发展起来的合作精神一直是牧区文化的灵魂所在。如今在牧区放牧的主要是20世纪60年代前后出生的一批中年牧民。在实地调查中发现，这些牧民对于参与牧业合作社态度积极。除城镇就业不足的因素外，牧区人口减少、劳动力短缺造成的牧业经营困难也是牧民愿意参加合作社的一个主要原因。随着牧民搬迁，过去依赖家庭或大家庭合作的工作，如搭棚圈、接羔子、配种、剪羊毛等，现在都难以在家庭内部解决。如牧民所言,虽然在牧业经营需要密集人力时,那些生活在城镇的家庭成员也能够临时过来应急,或者可以雇人帮忙,但由于牧业经营的专业性,并非所有人都能胜任。

> 现在镇上能雇佣的人大多是从外省农区来的,要他们背西瓜、收玉米还行,牧业上的活他们还真干不了。上次我大儿子跑运输去了,我就找了几个外地人来给剪羊毛。他们手生,一剪刀下去,羊毛没有剪下来,倒把羊给戳伤了。再说,牧区偏远,外地人来干活价格还高,我们有的时候还真雇不起。(牧民访谈,编号20140730A)

由于劳动力短缺引发的牧业经营困难在人口转移后的牧区较为普遍。如今,随着合作社在牧区的推广,那些有过集体化时期合作互助经历的中年牧民开始自发探索牧区内部的合作经营之道。例如,清水区查汉村借助政府的项目支持,于2015年在牧区创办了牧业合作社。在畜牧业经营过程中,合作社成为牧民的组织平台,在合作社的协调下,牧民被重新组织起来。在牧业经营需要密集人力的时候,牧民相互之间分工合作,共同完成相应工作,有效解决了畜牧业经营劳动力不足的问题。为最大程度避免牧民"搭便车"的行为,增强牧民经营畜牧业的责任感,使其真正成为牧业生产的主体,合作社进行了相应的探索。例如,查汉村的牧业合作社让牧民自己出资解决棚圈、牲畜等,村委会主要负责提供场地、粉碎机、水电等基本设备条件，并制定相应的组织规范等。① 合作社根据牧民能力对其进行劳动调配，有的担任放牧员，有的负责舍饲育肥，有的专职饲草料种植，有的进行畜产品销售，实现了牧区劳动力的重新整合。

在清水区，牧业合作社经营还为草原产权重组与草场资源整合提供了新途径。自草场承包以来，牧民的牧业生计一直处于产权明晰化基础上以家庭为单位的小规模生产阶段，移动放牧和规模化发展都受到限制。而合作社经营实践鼓励牧民通过租赁的方式将草场流转到合作社进行统一规划利用。这不仅扩大了合作社的经营规模，而且恢复了移动和有弹性的牧业经营方式。例如，清水区的塔拉村合作社为合理利用草场，在合作社的组织、协调下，一些牧民拆掉自家草场上的围栏，将草场重新整合在一起，一定程度上恢复了跨界移动放牧。

根据对清水区 9 个牧业村的实地调查，截至 2017 年，清水区已经成立了近 20 家牧业合作社。虽然不同的合作社在合作内容和方式上并不完全相同，发挥的作用也存在差异，但牧民通过合作社在草场利用、畜牧饲养、畜产品销售、劳动力和生产资料利用等领域所进行的广泛合作，实现了畜牧业的产业化经营和传统牧业生计的转型，提高了牧区的组织化程度和自治能力。

---

① 查汉村牧业合作社社长告诉笔者，之所以不负责统一给牧民修建棚圈、提供牲畜，是因为从以往项目建设的经验发现，牧民参加项目不是为了发展牧业生计，而是为了得到项目修建的棚圈和牲畜。

（二）草原生态旅游业发展与牧区重建

清水区所属盟市生态旅游资源丰富。近年来，借助国家生态文明建设和推进绿色发展的政策契机，地方政府大力推动生态旅游业发展。① 清水区牧区拥有独具特色的蒙古族草原文化与自然生态资源。随着草原生态改善，金色的沙海、众多的湖泊、辽阔的草原与丰富的生物多样性为清水区发展草原生态旅游提供了有效支撑。在地方政府的引导和支持下，清水区草原生态旅游业获得快速发展。依托丰富的旅游资源，一些村成立了旅游专业合作社。如清水区的乌兰村210户牧民通过参股的方式全部加入了旅游专业合作社，依托合作社，在景区直接从事旅游项目经营的牧户达60%以上。

牧业合作社主要参与者大多为中年牧民，而草原生态旅游业则主要由年轻一代牧民经营。年轻牧民缺乏从事牧业的经验和技能，对于经营草原畜牧业意愿也低。在访谈中，一位牧民告诉笔者，30岁以下的年轻牧民基本都不在牧区，大部分在外打工，牧区没有大专学历以上的牧民。这意味着牧业生计、草原生态环境保护和牧业文化传承面临后继乏人的危机。但从访谈中可以看出，草原生态旅游业的发展不仅吸引了大量外来游客，也为年轻人创造了就业机会，对吸引青年牧民返回牧区起到了推动作用。

---

① 在近年的政策实践中，清水区所属盟市S盟将生态旅游业作为推动地方发展转型的重要方式。2017年，S盟进一步提出将全盟打造成为"国际知名旅游目的地和国家级全域旅游基地、国家级自驾游基地"的目标。

我在自己的草场上开出一片地，挖出一个大水坑，种点树、苜蓿什么的，弄了圈，养上羊。羊出的那些粪弄出来种点蔬菜，再散养点鸡。家后面还挖一口井，我把水泵架上，自己搞了喷灌，整个弄成了一个小型的牧家游，每年可以接待不少游客。现在我年纪也大了，快60岁了，干不动了。由于每年的收入还可以，我儿子已经从城里回来，开始接着干了。（牧民访谈，编号20170720A）

不管是政府主导的旅游景区建设，还是牧家游等家庭式生态旅游，都促进了传统牧民的生计转型。牧区草原生态旅游业的发展需要依托草原文化与生态资源，生态旅游业的兴起也激发了年轻牧民参与草原生态环境保护以及学习本土生态知识的热情。在清水区，年轻一代牧民开始采取一种欣赏、赞美的态度重新审视自己所属的传统文化。他们与父辈一样，参与到牧区建设进程中。

（三）牧区重建与牧民流动性再造

当前北方草原牧区将城镇化建设的大部分精力放在了推动牧民城镇定居与就业上。而牧民从牧区搬迁进城镇，不仅意味着居住空间、生计模式的转变，也意味着牧民从一种资源环境系统到另一种资源环境系统的转移。在这一过程中，牧民在长期生产生活实践中所形成的草场资源利用的知识系统、草原生态环境保护的本土知识等也随之转移。换言之，牧区人口结构的改变使得牧区社会治理的组织基础、草原生态环境保护的本土资源等发生了重大变化。从清水区的案例看，当前阶段，政府主导的牧区重建成为推动牧区新型城镇化和再造牧民流动性的制度资源。笔者认为，牧区城镇化进程中草原新生态问题治理的关键在于推动牧民重返牧区，以发挥他们在草原生态治理中的主体性作用。

北方草原生态退化及治理的实践经验表明，牧区发展绝不能再走"生态影响生计、生计破坏生态"的老路。不论是牧区人口数量还是牲畜数量，都需要以牧区环境承载力为基础，维持人草畜的平衡。因此，牧区重建不是简单地推动牧民大规模回归牧区或复旧传统牧业生计，而是在尊重、顺应草原生态系统的基础上，促进牧民生计转型与多元发展，引导牧民合理回流牧区，发挥其经济、社会、生态的功能。清水区通过建立牧业合作社和发展草原生态旅游业的方式，对城乡发展资源、治理资源和牧民互惠合作规范、文化传统等进行了整合和再造，不仅促进了畜牧产业化、合作化、专业化经营，同时也为牧民提供了更丰富的生计方式，实现了牧区社会的再组织与再创造。随着牧区重建的推进，牧区对牧民的吸引力增加，越来越多的牧民开始选择重返草原。

> 如今在牧区基本没有长期住着的人，大都像我一样，在牧区还养着点羊，这边一个家，那边一个家，来回两边跑。我们家养的羊少，一百多只，别人有两三百的。我们家还有一个大车，主要是往牧区和工地上送水。牧区的羊主要是我父母代养，我也经常往那边跑。

有时候在这边太累了，就跑到牧区住一两天，那边清静一点。（牧业合作社社长访谈，编号20170724A）

在清水区，以牧业合作社、草原生态旅游业等方式推动的牧区重建，为牧民提供了回流牧区的条件和动力，在交通、通信等现代技术的支持下，牧民在城镇与牧区间往返流动成为可能。如今，清水区牧民的生计模式基本为"定居在城镇，生产在牧区"，牧区、城镇两边都有家。牧民既可以选择在城镇就业、生活，也可以选择在牧区继续经营畜牧业，或两者兼顾。牧民借助摩托车、越野车、小轿车等现代化交通工具，在牧区与城镇之间往返流动，重新过起了流动的生活，以新的形式延续着游牧时代的流动传统。通过这一方式，牧民在享受现代城镇生活便利的同时，主动参与到牧区重建中。这一过程不仅使牧区逐渐恢复了生命力，牧区空心化现象得到缓解，也促进了牧区新型城镇化发展。

清水区案例给我们的启示是：不能将牧区城镇化简化为一种牧民城镇定居与城镇就业的简单形式。基于牧区与城镇统筹发展的视角及牧民的流动性实践，我们可以通过一定的组织方式、技术标准、制度建设，推动牧区从传统粗放型的牧业经济向现代集约型转化，发展出一种有利于牧民在"牧区—城镇"间往返流动的牧区新型城镇化。与以往游牧时代的流动不同，牧民在牧区与城镇间流动的方式具有更强的社会适应性和生存保障性。逐水草而居归根结底是从牲畜和自然出发的，主要强调的是牲畜在草场的（边界以内或者跨越边界）流动，目的是适应自然资源的不确定性，维持牲畜生长。在这一过程中，牧民的自主性要服从于牲畜的生存，牧民的流动是为了顺应牲畜流动的需要。而城镇化背景下牧民流动是以人的自主性为中心的。换言之，牧民在牧区与城镇间往返流动的城镇化是以牧民为核心的新型城镇化，符合"以人为本"的城镇化建设原则。

牧民与牧业文化是中华民族文化多样性的体现，推进牧区城镇化建设绝不能以牺牲牧民生计和牧业文明为代价。流动性的城镇化并没有使牧民传统的生计方式变得多余，相反，城镇生活的兴起反而为牧民提供了更多选择。城镇化背景下的牧区重建与牧民流动性的再造使得牧民获得了个人发展的自由、流动的自由和生计方式选择的自由。那么，牧民在牧区与城镇间往返流动的新型城镇化对草原治理的空心化与新生态问题的解决起到什么作用？在现代情境下，牧民的流动性是否仍然蕴含着草原生态治理的合理资源？

五、牧民流动性与草原生态治理

梳理 20 世纪 80 年代以来的一系列草原生态治理政策，可以发现，从草畜承包到牧区城镇化，国家日渐将生态治理的重点从减少草原载畜量转变为引导牧区人口的转移安置，草原生态治理特征也呈现出从对草场、牲畜等物的管理转变为对牧民人口的管理。在这一过程中，牧民主要以两种面貌出现：一是草原生态问题的制造者；二是草原生态治理的利益牺牲者，他们承担起草原生态破坏的责任，较少享受生态治理的效益。

笔者认为，游牧作为一种组织有序的集体行动，必须依靠牧民间的相互合作来抵御自然风险和应对长途迁移。在这一过程中，牧民形成了一种以流动性的合作为基础的社会组织方式，牧民关于草原生态治理的本土知识正是在这一社会组织方式的支撑下发挥着作用。[①] 牧民以流动性为基础建立起来的合作关系、组织方式、本土知识等，使他们可以在不平衡、不稳定的自然环境下维持牧业生计，确立社会秩序与集体认同，形成保护自然、互惠合作的集体规范，以维持草原生态环境与游牧生计间的平衡关系。

延续流动性的分析逻辑，本研究认为，在当前情境下，流动性是牧民面对生计方式与生活方式变迁作出的适应策略，流动不仅是简单的地理空间上的位移，更是牧民抵御各种风险、应对各种变化的有效方式。通过流动，牧民作为能动的主体，既参与到牧区城镇化进程中，又参与到牧区重建进程中。当前牧区治理的空心化与草原新生态问题产生的关键原因不在城镇化本身，而在于牧民的流动性在牧区城镇化过程中不断遭遇消解，导致牧民以流动性为基础形成的合作关系、组织方式、本土知识等难以发挥作用。

牧民流动性与国家治理相关联。一方面，牧民的流动性带来了国家治理的困难，成为斯科特笔下逃避国家统治

---

① 参见荀丽丽：《对草原本土生态知识的再认识》，韩念勇主编：《草原的逻辑——顺应与适度：游牧文明的未来价值》，第66—69页。

的艺术;① 另一方面,牧民的流动性也可以发展成为辅助国家治理的力量。牧区城镇化进程中草原新生态问题治理的实践经验表明,草原生态治理无法单纯依靠政府、市场等外在力量去实现,仍需要牧民之间的流动性合作。笔者引入牧民流动性概念,不仅将牧民作为草原生态环境保护的参与者和实践者,更重要的是强调把牧民在长期游牧经济中积累传承下来的那些仍有适用意义的组织方式、合作观念等重新整合进新时期的实践中。将牧民流动性实践因素与既有的国家、市场力量相结合,探寻草原生态治理的合理路径。在清水区,牧民在"牧区—城镇"间往返流动使得草原上重新出现牧民的身影,牧民重回牧区经营畜牧业起到了照看草场、防火减灾、监督和防止外地人破坏草原的作用。

外地人进入牧区草场具备极强的流动性,不易于监督管理。面对这一问题,清水区各村依托牧业合作社,成立了牧民联防小组,采取流动性合作的策略,灵活应对。联防小组3—4人一组,流动巡逻。遇到单独或人数不多的破坏草场的外地人后,会及时对其进行制止驱赶。遇到有组织的、人数众多的外地人,联防小组便会通过手机等通讯工具通知其他小组的牧民以及城镇的村干部、农牧局执法人员等,相关

---

① 参见詹姆士·斯科特:《逃避统治的艺术:东南亚高地的无政府主义历史》,王晓毅译,北京:三联书店,2016年,第5—7页。相关研究还涉及牧民如何依据复杂多变的社会情境,通过流动来应对地方政府管控的实践经验。例如,牧民通过改变放牧时间和放牧地点,如选择夜间放牧或将牲畜赶至相邻地界外省草场等流动放牧的方式,躲避地方监察人员。参见王晓毅:《互动中的社区管理——克什克腾旗皮房村民组民主协商草场管理的实验》,《开放时代》2009年第4期。

人员得到消息后能迅速组织起来,前往牧区共同驱赶、抓捕违法滥捕人员。在清水区调查期间,笔者多次见到居住在城镇上的查汉村书记接到联防小组报告,集合相关人员,半夜带着探照灯、绳索等工具驱车前往牧区抓捕偷捕人员。

> 外地人大多晚上趁着天黑,开着摩托车、面包车、农用车或小型货车,成群结队到牧区。抓蝎子必须得用紫光灯照,[①] 只要草场上有紫光灯,我们远远地就能看见,蓝光一片一片的,我们就联合去抓人。这个必须联合去,不然他们不怕,开着摩托车直接往我们身上撞。(村干部访谈,编号20170805B)

草原牧区是一个集社会、经济、生态等各方面为一体的复合体。草原生态问题引发牧民生计与牧区发展问题,成为推动牧民搬迁进城的关键因素,而草原新生态问题的解决需要拉动牧民回流牧区,发挥他们草原生态治理的资源和能力。而若要拉动牧民回流牧区,需要以牧民在牧区生计及发展问题的解决为前提。在清水区,城镇化背景下的牧区重建丰富了牧民生计、增加了牧民收益,为牧民流动性的再造提供了条件,进而为牧民保护草原生态环境提供了动力。面对屡禁不绝的外地人偷挖、盗采野生动植物的行为,牧民在地方政府、村干部的组织下,联合起来成立了以联防小组为主

[①] 据牧民介绍,蝎子的外壳在紫光灯照射下会发出蓝色的光,而蝎子又惧怕强光,遇到夜间紫光灯照射后便会蜷缩不动,极易抓获。

要形式的草原管理小型合作团体，利用熟悉地形的优势，多次配合政府部门抓捕破坏草场的外地人。牧民运用流动性的合作方式，建立起绿色屏障，共同抵御破坏草场的行为。同时，牧民在草场上经营畜牧业、流动巡逻，也起到草原火灾监测预警和维持边疆稳定的作用。

生态状况不仅是牧民迁移进城的推力，也是拉动牧民回流牧区的动力。而牧民能从生态治理中受益，共享生态环境保护的效益，对于发挥牧民在生态环境保护中的积极性至关重要。中国长期以来形成的定居化草原生态治理政策将牧民作为生态治理的对象，牧民无法从草原生态环境保护中受益。因相关政策实践未能充分认识和利用作为利益相关方的牧民所具备的生态治理意愿与能力，导致草原生态治理出现诸多问题。在清水区牧区新型城镇化与草原生态治理过程中，牧民既可以利用牧区城镇化这一草原生态治理政策加速实现自身城镇化，也可以利用牧业合作社等相关牧区发展政策维持、恢复和发展牧业生计。牧民通过在牧区与城镇间往返流动，共享政府主导的草原生态环境保护效益，既避免之前生态治理实践中出现的权益受损现象，也在城乡流动与城乡合作过程中，成为草原生态环境保护的参与者和实践者。

综上，牧区城镇化建设对草原生态治理提出了新挑战，同时也为草原生态治理提供了新思路。在城镇化过程中，我们要认识到牧民对于城镇化的真正需求，强调并激发牧民与基层组织在生态治理中的主动性和创造性。在清水区，牧区新型城镇化不仅推动了牧业人口向非牧产业转移，也促进了畜牧产业化经营，再造了牧民的流动性。流动性的再造使牧民对草原生态环境保护的主体性作用得以发挥。随着草原生态状况的改善，流动性的城镇化发展模式对草原生态环境与牧民发展的积极影响也逐渐被地方政府所认识。内蒙古清水区牧区城镇化与草原生态治理的案例表明，牧区城镇化并不意味着牧民要放弃牧业生计，而是在城乡统筹发展、城镇与牧区联动的经济社会架构中，再造并利用牧民的流动性，实现牧区、牧民以及牧业的现代化，进而促进牧业发展、牧民增收与牧区生态环境保护的共赢。

结论与讨论

从中国的草原到世界的草原，牧区开发与草原保护之间的矛盾与冲突广泛存在。有的地方在现代产权的框架下探索应对之策，有的地方则依靠国家的干预寻求问题的解决之道。内蒙古西部地区牧区城镇化与草原生态治理的实践经验表明，要全面了解当前草原生态治理所面临的挑战，不能忽视牧民的主体性地位，其中的关键在于通过牧民流动性的再造，促使牧民参与草原生态治理。

在长期牧业生产实践中，牧民认识到，流动的生产生活方式既繁荣了蒙古高原的牧业经济，也保护了牧民与牲畜免受草原退化的威胁。因此，牧民采取移动放牧的方式来维持人与自然之间关系的动态平衡。在很长一段时间里，地方政府主导的草原生态治理方式不仅没有充分认识到牧民流动性的重要性，相反，包括牧区城镇化在内的定居化政策在实践过程中不断限制或消解牧民的流动性，导致草原生态治理出现新问题。

与游牧通过畜群流动来实现草原生态环境保护类似，在牧区城镇化背景下，牧民在牧区与城镇间往返流动，成为推动草原生态治理的新路径。本文提出牧民流动性概念，强调牧区城镇化与草原生态治理需要认识并发挥牧民的流动性特点，传承和发展牧民的生态价值，重视和推进牧民在这一过程中的主体性地位。在当前大规模跨界游牧已无可能的时代背景下，无论是过去的生态移民，还是现在的牧区城镇化，草原生态治理的关键在于将问题的焦点从定居、限制牧民流动转移到促进牧民流动上，充分认识城乡统筹发展进程中牧民的流动性特征，进而发展出符合这种流动性特征的制度设计。

在新型城镇化进程中，通过体制机制创新和政策体系完善来促进城乡融合发展和资源要素双向流动，是实施乡村振兴战略的关键环节。在这一过程中，如何激发农牧民城乡双向流动的成长性和创造性，发挥农牧民在乡村振兴过程中的主体性作用，是乡村振兴的动力基础。在内蒙古清水区牧区城镇化的具体实践中，以牧业合作社、草原生态旅游业等新的组织方式和生计方式推动的牧区重建，使得牧民能够在牧区与城镇间往返流动，牧民在享受城镇多元生计与现代生活方式的同时，从事牧业生计和保护草原生态环境，推动牧区城镇化与草原生态治理的双赢，从而在产业、人才、文化、生态、组织等方面推动乡村全面振兴。

事实上，由于农村牧区基础设施建设和公共服务供给水平仍相对落后，在现有的制度框架和政策体系下，虽然国家在资金、政策等方面予以扶持，但大部分农村牧区在吸引外出务工农牧民回流参与乡村建设方面仍面临困境。这也正是当前乡村振兴所面临的重大挑战。在这一大背景下，作为生态屏障的中国北方草原地区，探索发挥牧民流动性特点的乡村振兴路径，成为化解草原生态保护与牧区发展的内在冲突的重要途径。

需要指出的是，本文作为个案研究，一方面可以对牧区城镇化背景下草原生态治理的过程和机制进行比较深入的阐释；另一方面，基于内蒙古清水区的个案研究所得出的结论和理论观点是否适用于其他牧区，尚需更多的经验研究验证。

（原载《中国社会科学》2020 年第 3 期）

《中国社会科学》2020 年度好文章获奖文章颁奖辞

《中国社会科学》2020 年度好文章之《范文澜与"汉民族形成问题争论"》（作者：张越，责任编辑：晁天义）

20 世纪 50 年代，我国马克思主义史学家们就汉民族形成问题展开热烈讨论，极大地深化了人们对中华民族共同体的认识。作为这场讨论的重要代表，范文澜以深厚的史学功力，依据充足的史料，对汉族形成的历史进行了清晰梳理，提出汉族在秦汉时已经开始形成为民族，中国未曾形成资产阶级民族。范文澜的观点引发了更大范围的讨论。该文以这场大讨论为背景，分析了范文澜所提出的观点，评析了其所发挥的重要作用，从中国马克思主义史学史的视角复原了这场学术争鸣事件的来龙去脉。文章对于弘扬中国马克思主义史学的优良传统，在新时代开展历史学学科基础理论及民族史实证研究，促进历史学学科体系建设，均具有积极的和重要的价值。

范文澜与"汉民族形成问题争论"

张 越

摘要："汉民族形成问题争论"是20世纪50年代中国马克思主义史学语境中的一个独特案例。范文澜《试论中国自秦汉时成为统一国家的原因》一文引发这一争论，但该文的最初目的并非与苏联学者叶菲莫夫展开论辩，而是旨在纠正旧版《中国通史简编》的"缺点和错误"。范文澜所说学习马克思主义要求"神似"而不是"貌似""历史的具体事实正是有和无的根据"，不仅是他在争论中所持的基本观点，更是他致力于纠正中国马克思主义史学中存在的教条主义问题时所提示的基本原则。范文澜慎重考察斯大林民族定义和苏联史家观点对解决中国历史问题的适用性，基于他对汉民族是在"独特的社会条件下形成的独特的民族"的历史认识。回顾"汉民族形成问题争论"始末，对当前的

---

* 本文为教育部人文社会科学重点研究基地重大项目"中国马克思主义史学的发展历程及重大问题研究"（19JJD770004）阶段性成果。

中国民族史等相关问题研究具有启发意义。

关键词：汉民族形成问题　范文澜　叶菲莫夫　中国马克思主义史学

作者张越，北京师范大学历史学院教授、史学理论与史学史研究中心研究员（北京　100875）。

1954—1956年间，作为史学界"五朵金花"[①]之一的"汉民族形成问题"形成讨论热潮。与其他几朵"金花"主要是以马克思主义社会经济形态理论论证中国历史发展阶段（古史分期）及相关问题（中国资本主义萌芽问题、封建土地所有制问题）不同，"汉民族形成问题"是以论证斯大林的民族理论并不适用（或不完全适用）于解释汉民族形成问题为出发点的。争论开始于范文澜在1954年发表的《试论中国自秦汉时成为统一国家的原因》，[②]这是因为在当时的学者看来，该文主要结论（"自秦汉起，汉族已经是一个相当稳定的人们的共同体"）既不符合斯大林关于民族是资本主义时代上升时期的产物的民族定义，更不同于苏联史家叶菲莫夫的"中国民族"是在19世纪与20世纪之间形成的观点。范文澜此文所引发的"汉民族形成问题争论"，从表

[①] 史学界的"五朵金花"通常是指向达提到的，并被翦伯赞在1957年"反右"运动批判向达时再次提到的中国马克思主义史学关于中国古代历史理论的五个重大问题：中国古史分期问题、中国封建土地所有制问题、中国资本主义萌芽问题、中国历史上的农民战争问题和汉民族形成问题。

[②] 范文澜：《试论中国自秦汉时成为统一国家的原因》，《历史研究》1954年第3期。

面上看是对汉民族形成于何时的不同看法的交锋，实际上则是怎样处理理论和中国历史实际间关系的问题，在更深层面还涉及研究与撰述中国历史（尤其是中国民族史）以及现实民族政策的制定、民族识别工作的展开等一系列重大问题。凡此种种，使得"汉民族形成问题争论"成为20世纪50年代中国马克思主义史学语境中的独特案例。

近几十年来，已有多位学者对这场争论作了回顾与研究，[①] 基本理清了争论中各种观点的依据、主张和话语诉求，明确了由这场争论所导致的对诸如民族、部族、部落等概念及理论的进一步辨析而对民族问题研究起到的推进作用，认识到这次争论与之后关于统一多民族国家的形成、中国历史上民族关系的主流、中国的主体民族等一系列民族史问题讨论间的内在关系。随着近年来更多相关史料的出现，更由于在全球化趋向影响下民族问题变得格外突出和敏感、国内外不同的中国民族史研究观点和研究模式不断涌现，有必要对六十余年前这场争论的来龙去脉、范文澜处理该问题的起因和态度，以及争论对于中国马克思主义史学的意义等问题再作深入探讨。

---

① 牙含章、孙青：《建国以来民族理论战线的一场论战——从汉民族形成问题谈起》，《民族研究》1979年第2期；《历史研究》编辑部编：《建国以来史学理论问题讨论举要》，济南：齐鲁书社，1983年；周朝民等编著：《中国史学四十年（1949—1989）》，南宁：广西人民出版社，1989年；王东平：《中华文明起源和民族问题的论辩》，南昌：百花洲文艺出版社，2004年；李振宏、刘克辉：《民族历史与现代观念——中国古代民族关系史研究》，开封：河南大学出版社，2010年；丁小丽：《一朵被挂起来的金花——20世纪50年代汉民族形成问题再论》，《黑龙江民族丛刊》2012年第3期；等等。

一、范文澜引发"汉民族形成问题争论"的起因

20世纪50年代初,通过学习和运用马克思主义理论以认识中国历史问题是知识界的热点。当时的《学习》《新建设》《新史学通讯》《历史教学》等杂志均开辟专栏,回答各级历史教师和历史爱好者在尝试运用唯物史观与中国历史实际相结合过程中遇到与提出的各种问题。其中用斯大林民族理论解释汉民族形成问题所出现的歧义,率先以此种形式表现出来。

在《学习》杂志1950年第2卷第1期和第12期上,先后有读者根据斯大林所说民族是"在资本主义上升时代的历史范畴"的观点询问汉民族是否是在近百年才形成的。[①] 问题提得一针见血、无法回避,因为按照在当时被奉若经典的斯大林民族理论,汉民族将被认为是近百年才形成的,这不仅仅是汉族在"这以前能不能称为民族"的问题,而且是有悖于作为中华民族主体的汉民族早在先秦时期即已逐渐形成、至秦汉时期已基本定型的历史事实和长期以来人们对此事实的历史认知,也有可能影响到新政权民族政策的制定和刚刚开始的民族

---

① 《学习》杂志1950年第2卷第1期刊有鲁中南区团校张志仁提出的问题:"斯大林说,民族是'在资本主义上升时代的历史范畴'。据此,是不是说汉民族是在近百年才形成的呢? 在这以前,能不能称为民族呢?"该刊在同年第12期又有王思翔提问:"斯大林在《马克思主义与民族问题》一书中论民族的特征时说:'只有一切特征通统具备时,才算是一个民族。'那么,中国今天能否说已经形成一个民族了呢?"

识别工作，其潜在影响则是对统一多民族国家的历史阐释发生质疑。这个问题由马克思主义史家刘桂五和荣孟源二人先后予以解答。刘、荣二人的回答内容大同小异：都是在肯定斯大林民族理论的前提下，找出例证来说明斯大林也曾将资本主义之前的民族称为民族，再结合共同语言、共同地域、共同经济生活和共同文化的"四个共同"定义，论证汉民族在秦汉统一后就已经形成了。值得一提的是，随后出版的《学习》杂志第3卷第1期发表了范文澜的《中华民族的发展》一文，概括性地介绍了包括汉族与"少数兄弟民族"的中华民族在历史上的发展与变化过程，文中的第二部分题为"汉族是怎样形成的"，其中明确指出："嬴政建立起统一的中央集权的以汉族为基干的民族国家，这又是一个有极大重要性的历史事件，这可以说是伟大中国和伟大中华民族形成的开始。"① 由范文澜撰文申明关于中华民族问题的观点，既说明对中华民族历史发展过程的阐释是中国马克思主义史学体系中的核心问题之一，② 也可看作是对之前《学习》杂志读者提出汉民族形成问题的又一次正面回应以及对刘桂五、荣孟源的回答的进一步强调。范文澜此文并未涉及斯大林的民族理论，只是正面论证"以汉族为基干的"中华民族形成于秦统一时期，但是从专门论及"汉族是怎样形成的"这一做法来看，说明他在那时就

---

① 范文澜：《中华民族的发展》，《学习》第3卷第1期，1950年10月。
② 该文文前有编者题记称："为了帮助读者学习中国革命问题，我们准备按照《中国革命与中国共产党》一书的系统，连续登载一些关于中国的历史、社会经济结构、各阶级的分析等实际知识的文章。"（范文澜：《中华民族的发展》，《学习》第3卷第1期，1950年10月）

已经充分意识到了这个问题的重要性。[1]

尽管如此，不同意见依然持续发酵。华岗的《中国民族解放运动史》（初版发行于1940年）在1951年出版了增订本第1卷，书中指出："经过殷代以至西周之长期的历史融铸，到春秋战国时代，大约皆已渐次同化，而这到秦汉时代，便以汉族之名，出现中国和世界。"[2]《新建设》杂志发表文章，不同意华岗的观点，作者依据斯大林的民族理论认为"中国的民族和民族解放运动，也形成和出现在外国资本主义的侵入使封建社会解体并刺激了中国资本主义成长的时期，即鸦片战争时代，而不能在它以前"。[3] 华岗著文回应说斯大林"并没有说在封建社会内就没有形成民族的可能"，并且强调斯大林的民族理论具体所指的是西欧民族，俄罗斯的情况就不一样，中国的情况也不一样，"真正的关键不在引用，而在怎样运用它来解决实际问题"。[4] 之后《新建设》再发表针对华岗的不同意见，作者根据斯大林的理论坚持"资本主义以前时期没有并且也不能有民族存在"，[5] 而华岗则认定"中国自秦汉以后，便已出现过中央集权，有了国内市场，有了经济、领土、语言、文化的共同性，所以也就出现了以汉族为

---

[1] 范文澜：《中华民族的发展》，《学习》第3卷第1期，1950年10月。
[2] 华岗：《中国民族解放运动史》第1卷，北京：三联书店，1951年，第59页。
[3] 陈郊：《关于〈中国民族解放运动史〉中一个基本问题的讨论》，《新建设》1952年1月号。
[4] 华岗：《答陈郊先生》，《新建设》1952年5月号。
[5] 陈郊：《再谈民族问题》，《新建设》1952年6月号。

主的中华民族"。①

从《学习》杂志上和风细雨式的一问一答，到《新建设》杂志上不同意见针锋相对的交锋，尽管涉及范围和人员有限，但是汉民族形成问题所存在的理论教条与中国历史实际的矛盾已经十分突出地表现出来，尤其是问题本身又与现实有着千丝万缕的联系，不同观点间的分歧难有调和余地。加之1954年初又有学者在《新建设》发表了"学习马克思主义关于民族共同体的理论"的学习札记，全面阐发斯大林的民族形成理论，进一步强调"四个共同""是构成民族的四个特征"和"在资本主义时期以前，民族是不可能产生和存在的"等要点，说明问题依然在酝酿当中，不过该文主要仅限于对斯大林民族理论的讨论，并未及于中国历史上的民族问题，因而没有引发争议。② 范文澜、华岗、荣孟源等资深马克思主义史学家已经明确表达了对这个问题的看法，再深入讨论下去，难免会把问题引向对斯大林民族定义的质疑和否定，因此继续讨论存在很大难度。然而1954年苏联史家叶菲莫夫文章的发表，客观上促使中国史家必须在这个问题上明确表态，汉民族形成问题由此引发激烈争论，遂绽放为新中国成立后十七年间中国史学界在重大历史理论问题进行争论的"五朵金花"之一。

时任列宁格勒大学副校长、苏联研究中国近代史专家格·叶菲莫夫，是新中国成立后第一位访华的苏联历史学家，在当

---

① 华岗：《再答陈郊先生》，《新建设》1952年6月号。
② 白寿彝：《学习马克思主义关于民族共同体的理论，改进我们的历史研究工作》，《新建设》1954年1月号。

时的中国史学界有一定知名度。1952年,叶菲莫夫曾在列宁格勒国立大学——日丹诺夫大学的一次会议上作了《论中国民族的形成》学术报告。① 同年11月9日,中国科学院邀请作为苏联文化工作者代表团成员来访的叶菲莫夫与中国学者举行座谈会,座谈会由范文澜主持,陶孟和、郑振铎、罗常培、翦伯赞、尹达、刘大年等40多人参加。叶菲莫夫在座谈会上就苏联历史研究工作的一般情况、苏联历史学家对中国历史和东方历史的研究情况、苏联科学工作者怎样进行集体研究、今后中苏两国历史学者如何加强联系等问题作了发言。② 1953年2—5月中国科学院代表团访问苏联期间,代表团成员刘大年等中国历史学家在列宁格勒大学与叶菲莫夫有过数次交流。③

1954年4月,由中央民族事务委员会参事室编辑出版的《民族问题译丛》④ 第2辑发表叶菲莫夫的文章《论中国民族的形成》,⑤ 文章核心观点是:"中国民族曾具有半殖民地国家资产阶级民族所固有的许多特点,它是在十九世纪与二十世纪之间形成的。"⑥ 叶菲莫夫的文章因其作者为权威苏联专家身

---

① 叶菲莫夫的《论中国民族的形成》发表于苏联杂志《历史问题》1953年第10期。参见周朝民等编著:《中国史学四十年(1949—1989)》,第68页。
② 王学典主编:《20世纪中国史学编年(1950—2000)》上册,北京:商务印书馆,2014年,第39页。
③ 刘大年:《一九五三年二至五月访苏日记》(3月31日),《刘大年全集》九《日记》(下),武汉:湖北人民出版社,2016年,第73—76页。
④ 该刊创刊于1954年1月,创刊号"编者的话"写道:"《民族问题译丛》编印的目的是供内部的研究与参考。内容全系苏联学者、专家的论著。"
⑤ 《民族问题译丛》编者在该文中注:"本文中的'中国民族'(《Китайская Нация》),有些地方实际上即指汉族。"
⑥ 叶菲莫夫:《论中国民族的形成》,《民族问题译丛》第2辑,1954年4月。

份，更由于此文观点看似是依照在当时不容置疑的斯大林民族理论和民族定义论证得出，如果任其观点传布开来，那么对中华民族发展历史的解释可能产生的消极后果必然十分严重，这就迫使中国史家必须站出来明确、公开表明自己的态度和观点。

从资历、威望、地位、影响等多方面因素看，范文澜或许是挺身而出的最合适人选。距叶菲莫夫文章在《民族问题译丛》发表仅仅时隔一个多月，《历史研究》1954年第3期就刊出范文澜那篇著名的《试论中国自秦汉时成为统一国家的原因》，明确了汉民族形成于秦汉时期的观点，引发中国史学界的激烈争论。

一般认为，范文澜此文是针对叶菲莫夫文章而撰写发表的，事实上并非全然如此。[1] 范文澜在1952年开始重新编写中国通史。[2]"中华人民共和国建国后，范文澜获得较好的工作条件，得以广泛利用延安时期不能见到的图书资料和前人研究成果，重新编写中国通史。""出版时虽曾题为《中国通史简编（修订本）》，但并非延安本《中国通史简编》的简单

---

[1] 如林征《关于汉民族形成问题的讨论》一文说："苏联历史学家格·叶菲莫夫在'历史问题'一九五三年第十期发表的'论中国民族的形成'一文，引起了中国史学工作者极大的兴趣。'历史研究'一九五四年第三期发表了范文澜'试论中国自秦汉时成为统一国家的原因'一文，对汉民族形成的问题作了全面的考察和说明。"（历史研究编辑部编：《汉民族形成问题讨论集》，北京：三联书店，1957年，第255—256页）

[2] 《范文澜年表》，《范文澜全集》第10卷，石家庄：河北教育出版社，2002年，第521页。

的修订，而是重新编写的另一部中国通史。"① 范文澜为这部重新编写的中国通史所写的"绪言"——《关于中国历史上的一些问题》，已确定先期全文发表在《中国科学院历史研究所第三所集刊》第1集（1954年7月出刊）中。② 这篇长达4万字左右的"绪言"，目的在于纠正"旧本《中国通史简编》"的"缺点和错误"，包括范文澜对延安本《中国通史简编》中存在问题的自我批评（非历史主义的观点和叙述方法上的不足等）和"增加了一些新的观点"，③ 其中以阐述古史分期中的"西周封建论"和汉民族形成问题等内容为重中之重。范文澜看到叶菲莫夫文章后，将此"绪言"中的第七部分"自秦汉起中国成为统一国家的原因"做了个别的文字调整，并增设"中央集权国家即统一国家成立的问题""自秦汉时起，汉族是否已经形成为民族的问题"两个二级标题后以《试论中国自秦汉时成为统一国家的原因》为题给《历史研究》，文章比《中国科学院历史研究所第三所集刊》第1集提前一个月在《历史研究》（1954年6月出刊）发表。

---

① 蔡美彪：《中国通史简编·前言》，范文澜：《中国通史简编》（上），石家庄：河北教育出版社，2000年，第8页。
② 《中国通史简编（修订本）》第1编1953年由人民出版社出版时，尚无此"绪言"。（《中国通史简编（修订本）》第1编初版时间为1949年9月，1953年出第2版）"为进一步申述书中涉及的一些问题"，范文澜撰写该"绪言"，并收入该书1955年出版的《中国通史简编（修订本）》第1编第3版。参见中国社会科学院近代史研究所编：《范文澜历史论文选集》，北京：中国社会科学出版社，1979年，第17页注。
③ 范文澜：《关于中国历史上的一些问题》，《中国科学院历史研究所第三所集刊》第1集，1954年，第1、4页。

这里交代《试论中国自秦汉时成为统一国家的原因》一文撰写、刊发的经过是想说明：第一，该文并非单独为文，是范文澜之前为重新编写的中国通史所写的"绪言"中的一个部分即"自秦汉起中国成为统一国家的原因"，而早在1950年10月发表的《中华民族的发展》一文中，他即已专门阐述了"汉族是怎样形成的"这一问题，在新政权建立之后重新看待中国历史上的基本问题，历史上的民族问题作为具有学术和政治双重意义的重要问题成为范文澜重点讨论的对象势所必然。换言之，即使没有叶菲莫夫文章在中国发表，包括力主汉民族形成于秦汉时期观点的《关于中国历史上的一些问题》一文也会很快在《中国科学院历史研究所第三所集刊》第1集中发表，并作为《中国通史简编（修订本）》（第1编）第3版的"绪言"在一年后出版。第二，从叶文发表时间推测，范文澜撰写"自秦汉起中国成为统一国家的原因"这部分时，并未读到叶菲莫夫的文章（考虑到叶菲莫夫1952年来访时曾与中国学者进行学术交流，范文澜或已多少了解到一些叶菲莫夫及相关苏联学者所持汉民族形成观点并在撰写"绪言"相关部分时有一定针对性），但是他已经认识到用斯大林的民族理论解释汉民族形成问题与中国史家既有认知间的矛盾，看到简单套用斯大林民族理论解释汉民族形成问题时已经出现的偏差。范文澜在撰写《中国通史简编（修订本）》"绪言"时，改变了此前撰写《中华民族的发展》时那样并未涉及斯大林民族理论和民族定义的做法，而是直接从斯大林的民族定义中进一步论证汉民族形成于秦汉时期的结论。第三，叶菲莫夫的文章并非是促使范文澜在《历史研究》发文的唯一原因，充其量只是个导火索。在看到《民族问题译丛》第2辑发表叶菲莫夫文章后，范文澜敏锐地意识到问题的严重性，随即节选出先前已经写就的"绪言"中第七部分，有针对性地交由受众更广、更具权威性的《历史研究》发表，从而引发关于汉民族形成问题的讨论。

范文澜的文章发表后迅即引发争论，不同意范文澜观点的意见不出意料地占大多数。即使在范文澜使用斯大林"四个共同"定义有效论证汉民族形成于秦汉时期完全能够说得通的情况下，叶菲莫夫的汉民族形成于近代的观点依然能够得到大多数中国学者的响应，实在是由当时特定的历史情状造成的。对于众多不同意见，范文澜没有直接回应，而是在1955年《中国通史简编（修订本）》第1编再版时，将包含《试论中国自秦汉时成为统一国家的原因》的"绪言"收入书中，这也表示他对自己的观点没有丝毫改变。刊载叶菲莫夫文章的《民族问题译丛》则在其第3辑（1954年8月出版）全文转载了范文澜《试论中国自秦汉时成为统一国家的原因》一文。中国科学院历史研究所第三所（即近代史所）在同年11月专门为此举办了一次学术讨论会，"讨论范文澜所长在'历史研究'一九五四年第三期上发表的'试论中国自秦汉时成为统一国家的原因'的论文"。[①] 三联书店

[①] 蔡美彪：《汉民族形成的问题——记中国科学院历史研究所第三所的讨论》，《科学通报》1955年第2期；又见历史研究编辑部编：《汉民族形成问题讨论集》，第39页。

1957年5月将部分讨论文章结集出版（即《汉民族形成问题讨论集》），所收第一篇文章就是范文澜此文。作为"五朵金花"之一的汉民族形成问题讨论，尽管在当时并未形成统一认识，"这场论战进行了将近三年的时候，作为一个悬案而挂起来了"，[1] 也被后人称为"一朵被挂起来的金花"，[2] 但是上述举措说明汉民族形成问题讨论在各方面引起的高度重视。

二、貌似与神似：汉民族形成问题争论的示范性意义

1951年，范文澜在《新建设》杂志发表《关于〈中国通史简编〉》[3] 一文，对写成于延安时期、被后人誉为"20世纪马克思主义中国通史最著名的代表作"[4] 的《中国通史简编》作了"自我检讨"。文中重点想要表达的是：由于理论修养不够、材料不足、撰写时间仓促等原因，《中国通史简编》"写的不好"，对书中的"片面的'反封建'和'借古说今'所造成的非历史观点的错误""因'借古说今'而

---

[1] 牙含章、孙青：《建国以来民族理论战线的一场论战——从汉民族形成问题谈起》，《民族研究》1979年第2期。

[2] 丁小丽：《一朵被挂起来的金花——20世纪50年代汉民族形成问题再论》，《黑龙江民族丛刊》2012年第3期。

[3] 范文澜：《关于〈中国通史简编〉》，《新建设》第4卷第2期，1951年5月。此文系由范文澜在中宣部机关所作演讲的演讲稿修改而成，文章主要部分被写入《中国通史简编（修订本）》"绪言"（即《关于中国历史上的一些问题》）中。

[4] 蒋大椿：《20世纪中国马克思主义史学》，罗志田主编：《20世纪的中国：学术与社会·史学卷》（上），济南：山东人民出版社，2000年，第170页。

损害了实事求是的历史观点"以及"缺乏分析""头绪紊乱"的叙述方法等不足作了专门讨论,他甚至措辞严厉地直言这部通史"不久就可以丢掉"。① 以《中国通史简编》在中国马克思主义史学中的地位而言,这些"自我检讨"的指归实际上已超出《中国通史简编》本身,反映出范文澜对中国马克思主义史学整体发展的学术期许以及对马克思主义史学中存在的问题的反思态度。

1957年3月,范文澜应翦伯赞之邀在北京大学历史系作题为"历史研究中的几个问题"的学术演讲,核心内容是指出马克思主义史学研究中存在的主要问题是教条主义,"把自己限制在某种抽象的公式里面,把某些抽象的公式不问时间、地点和条件,千篇一律地加以应用。这是伪马克思主义,是教条主义"。他在演讲中提出著名的"'神似''貌似'说":

> 学习马克思主义要求神似,最要不得的是貌似。学习理论是要学习马克思主义处理问题的立场、观点和方法。学了之后,要作为自己行动的指南,把马克思主义理论和实践联系起来,也就是把普遍真理和当前的具体问题密切结合,获得正确的解决。问题的发生新变无穷,解决它们的办法也新变无穷,这才是活生生的富有

---

① 范文澜:《关于〈中国通史简编〉》,《新建设》第4卷第2期,1951年5月。

生命力的马克思主义，这才是学习马克思主义得其神似。①

如果将上述对《中国通史简编》的"自我检讨"与此次北大演讲作对比，可以看出几年间范文澜反思马克思主义史学研究中存在问题的深入过程；如果联系到发生在两者之间的汉民族形成问题争论，以及范文澜在这场争论中所持的观点与态度，更可以理解他在这次演讲中所说的话的分量："各自的条件不同，苏联是那样结合的，是创造性地发展了马克思主义。中国是这样结合的，也是创造性地发展了马克思主义。中国、苏联，做法不同，其揆一也，妙处就在这个其揆一也。""只有反对教条主义，才能学会马克思列宁主义。不破不立，只有破，才能立。"② 为了破除马克思主义史学中的教条主义，在"新变无穷"的各种情况下寻求解决问题的方法，范文澜适时抓住了汉民族形成问题表达自己与众不同的观点，此举除了证明汉民族形成于秦汉时期外，其背后还有"把普遍真理和当前的具体问题密切结合"以达到"学习马克思主义得其神似"的深层意图。

叶菲莫夫套用斯大林民族理论，在其文章开头即写明："在列宁和斯大林关于民族问题的作品中指出：民族是在一定的时代中，在资本主义上升时代中所形成的一个历史的范

---

① 范文澜：《历史研究中的几个问题——北京大学"历史问题讲座"第一讲》，《北京大学学报》1957年第2期。
② 范文澜：《历史研究中的几个问题——北京大学"历史问题讲座"第一讲》，《北京大学学报》1957年第2期。

畴。"由此论证汉民族形成于"十九世纪与二十世纪之间"。① 由于此前已有人因斯大林民族理论而质疑汉民族形成问题，虽有荣孟源、刘桂五、华岗等人加以澄清，但问题依然悬而未决，叶菲莫夫文章在中国的发表将会给这些质疑提供有力支持，这无论在学术上还是政治上都会产生负面后果，范文澜立即表示对此"要说些话"。在他给刘大年的信中说："大年同志：这篇稿子（即《试论中国自秦汉时成为统一国家的原因》——引者注）我想在《历史研究》上发表一下……看到叶文，我也要说些话。看《历史研究》登是否可以。"②《试论中国自秦汉时成为统一国家的原因》在简要叙述汉族自秦始皇统一后就已成为"一个相当稳定的人们的共同体"的中国历史发展大势后，随即提到斯大林的"在资本主义以前的时期是没有而且也不能有民族的"观点，说明"依据这个原理来看欧洲的历史，毫无疑问是这样的。因为有了资本主义，某个民族历来彼此隔绝的各个部分才能够联结起来成为一个民族整体"，而中国历史早在秦汉时期就已形成统一国家、形成汉民族整体。要讲清楚这个问题，就必须面对斯大林的民族定义。斯大林说："世界上有各种不同的民族。有一些民族是在资本主义上升时代发展起来的，当时资产阶级打破封建主义和封建割据局面而把民族集合为一体并使它凝固起来了。这就是所谓'现代'

---

① 叶菲莫夫：《论中国民族的形成》，《民族问题译丛》第 2 辑，1954 年 4 月。
② 《范文澜来函》，《刘大年全集》十一《书信》（下），第 58 页。范文澜致刘大年此函的时间，该书标为 1955 年，有误，应为 1954 年。

民族。"① 叶菲莫夫据此认定汉民族形成于19世纪和20世纪之间中国封建制度消灭与资本主义形成发展时期。范文澜则指出：汉民族自秦汉形成后当然不是"资产阶级民族"，鸦片战争后，中国的民族资本主义仍然没有成为社会经济的主要形式，"因此在中国近代史上资产阶级并不是民族的纽带。也就是说汉民族有它自己的发展过程，并不因为有了资本主义和资产阶级才开始成为民族"。② 此处的表述非常清楚，即不认同时人理解的斯大林所谓民族是资本主义上升时期发展起来的观点，因为汉民族在封建社会时期早已形成；否定叶菲莫夫所谓"中国民族"形成于近代的结论，认为汉民族有自己的发展过程，汉民族形成于秦汉时期。

不消说，汉民族形成问题之所以出现争议，其症结即在于套用斯大林民族理论论定汉民族的形成时期。从学理层面破除马克思主义史学中的教条主义，把汉民族形成问题作为"不破不立，只有破，才能立"的具体案例和"学习马克思主义得其神似"的示范，如上所述，范文澜发表此文的深

---

① 斯大林：《民族问题和列宁主义》（1929年），《斯大林全集》第11卷，北京：人民出版社，1955年，第288页。在20世纪50年代，人们普遍把斯大林所说的、形成于资本主义形成和上升时代的"'现代'民族"认定为一般意义上的"民族"，这也是时人据此民族定义而认为汉民族形成于近代的一个原因。到了60年代，中国科学院民族研究所的学者经研究发现，在列宁和斯大林的后期著作中，使用Нация和Народность这两个民族概念时，有着明确的特定含义，前者只代表现代民族，后者则代表资本主义以前的民族。（参见牙含章：《民族问题与宗教问题》，北京：中国社会科学出版社、成都：四川民族出版社，1984年，第9—10页）如此理解斯大林民族定义中Народность的含义，便可以否定汉民族形成于近代的观点。不过，"民族理论问题研究，应该对民族的实际、民族的历史负责，而不应该是对某个人、某种理论负责，这才是问题的根本"。（李振宏：《新中国成立60年来的民族定义研究》，《民族研究》2009年第5期）

② 范文澜：《试论中国自秦汉时成为统一国家的原因》，《历史研究》1954年第3期。

刻用意当不仅在于申论汉民族形成于秦汉时期以否定叶菲莫夫的观点。事实上，范文中并未提及叶菲莫夫其人其文，因为叶文的观点同样来自斯大林的民族定义，而持与叶相似观点的中国学者亦大有人在，他们的观点依据也来自权威理论。因此，问题的关键在于如何认识理论、运用理论，特别是当理论与事实间发生冲突时，究竟应该以理论解释事实，还是以事实推翻或修正理论，历史观点的根据来自理论还是事实？范文澜给出明确回答：

> 归根说来，汉族在秦汉时已经开始形成为民族……中国近代史证明不曾形成过资产阶级民族，似不应以无为有。中国古代史证明汉族在独特的条件下早就形成为民族，似不应以有为无。历史的具体事实正是有和无的根据。①

"历史的具体事实正是有和无的根据"，可以看作范文澜在1949年后纠正中国马克思主义史学中的教条主义所提示的基本原则。历史研究不能因适应理论而置事实于"以无为有"或"以有为无"，"有"和"无"必须来自事实而不是来自权威。蔡美彪说："此说的提出，突破了斯大林民族学说的基本理论，在当时是需要很大的勇气的。也正由于此，此说一出，批驳之论即接踵而来，但范老仍处之泰然，因为他自信其说

---

① 范文澜：《试论中国自秦汉时成为统一国家的原因》，《历史研究》1954年第3期。

基于中国历史的实际，并与汉民族的实际状况相符合。"① 范文澜对汉民族形成问题的发声与论证，即有效阐释了"历史的具体事实正是有和无的根据"的原则，也成为之后他所说的学习理论要"神似"而不能"貌似"的生动实例。

范文澜在1949年以后重写中国通史、强调反对教条主义、要求学习马克思主义要"神似"，与中国马克思主义史学居主导地位后的学术语境发生重大变化有关，特别是涉及诸如历史上的民族与民族关系、统一与分裂、中国历史发展特点与发展阶段、近代以来列强对中国主权与领土的侵掠等学术与政治密切相关的重大历史问题或历史事件，研究问题的学术视角是建立健全中国马克思主义史学的学术体系，现实视角不仅未因学术视角的强化而有所削弱，在一些关键性问题上反而更为突出，类似历史上的民族问题等则可能上升到维护国家利益的层面。② 刘桂五回忆说："50年代初，高级党校

---

① 蔡美彪：《实与冷——对范文澜治学精神的两点体会》，《学林旧事》，北京：中华书局，2012年，第210页。

② 据刘大年1956年5月5日的日记："下午陆定一同志召集近代史问题会议……谈话前，许立群先提到南斯拉夫大使对少奇同志谈话，要中国历史家不要受苏联史学家的影响……叶菲莫夫《中国近代史》两书均须注意。陆讲到范的汉民族形成文甚好。听说反对者多，是由于斯大林的教条。"《刘大年全集》八《日记》（上），第150页。随着国家民族识别工作的展开，使用斯大林"四个共同"原则在民族识别工作中遇到的问题不断增多，1956年8月10日，《人民日报》发表费孝通、林耀华合写的《关于少数民族民族别问题的研究》一文，提出如何摆脱斯大林民族定义干扰的问题。1957年3月25日，周恩来在政协会议关于建立广西壮族自治区问题座谈会上作总结发言时说："在我国，不能死套斯大林提出的民族定义。那个定义指的是资本主义上升时代的民族，不能用它解释前资本主义时代各个社会阶段中发生的有关的复杂问题。"（《民族区域自治有利于民族团结和共同进步》，《周恩来统一战线文选》，北京：人民出版社，1984年，第339页）这从另一个方面为范文澜的汉民族形成问题观点和汉民族形成问题的讨论作出了阐释。

聘请一位名叫尼基菲罗夫的苏联教授,他来见范老,说要翻译范老的《中国近代史》,但要范老删去沙俄侵占黑龙江以北乌苏里江以东土地的部分,范老当面辨明:我们有充分的材料证明是沙俄侵占,绝不删改!"① 范文澜《中国近代史》1949 年修订版中的第 4 章"第二次鸦片战争·绪言"部分记载沙俄侵占中国领土部分时写道:"第二次鸦片战争时,它(沙俄——引者注)夺取黑龙江以北的领土及东三省黑龙江南岸的大部分土地,还装做公正保护者,充当《北京条约》的中间人,勒索满清的酬谢。"② 但是,查 1955 年 9 月出版的第 9 版范著《中国近代史》的此处记载,已经变为:沙俄"在第二次鸦片战争时,装做公正保护者,充当《北京条约》的中间人,勒索满清的酬谢",③ 即删除了沙俄"夺取黑龙江以北的领土及东三省黑龙江南岸的大部分土地"的关键字句,并且在书前的"九版说明"中言及"书中所举的某些外国的残暴、诡诈等,都是指的那些国家的统治阶级侵略者,与各国爱好和平民主的人民无涉"。④ 著者虽然"有充分的材料证明是沙俄侵占"中国大片领土而表示"绝不删改",但迫于各种压力仍然对新版《中国近代

---

① 刘桂五:《缅怀范老》,《近代史研究》1990 年第 6 期。
② 范文澜:《中国近代史》第 1 分册,上海:生活·读书·新知上海联合发行所,1949 年,第 181 页。按,范文澜在其《中国近代史》"九版说明"中提及该书于"一九四九年五月,华北大学历史研究室诸同志又校订了一次"(《中国近代史》上册,北京:人民出版社,1955 年,"九版说明",第 2 页),1949 年版该书当为此次校订后出版。
③ 范文澜:《中国近代史》上册,第 171—172 页。
④ 范文澜:《中国近代史》上册,"九版说明",第 1 页。

史》的相关记载有所删除,还要在"说明"中有所"表示"。① 类似事例同样是影响范文澜学术观点的潜在因素。

反观因《试论中国自秦汉时成为统一国家的原因》发表所引发的不同意见,多数人不仅不能接受范文澜的见解,而且在激烈批评范文的同时竭力维护那些脱离中国历史实际的或者是尚未完全理解清楚的权威观点。如有人说:"根据斯大林关于民族问题的原理,就必然得出结论说,中国近代社会汉族形成民族的过程是肯定存在的","苏联叶菲莫夫同志对中国汉族形成为民族的论点,是比较科学的"。② 类似说法在汉民族形成问题讨论中屡见不鲜,可见斯大林民族定义在当时人们心中的影响力。对于这些观点,范文澜虽未再撰文回应,但是他早已在《关于中国历史上的一些问题》中这样写道:"中国通史则需要中国史学工作者自己努力。"③ 此话已充分表达出不能过分迷信外国学者之意。在与苏联等国外历史学者的交流接触中,范文澜作为资深中国马克思主义历史学家当会比他人更为切实地意识到,中国历史撰述与对中国历史问题的解释,话语权必须掌握在中国史家自己手中。1955 年汉民族形成问题讨论最热烈的阶段,

---

① 据刘大年写的《范文澜历史论文选集·序》:"《中国近代史》出版了俄译本,但上面那些沙俄凶恶侵略中国的重要段落被任意抹掉了。"(中国社会科学院近代史研究所编:《范文澜历史论文选集》,第 8 页)

② 官显:《评"独特的民族"论》,历史研究编辑部编:《汉民族形成问题讨论集》,第 70 页。

③ 范文澜:《关于中国历史上的一些问题》,《中国科学院历史研究所第三所集刊》第 1 集,1954 年,第 45 页。这里还写道:"苏联史学家已经做得很好,给中国史学工作者在这一方面减轻了很大的负担。中国史学工作者必须感谢他们(这不是说中国史学工作者不需要再行研究)。"

范文澜在给蔡美彪的一封信中说："我从前对苏联史学工作者过高地看待了。"① 这句话说得耐人寻味，可以看出经过汉民族形成问题的讨论，他比以往任何时候都更深刻地感受到反对教条主义和"不破不立"在中国马克思主义史学研究中的必要性和迫切性，这也是他在汉民族形成问题中挑战苏联专家和权威理论且"处之泰然"的一个原因。

叶菲莫夫文章发表之前，范文澜已经在其先期撰写的修订本《中国通史简编》的"绪论"中全面论证了汉民族形成于秦汉时期的观点，这可以视为是他自那时起就已经开始致力于纠正中国马克思主义史学中存在的教条主义问题的举措之一。叶菲莫夫文章在中国的发表以及范文澜针对该文发表了《试论中国自秦汉时成为统一国家的原因》导致汉民族形成问题形成争论，有一定的偶然性（设若叶文没有在中国发表，范文澜可能也不会专文发表在《历史研究》，大范围争论或许不会发生）；范文澜通过对若干中国历史上具体问题的阐述，以破除历史研究中存在的教条主义，在1949年之后中国马克思主义史学的发展进程中则有其必然性。从这个意义上说，我们似不应仅停留在汉民族形成问题争论本身来解读这场争论，还应该认识到在这场争论的背后

---

① 蔡美彪：《学林旧事》，第40页附"范文澜手柬（1955年）"。该"手柬"云："蔡美彪同志：我改了一段话，你看如何。如有意见，请告诉我。如不是有大的出入，就请把你的意见改上去就成。此稿请转人民出版社，不知是否赶得上。我从前对苏联史学工作者过高地看待了。可愧！"由此内容可以推测，"手柬"中所提到的"转交人民出版社"的稿子，应当就是该社1955年出版的《中国通史简编（修订本）》第1编第3版中增加上去的该书"绪言"（即《关于中国历史上的一些问题》）。

范文澜力图纠正以往中国马克思主义史学中存在的问题、加强中国马克思主义史学学术建设的深刻用意。对于中国史学而言，不论在何种语境下，范文澜所说的"历史的具体事实正是有和无的根据"至今依然具有深刻的启发意义。

三、一般与独特："历史的具体事实正是有和无的根据"

"汉族"这个共同体的久已存在，是无人否认的历史事实。然而对一个民族共同体的定性分析则需要在历史书写的理论层面予以解决，所面对的不仅是"汉族"这个单独的研究对象，原则上要梳理清楚古今中外各种类型的民族共同体，从而得出判断的标准，再结合某个民族的具体情况加以阐释，这就构成了史实、材料、理论与现实间的矛盾集合体。对包括汉民族形成在内的中国历史上的民族问题的阐释，一直就是极其复杂的历史问题。

至民国时期，"中华民族"的称谓渐成共识。[①] 中国民族史的研究受到学者重视，数部中国民族史专著相继问世，各种中国通史也非常重视对汉族及各少数民族的形成、发展历史的阐述。其中，有关汉民族形成问题，更集中于讨论"汉族"名称起源（如华族、商族、华夏族等）以及以汉族为主体包括其他少数民族在内的中华民族在历史上融合、交

---

① 参见黄兴涛：《重塑中华：近代中国"中华民族"观念研究》，北京：北京师范大学出版社，2017年。

往以及矛盾冲突的过程，汉民族形成于何时的问题显得并不十分突出。

以民国时期三部最知名的中国民族史著述而言，王桐龄《中国民族史》认为"太古至唐虞三代"是汉族的"胚胎时代"，春秋战国时期是汉族的"蜕化时代"，秦汉时期是汉族的"休养时代"。① 吕思勉《中国民族史》"总论"部分介绍"汉族"时认为："其奄有中国本部，盖定于秦、汉平南越开西南夷之日。自此以后，其盛衰之迹，即普通中国历史，人人知之。"② 林惠祥《中国民族史》指出："因汉代年祚之久兵力之强与他族接触之繁，故汉之朝代名遂兼用为种族名，于是华夏之名遂再变。自此以后汉虽灭亡，然汉族之名称历代不改沿用至今。"③ 尽管论证的依据、方式各有特点，但是将汉民族的形成视为一个漫长发展过程、到秦汉时期基本确定这一认识是大致相同的。在中国通史撰述中，夏曾佑《中国古代史》认为秦汉时期"汉族遂独立于地球之上，而巍然称大国"。④ 张荫麟《中国史纲》讨论的是"周代诸夏与外族"，书中认为汉族是经过夏商周三代"参伍综错的同化作用缚结成一大民族，他们对于异族自觉为一整体，自称为'诸夏'，有时也被称并自称为'华'。'中华民国'的'华'字就起源于此"。⑤ 钱穆《国史大纲》侧重论

---

① 王桐龄：《中国民族史》，北平：文化学社，1934年，第3—4页。
② 吕思勉：《中国民族史》，上海：世界书局，1934年，第1页。
③ 林惠祥：《中国民族史》（上），上海：商务印书馆，1937年，第27页。
④ 夏曾佑：《中国古代史》，石家庄：河北教育出版社，2000年，第245页。
⑤ 张荫麟：《中国史纲》上册，重庆：青年书店，1941年，第26页。

述华夏文化的发祥和演进,认为自从有了中国历史便有了汉民族,虽秦统一后"为中国民族之抟成",[①] 但是其形成时间并不是问题,其形成过程才是需要阐明的。缪凤林《中国通史纲要》述及上古三代民族形成与变迁时谓之"夏族之扩张",[②] 而作者在 11 年之后出版的《中国通史要略》中已改称"汉族之扩张",他说:"国史主人,今号中华民族,其构成之分子,最大者世称汉族。""中国史者,即汉族与诸族相竞争而相融合为一个中华民族之历史也。""汉族之扩张"自黄帝始。[③] 总的来看,从"夏族"到"汉族"的变化,反映的是"汉族"和"中华民族"在称谓上的进一步明确。汉民族在当时被较为普遍地认为形成于上古至周秦之际,到秦汉时期便已基本定型。

大约在同一个时期,中国的马克思主义学者在民族问题上的阐释另有特点。1929 年,中共早期理论家李达撰写的《民族问题》[④] 出版,作者表示该书"都是根据一般大实践者的指导原理写下来的,我自己并没有参加什么意见"。书中转述"大实践者"(即斯大林)的民族定义:"所谓民族,是历史所形成的常住的人们共同体,并且是因共同的言语,共同的居住地域,共同的经济生活,及表现于文化的共同心理而结合的人们共同体。"他并将民族问题置于"资产阶

[①] 钱穆:《国史大纲》,北京:商务印书馆,1991 年,第 116 页。
[②] 缪凤林:《中国通史纲要》第 1 册,南京:钟山书局,1932 年,第 45 页。
[③] 缪凤林:《中国通史要略》,重庆:国立编译馆,1943 年,第 1、2 页。
[④] 1929 年 4 月,李达撰写的《社会之基础知识》出版,随后他又将该书的第 4 篇《民族问题》作了扩充,以《民族问题》为书名单独成书出版。

级""帝国主义""民族解放运动"的话语体系中,认为民族的"发生与发展,是与资本主义发生与发展的时期及地点一致的"。书中并未论及汉民族或中华民族形成问题,但是作者强调"虽然只就一般的民族问题立论,而中国民族问题的大体也可说是包括在内了",[①] 其所述民族的形成"是与资本主义发生与发展的时期及地点一致的",以及"中国民族问题的大体也可说是包括在内",已隐约显示出与前述流行的中国历史和中国民族史撰述中的汉民族形成之见解并不一致。

与此相近的观点是时任中共中央宣传部秘书长杨松于1938年在《解放周刊》发表的文章,引用斯大林的民族定义,认为"民族不是原始共产社会、奴隶社会的部落、氏族,也不是封建社会的宗族、种族;而是一个历史的范畴,是随着封建主义的崩溃与资本主义的发展过程,从各种不同的部落、氏族、种族、宗教等等结成为近代的民族";"中国人是一个近代的民族"。这里的"中国人"指的是"代表中国境内各民族"的"中华民族"。该文是中国共产党人对"中华民族"作出的较早论述,文中所强调的中国是一个多民族国家、中华民族是汉族和"汉化民族"的共同称谓、中国境内各民族一律平等等观点,对抗战时期中国共产党民族理论的形成有重要影响,对驳斥日本军国主义所谓"中国人不是一个民族而是一个地理概念"的侵略理论有着重

---

① 李达:《民族问题》,上海:南强书局,1929年,"小引",第1、8、13页。

要现实意义。然而，文中依据斯大林的民族定义把"中国人"视为近代民族，把中华民族的"多元"视为"部落、种族"等观点，则反映了其认识的不足。事实上，即使套用斯大林关于民族的"四个共同"的定义，杨松在文中也指出"中国人具有自己特有的民族性、民族文化、民族风俗、习惯等等，中国人的民族文化已有四、五千年的历史"，① 这与其"中国人是一个近代的民族"的观点是自相矛盾的。

李达写《民族问题》，目的在于"要了解世界革命和中国革命的理论和策略，就必得研究民族问题"；② 杨松写《论民族》，目的在于"建立各民族抗日的统一战线，驱逐日寇出中国，共同去保护中华祖国"。③ 他们主要是依据斯大林的民族理论，在理论和现实政治层面对民族问题进行论述，其重点也不是讨论汉民族形成问题。到吕振羽撰写出版《中国民族简史》的1948年，土地问题和民族问题成为中国革命进程中需要解决的最为突出的两大问题。虽然吕著的撰述同样出于现实目的，④ 但吕振羽是一位中国马克思主义历史学家，《中国民族简史》是一部历史著作，这便决定了此书更要从历史层面梳理中华民族及作为其主体的汉族的产

---

① 杨松：《论民族》，中共中央统战部编：《民族问题文献汇编（1921.7—1949.9）》，北京：中共中央党校出版社，1991年，第763、767、766页。

② 李达：《民族问题》，"小引"，第1页。

③ 杨松：《论民族》，中共中央统战部编：《民族问题文献汇编（1921.7—1949.9）》，第767页。

④ 吕振羽说："中国国内民族问题，客观上已迫切需要解决，在我们的主观上也早已提到行动的日程。"（《中国民族简史》，哈尔滨：光华书店，1948年，"序"，第1页）

生、发展过程。在这本被称为"用马克思主义理论和方法第一次系统地考察了中国各民族的历史"① 的著作中，吕振羽首先明确的是："汉族是全世界第一位人口众多的民族，是中华民族的主要部分。中华民族四千年光荣的文明历史，过去辉煌灿烂的封建文化，是东方文化的主流，对全人类的文明，也有着伟大贡献。"可以这样理解这段话的意思：汉族是中华民族的主要部分，中华民族具有四千年的文明历史，汉族自然也具有四千年的历史。作者专章论述汉民族形成的历史："商族和夏族是后来构成华族（或华夏族）的两大骨干"，"到秦始皇'统一'时，他们也都成了华族的构成部分"，"华族自前汉朝的武帝宣帝以后，便开始叫作汉族。"这个过程，与其他中国民族史论著对汉族形成和发展的记述总体上并无太大差别。不过，作为马克思主义史学家的吕振羽，在当时论述汉民族形成与发展的过程中，不可能忽略斯大林的民族是资本主义上升时期的产物的观点和"四个共同"的民族定义。这主要表现在他用"四个共同"的民族定义论述近代以来的汉民族特征："汉族是有固定领土的"，但是抗战以来，"一小半减弱或消灭了封建剥削"，"在大半的领土上，还是封建买办法西斯主义的专制独裁统治"，"汉族的领土还是被分裂为两种形态"；汉族的经济生活，"大后方是半殖民地半封建性的"，"解放区则是新民主主义初期的形态"；文字语言方面，"全国性的、地方性的、

---

① 蒋大椿：《20 世纪中国马克思主义史学》，罗志田主编：《20 世纪的中国：学术与社会·史学卷》（上），第 184 页。

阶级性的现有语言文字的完全统一,还须经历一个革命的过程";汉族在文化心理状态方面,"是有着共同特征的",但是存在着新、旧两种形态。由此得出的结论是:"从严格的意义说,汉族还没有成为一个完全现代化的独立民族,还表现为两种社会形态。"① 可以看出,与李达、杨松等人单向论述民族理论不同的是,吕振羽撰写中国民族史必然要从史实出发阐述汉民族起源于上古、形成于秦汉时期的历史事实,只是在论及近代以后的民族问题时使用了"四个共同"的民族定义,并将斯大林所定义的民族视为"现代民族",以此标准认为汉民族还不是"完全现代化的独立民族",从而将斯大林的民族形成"是与资本主义发生与发展的时期及地点一致的"观点贯彻于对汉民族的解释中。在今天看来,这种变通并不准确,却反映出中国马克思主义史家在理论、历史和现实诸因素中论述民族问题时的矛盾处境。

综上,汉民族形成问题很早便已植入中国马克思主义史学体系。汉民族自周秦以来经不断发展变化而在秦汉统一之后基本形成,这在近代中国史学中是大致相同的看法。马克思主义史学中对这个问题之所以出现不一样的解释,是在理论与中国历史实际相结合的过程中出现的问题。吕振羽、杨松等人对这个问题的解释与中国的传统认知和多数中国史家历史撰述中的观点存在差异,只是在当时情况下没有引起过多关注,也没有因此而形成争论局面。1949年后,马克思主义史学居于主导地位,汉民族形成问题顺理成章地得以凸

---

① 吕振羽:《中国民族简史》,第2、14、16、17、35—37、35页。

显，破解这个问题亦成当务之急。在范文澜《试论中国自秦汉时成为统一国家的原因》一文中，对当时所理解的斯大林民族定义的两个要点（即"民族是在资本主义上升时代发展起来的"和"四个共同"），前者被否定，后者被接受；因前者得出的结论（即叶菲莫夫的"中国民族"形成于19—20世纪之间）被后者规定的原则所推翻。在当时情况下，范文澜是在一定程度地认同斯大林民族理论的前提下阐述自己的观点，于是形成了文章中用中国古典文献材料肯定"四个共同"原则、用历史事实否定叶菲莫夫观点，并由此证明汉民族形成于秦汉时期的表述方式。

斯大林说："民族是人们在历史上形成的一个有共同语言、共同地域、共同经济生活以及表现在共同文化上的共同心理素质的稳定的共同体。""这些特征只要缺少一个，民族就不成其为民族。"[①] 范文澜用《礼记·中庸》托名孔子所说的"今天下车同轨，书同文，行同伦"的记载证明，"今天下"就是秦统一以后，"车同轨"对应于"共同经济生活"，"书同文"对应于"共同语言"，"行同伦"对应于"共同文化"，"长城之内的广大疆域"为"共同地域"。"依据上述原理来看中国历史，自秦汉时起，可以说，四个特征是初步具备了，以后则是长期的继续发展着。"[②] 在这里，范文澜以斯大

---

① 斯大林：《马克思主义和民族问题（1913年）》，中共中央马克思恩格斯列宁斯大林著作编译局编：《斯大林选集》（上），北京：人民出版社，1979年，第64页。

② 范文澜：《试论中国自秦汉时成为统一国家的原因》，《历史研究》1954年第3期。

林"四个共同"民族定义为依据,用"今天下车同轨,书同文,行同伦"证实中国秦汉时期的历史即符合这一理论,从而进一步证明汉民族形成于秦汉时期。这是一个充满睿智的论证思路,在当时就有人表示赞同:"(斯大林)形成民族的四个要素,在秦汉以后的封建社会里是具备了的,不过因为那是中国特殊的封建社会的产物,就不能以资本主义的标准来衡量。"[①] 范文澜也因此被后人称为是"运用斯大林关于民族特征的理论分析来证明汉民族形成于 2000 多年前秦汉时期的第一人"。[②] 然而,即使是看似完美地将"四个共同"理论与"车同轨,书同文,行同伦"结合在一起,斯大林的"民族是在资本主义上升时代发展起来"的定义对于汉民族形成于秦汉时期的结论来说,依然是一个明显的理论障碍。尽管范文澜明确表示"中国近代史证明不曾形成过资产阶级民族",对此历史事实更"不应以无为有",但是却不足以消解理论和权威对时人的强势影响力。范文澜便以"历史的具体事实正是有和无的根据"为学理原则,着重阐述中国历史发展的"独特性"。

通观范文澜《试论中国自秦汉时成为统一国家的原因》一文,"独特"二字是出现频率最高的关键词之一,如:"独特的社会条件下形成的独特的民族""中国古代史证明汉族在独特的条件下早就形成为民族","在中国,对欧洲

---

① 章冠英:《关于汉民族何时形成的一些问题的商榷》,《历史研究》1956年第 11 期。

② 叶江:《对 50 余年前汉民族形成问题讨论的新思索》,《民族研究》2009年第 2 期。

说来，却是一种独特的封建土地所有制"，中国"有可能变化出一种不同于其他封建制度的独特形态"，"这样巨大的民族之所以存在并发展，当然不能是偶然的。主要原因之一就是因为它在独特的条件下很早就形成为民族。"[1] 突出中国历史发展的"独特"性，指出中国古代存在着与欧洲等其他"封建制度"不同的独特形态，相比用"车同轨，书同文，行同伦"论证符合于"四个共同"理论，更具一般性意义。尽管已有学者在强调范文澜"提出秦汉以下的汉族是'在独特的社会条件下形成的独特民族'……实在是一个值得认真反思的睿见"的同时，也指出"秦统一后的中国历史条件未必就真'特殊'，而中华民族很早就形成也未必就很'独特'"，[2] 但就当时的学术语境而言，突出中国历史的"独特"性，恐怕已经是范文澜试图破除权威理论的光环所能够择取的最好选项了，也可视为范文澜回避理论难点的策略。从另一方面说，汉民族形成于何时只是一个表面上的问题，在当时，更深层地反映的是怎样实事求是地从历史事实出发看待中国历史的"独特性"问题，是如何结合经典作家的相关理论阐述中国历史实际的问题，这与上文所述范文澜希望纠正马克思主义史学中存在的教条主义现象的努力是密不可分的。

少数学者持与范文澜相近的观点，其具体内容与表述方

---

[1] 范文澜：《试论中国自秦汉时成为统一国家的原因》，《历史研究》1954 年第 3 期。
[2] 罗志田：《文革前"十七年"中国史学的片断反思》，《四川大学学报》2009 年第 5 期。

式则各不相同。章冠英认为，汉民族是在"秦汉以后地主经济制度的封建社会里的独特民族阶段"，这与范文澜的观点有一致之处；作者又说，"资产阶级汉民族的出现，是随着中国资本主义和地主经济的消长而变化着的"，这与范文澜的"汉民族不是资产阶级民族"的观点相异。[①] 李亚农在1956年3月完稿的《西周与东周》一书中写道："由于我们中国历史发展的特殊性……应该迟到十六、七世纪才出现的各地区的溶合以及民族的联系，却早在两千年前就出现于古代中国，竟使我们的历史学家们眼花缭乱，提出了各种各样的说法。有的说：中华民族是形成于鸦片战争时期；有的又说：不，中华民族是形成于明清之际；第三者说：是宋朝；第四个说：是唐代；最勇敢的又说：是秦始皇的大一统之后。说法甚多，但我们并不打算来参加这一争论，我们只想根据着具体的历史事实来看一看中华民族的形成过程。"[②] "具体的历史事实"可以看作是呼应范文澜所说的"历史的具体事实正是有和无的根据"，作者不仅将范文澜称为"最勇敢的"，而且其结论也与"最勇敢的"观点基本一致："秦始皇统一中国之后，无可争议地，在要求形成全国市场的经济基础上，出现了一个具有共同的疆域、血统、言语、文化的伟大的中华民族。"[③] 然而李亚农所说的秦统

[①] 章冠英：《关于汉民族何时形成的一些问题的商榷》，《历史研究》1956年第11期。

[②] 李亚农：《西周与东周》，上海：上海人民出版社，1956年，第168页。

[③] 李亚农：《西周与东周》，第174页。按李亚农认为"春秋末期大规模发展起来的商业资本"是民族形成的原因，这与范文澜的见解并不相同。

一后"要求形成全国市场的经济基础",与范文澜所说的"独特的社会条件"也存在差异。另一位资深马克思主义史家嵇文甫在1954年8月的一次座谈会上说,对于汉民族形成问题"范先生的说法和斯大林所说多少有些出入,这一点是范先生自己交代明白的","要从事实出发,不要从概念出发","一定拘守斯大林对于民族和部族的说法,是不是会陷于从概念出发呢"。① 嵇文甫在这里虽未明确表态,却也不难看出他的观点倾向。吕振羽则私下表示:"关于我国统一的多民族国家形成的问题,我自己也还钻得不深;但认为我国和世界其他多民族国家有共性,但又有极大的特殊性。"② 相比于嵇文甫的欲言又止,章、李两位分别置身争论圈中和圈外表示同意汉民族形成于秦统一后的观点,却有保留地把汉民族形成联系于资本主义、市场经济的意见,更可见范文澜的"勇敢"。③

---

① 嵇文甫:《关于历史教学中几个重要问题》,《新史学通讯》1954年10月号。
② 1960年5月28日吕振羽致熊铁基信,《吕振羽全集》第10卷《书信》,北京:人民出版社,2014年,第611页。
③ 据蔡美彪回忆:"我看过范文澜同志在1942年延安整风时做检查的一个手稿。他检查教条主义,说过去写经学概论、正史考略,都是教条主义。到延安后写过一篇关于上古史分期商榷的文章,其中引用了《联共党史》的话,他说这是教条主义,是套用马克思主义。延安时期一个历史学家写文章引用了联共党史还要作检查,现在难以想象。""用马克思主义研究历史就是利用历史辩证唯物主义来具体分析历史事实,这就是马克思主义,而不必将其神秘化,不一定要搬用多少马克思主义的词句,或者搬用什么概念,多少结论。这一点范老在很多次讲演、讲话中都强调过。我的体会是这样,这和范老在延安的经历是很有关系的。"(张志勇、柴怡赟:《蔡美彪:情系千秋史》,中国社会科学院青年人文社会科学研究中心编:《学问有道——学部委员访谈录》(下),北京:方志出版社,2007年,第1513页)

因汉民族形成问题的讨论而结集出版《汉民族形成问题讨论集》，书中收入的 7 篇讨论文章中除 1 篇文章外，都是据斯大林或叶菲莫夫的观点反驳范文的；1954 年 11 月在历史研究所第三所举办的关于汉民族形成问题的讨论会上，反对意见也占绝大多数。① 反对意见主要是指责范文澜的观点与斯大林的民族是资本主义上升时期的产物的理论相悖、论证中脱离了民族形成的生产关系和社会物质条件、将"四个共同"的原则机械地照搬于汉民族问题上等，大体都是以斯大林民族定义和是否将社会经济因素置于首要因素等作为理论或方法论预设，而无视范文澜所说的"历史的具体事实正是有和无的根据"。范文澜文章中所强调的中国历史发展的"独特性"，却被批评者警示"这便有着严重的危险性"，② 并被扣上"特殊民族论"的帽子。③ 倒是刊载过叶菲莫夫文章的《民族问题译丛》在同年第 4 辑又刊发了一篇苏联学者弗·阿·鲁宾写的评论吕振羽《中国民族简史》的书评，文章批评吕著"没有试图看出古代中国社会所固有的语言一致、领土一致、经济一致和文化一致的那些要素"，"公元前三世纪末期，当秦始皇首次在政治上统一中国的时候，在创立中国古代社会若干一致的要素中曾进行

---

① 参见蔡美彪：《汉民族形成的问题——记中国科学院历史研究所第三所的讨论》，历史研究编辑部编：《汉民族形成问题讨论集》。

② 魏明经：《论民族的定义及民族的实质》，历史研究编辑部编：《汉民族形成问题讨论集》，第 136 页。

③ 刘桂五说：范文澜"在民族问题上不同意斯大林民族是资本主义上升时期形成的说法，认为中华民族的形成有自己的特点……这就被一些人批评为'特殊民族论'。"（《缅怀范老》，《近代史研究》1990 年第 6 期）

了一次最大的变革。作者对于秦始皇时代汉族形成的意义估计不足"。① 这个意见在当时被批评范文澜的声音湮没,在争论中无人提及。这就难怪有研究者发出感慨:"到底是谁束缚谁?是斯大林的定义束缚了我们的思维,还是我们思维囿住了我们的思考。"②

关于汉民族形成问题的争论在当时因种种原因并没有得出一个趋同的结论性认识,但正如有学者所说:"从中国历史的实际出发,认为汉民族在秦汉时已逐渐形成,而不是如斯大林所说的,必须到资本主义时代才能形成民族。范老在这里提出了一个重大的理论问题,曾在学术界引起热烈的讨论,越来越得人们的认同。"③ 所谓"越来越得人们的认同",是经过了一段时期的积淀与反思过程后逐渐反映出来的。1986 年出版的《中国大百科全书·民族》称:"在秦汉国家统一的条件下,汉族形成了统一的民族。"④ 这实际上是对这个问题所作的定论。此后出版的中国通史、中国民族史等相关撰述中,汉民族形成于秦汉时期的观点得到了较为普遍的认同。如 1994 年出版的由王锺翰主编的《中国民族史》写道:"汉族的前身即先秦的华夏,华夏在战国已稳定地形成为民族,但还未能统一。""秦统一以后,继之以两

---

① 弗·阿·鲁宾:《评〈中国民族简史〉》,《民族问题译丛》第 4 辑,1954 年 11 月,原文载苏联《古代史通报》1952 年第 2 期。
② 丁小丽:《一朵被挂起来的金花——20 世纪 50 年代汉民族形成问题再论》,《黑龙江民族丛刊》2012 年第 3 期。
③ 蔡美彪:《回忆范老论学四则》,《学林旧事》,第 199 页。
④ 《中国大百科全书·民族》,北京:中国大百科全书出版社,1986 年,第 168 页。

汉4个世纪的大统一。华夏不仅形成统一的民族，而且在与其它民族的交往中，其族称亦因汉朝的影响深远而被称为汉人。"① 徐杰舜认为："从秦至西汉，这时华夏民族发展、转化成了汉民族。"② 陈连开也指出："汉族，从其起源及其前身华夏的形成，至今已有5000年的历史。而作为统一的民族和统一多民族中国的稳定的主体民族，其基本特征则形成于秦汉时期。"③ 白寿彝主编的《中国通史》认为："在汉族形成过程及形成以后，汉族的统治阶级建立了秦、汉、隋、唐、宋、明等几个皇朝……"④ 也明确了汉族形成于秦、汉的历史事实。

最后需要指出的是：当年争论的焦点（汉民族形成于何时）问题看似已尘埃落定，然而这场争论反映出的中国马克思主义史学和史家对权威理论和观点的各种态度、对事实与理论和历史与现实关系的认知等，对回顾和研究中国马克思主义史学发展历程都有重要价值，对反思目前关于民族史问题的各种建构、解构论也不无启发意义。

中国历史上的民族问题是当下学术界的热点问题，围绕民族的定义、民族的称谓、民族的形成，对中国历史上少数民族所建王朝的解释，中国历史上的"华夷之辨"与"正统"之争，内亚游牧社会与南部定居文明的互动关系等问

---

① 王锺翰主编：《中国民族史》，北京：中国社会科学出版社，1994年，第149页。
② 徐杰舜：《汉民族发展史》，成都：四川民族出版社，1992年，第22页。
③ 陈连开：《中华民族研究初探》，北京：知识出版社，1994年，第291页。
④ 白寿彝主编：《中国通史》第1卷《导论》，上海：上海人民出版社，1989年，第43页。

题，中外学者的旧见新说纷至沓来。对比60多年前的"汉民族形成问题争论"，一些中国学者对各种民族理论的"追随"或"创新"颇有似曾相识之感。范文澜在各种压力下以"学习马克思主义要求神似"的原则、结合斯大林民族理论论证汉民族形成于秦汉时期，申明"历史的具体事实正是有和无的根据"，时下部分学者在有意无意追随"新权威"和"新理论"的同时，一味突出历史上非汉民族入主中原后的非汉化举措及影响，"以有为无"地忽视或无视中国历史上"中国认同"的多重性、开放性和包容性特征。范文澜表示"中国近代史证明不曾形成过资产阶级民族"，当今有些学者则论证直到近代"民族国家"出现后才有"民族"存在，此前只有"族群"，也不存在"民族融合"，"以无为有"地用"想象的共同体"等概念取代统一多民族的历史叙事。范文澜在汉民族形成问题上运用斯大林民族定义的同时再三强调汉民族是在"独特的社会条件下形成的独特的民族"，今日一些学者却在"一般"与"独特"已不再成为问题症结的时候似反而忽略了中国历史"独特"的经验，将国外学界某些学者以其殖民扩张历史为基础的若干民族国家理论套用于对中国多民族统一国家历史和"中华民族"的解释体系中。范文澜指出"中国历史需要自己的努力"，一些中国学者则更看重"与国际接轨"而跟从外国学者"发现"中国历史。范文澜的观点带有当时学术语境的明显印记，然而如何看待中国历史上的民族问题，汉民族形成问题讨论过程中各方表达的认知与今天关于民族问题的研究未必没有关联。无论如何，范文澜所提示的"历史的具体事实正是有和无的根据"等学术原则,不仅没有过时,反倒是今天学者在讨论相关问题时应该铭记与深思的。

(原载《中国社会科学》2020年第7期)

《中国社会科学》2020年度好文章获奖文章颁奖辞

《中国社会科学》2020年度好文章之《认知科学视域中隐喻的表达与理解》（作者：黄华新，责任编辑：莫斌）

目前，隐喻问题已从人文学科进入科学技术研究视域，并成为一项重要的跨学科研究课题。该文从认知科学视角重新审视了隐喻的表达与理解，体现了哲学、符号学、认知语言学、形式语义学等多学科交叉融合的新方向，思想清晰，内容丰富，立足国际学术前沿，展现中国学者眼光。文章聚焦自然语言处理、心理学和神经科学脑机制的科学技术实证依据，展开隐喻的多机制探索，难能可贵。这例示了一种哲学与科学联手描述和阐释当前飞速变化的世界图景与人类生活图景的落地研究，对于突破传统哲学研究的范式，既有理论导向也有方法论拓展的引领意义。

认知科学视域中隐喻的表达与理解[*]

黄华新

摘要： 隐喻作为 20 世纪认知科学的三大重要议题之一，在认知机制的探索方面受到认知语言学、认知心理学、自然语言处理等多个领域的广泛关注。从认知符号学的角度重新审视隐喻的表达和理解，隐喻被视为一种特殊的语言符号。由于隐喻表达的是非字面性含义，所以不能简单地将语形和语义分别对应符形和符释，而需要在考虑认知环境和心理过程的基础上，形成一个多级符号链来完成解读。从情境语义学的信息流观点看，隐喻符号解读的过程实质上依赖于信息的流动，一方面它由特定的隐喻概念给出制约，实现源域与目标域之间的横向信息流动；另一方面由语义场给出制约，实现上位概念到下位概念的纵向信息流动。最后，通过重构

---

[*] 本文为中国社会科学杂志社哲学部主办的"语言、认知与心灵学术研讨会"参会论文，国家社会科学基金重大项目"汉语隐喻的逻辑表征与认知计算"（18ZDA290）阶段性成果。项目组成员浙江大学哲学系博士研究生洪峥怡对论文写作有重要贡献。

隐喻表达和理解的信息流可以发现，隐喻信息的加工突出体现了思维的关联性、发散性、整体性和独特性，且这些属性之间存在着相互作用。

关键词： 隐喻　认知符号学　情境语义学　信息流

作者黄华新，浙江大学哲学系/语言与认知研究中心教授（杭州　310028）。

自亚里士多德以来，隐喻一直因其独特的修辞功能而深受重视。到了20世纪，学者们开始逐渐认识到，隐喻不仅仅是一种修辞手段，更是一种基本的认知方式，这一隐喻研究的认知转向使得研究者对日常隐喻有了更多的关注。莱考夫和约翰逊（G. Lakoff and M. Johnson）曾指出，"隐喻普遍存在于日常生活中，我们惯常的概念体系，我们的思维和行为，在本质上都是隐喻性的"。[①] 如"人生是一场旅行"这样的表达，它通过为人们所熟悉的概念"旅行"来解释较为抽象的概念"人生"，使人们可以联想到"遇到坎坷""走了弯路""畅通无阻"等含义，从而更具体地理解和把握"人生"这一描述对象。正是这种对隐喻认知价值的重新审视，构成了当代认知科学的三大重要发现之一。[②]

1936年，理查兹（I. A. Richards）将对隐喻的探讨从单

[①] G. Lakoff and M. Johnson, *Metaphors We Live By*, Chicago: University of Chicago Press, 1980, p. 3.

[②] G. Lakoff and M. Johnson, *Philosophy in the Flesh: The Embodied Mind and Its Challenge to Western Thought*, New York: Basic Books, 1999, p. 1.

纯的语言现象转移到了思想层面，认为隐喻的机制是两个并置概念在互动基础上生成新的意义；① 此后，布莱克（M. Black）发展了理查兹的"互动论"，认为隐喻话语的加工是通过将一组由次要主词得到的"相互关联的隐含"投射到基本主词上来实现的。② 1980 年，《我们赖以生存的隐喻》一书出版，标志着著名的概念隐喻理论的诞生，该理论认为隐喻的本质是两个认知域之间的互动形成的跨域映射，自此隐喻研究进入了全新的认知研究阶段。概念隐喻理论揭示了隐喻在认知中的基础性地位和系统性框架，但也正是由于过于强调认知的固有框架，该理论对日常交际中所使用语言的语义以及语用因素的重视不足，对实际语境中灵活多变的隐喻表达解释力不强。具体而言，概念隐喻中的概念映射是一个从源域到目标域的函数 f：S→T（其中 S 为源域，T 为目标域，对于任意 b∈S，有唯一的 a∈T 与之对应）。它通过源域和目标域中对应元素的映射关系，表征源域中的空槽（slot）、关系、特征、知识与目标域中相应的空槽、关系、特征、知识的一一对应。③ 这种映射关系很大程度上依赖于类比推理，其基本模式是"A 具有性质 a，b，c，d；B 具有性质 a，b，c；则 B 具有性质 d"，即前提中需要先有一系列的相同性质存在，才能由此推出一方拥有的性质也为另一方所有。但对

---

① 参见 I. A. Richards, *The Philosophy of Rhetoric*, London: Oxford University Press, 1936.

② 参见 M. Black, *Models and Metaphors: Studies in Language and Philosophy*, New York: Cornell University Press, 1962.

③ G. Lakoff and M. Turner, *More than Cool Reason: A Field Guide to Poetic Metaphor*, Chicago: University of Chicago Press, 1989, pp. 63 – 64.

于日常交际中的隐喻理解，类比推理的前提过强，说话人表达和听话人理解时可能都只对源域中的几个性质进行了关联和突显，不一定完成源域和目标域内部要素的一一映射。

随着信息技术和人工智能的迅猛发展，学者们对信息搜索和提取进行了持续深入的探索。奎廉（M. R. Quillian）通过对人类记忆的研究，认为记忆的储存依赖于概念间复杂的联系，并由此提出了语义网络的概念；[1] 西蒙斯和布鲁斯（R. F. Simmons and B. C. Bruce）用语义网络中的节点表示对象和概念，边表示节点之间的关系，将语义网络转化为谓词逻辑演算。[2] 而隐喻因其表义的间接性，对信息的获取提出了更高的要求。1990年以来，学者们陆续提出了各种处理隐喻的计算理论和模型，如马丁（J. H. Martin）提出了基于知识的隐喻解释、描述和获取系统 MIDAS；[3] 斯坦哈特（E. C. Steinhart）利用扩展的谓词逻辑，给出了一个基于可能世界语义学的隐喻结构理论及其计算模型 NETMET；[4] 巴登（J. Barnden）结合隐喻与信念推理关系的研究，建立了一套基于规则的隐喻推理

---

[1] 参见 M. R. Quillian, "Semantic Memory," in M. Minsky, ed., *Semantic Information Processing*, Cambridge: MIT Press, 1968, pp. 227–270.

[2] 参见 R. F. Simmons and B. C. Bruce, "Some Relations Between Predicate Calculus and Semantic Net Representations of Discourse," Proceedings of the Second Joint International Conference on Artificial Intelligence, Washington, D. C.: MITRE Corporation, 1971.

[3] 参见 J H Martin, *A Computational Model of Metaphor Interpretation*, San Diego: Academic Press, 1990.

[4] 参见 E. C. Steinhart, *The Logic of Metaphor: Analogous Parts of Possible Worlds*, Dordrecht: Kluwer Academic Publisher, 2001.

系统 ATT-Meta;[①] 内海（A. Utsumi）采用一种语义空间模型对隐喻的理解过程进行了计算模拟。[②] 随着近年来深度学习技术的蓬勃发展，比佐尼（Y. Bizzoni）等利用词向量强大有效的表征能力结合基础神经网络架构来处理隐喻，在名词性隐喻和形容词性隐喻的识别任务上取得了较好的效果;[③] 雷（M. Rei）等通过有监督的语义相似网络进行隐喻识别，以在网络中添加门控机制的方式完成了语义特征的提取。[④]

这些研究从语言认知、语义计算等视角对隐喻的生成和理解作了多维度、深层次的分析，让我们认识到隐喻在人类认知中的重要作用和对其进行表征的可能性。而在当下的数字化时代背景下，越来越多的信息被编译为不同类型的符号，符号化传播已经逐渐成为信息交互的主流形式。隐喻本身也是一种符号现象，可以是语言符号，也可以是图像或声音等形式的符号。所以，我们进一步以具有元学科性质的认知符号学为切入路径，尝试对隐喻表达和理解中一系列复杂的认知过程给出一个相对完整的符号学解释框架。从以皮尔斯

---

① 参见 J. A. Barnden, "Belief in Metaphor: Taking Commonsense Psychology Seriously," *Computational Intelligence*, vol. 8, no. 3, 1992, pp. 52–552.

② 参见 A. Utsumi and M. Sakamoto, "Indirect Categorization as a Process of Predicative Metaphor Comprehension," *Metaphor and Symbol*, vol. 26, no. 4, 2011, pp. 299–313; A. Utsumi, "Computational Exploration of Metaphor Comprehension Process Using a Semantic Space Model," *Cognitive Science*, vol. 35, no. 2, 2011, pp. 251–296.

③ 参见 Y. Bizzoni, S. Chatzikyriakidis and M. Ghanimifard, "Deep Learning: Detecting Metaphoricity in Adjective-Noun Pairs," *Proceedings of the Workshop on Stylistic Variation*, 2017, pp. 43–52.

④ 参见 M. Rei et al., "Grasping the Finer Point: A Supervised Similarity Network for Metaphor Detection," *Proceedings of the 2017 Conference on Empirical Methods in Natural Language Processing*, 2017, pp. 1537–1546.

（C. S. Peirce）为代表的符号学视角看，隐喻表达和理解的过程也就是符号生成与解释的过程。尽管利科（P. Ricoeur）认为，隐喻研究不能"通过将话语语义学还原为词汇实体的符号学来完成"，[①] 但他所要强调的仅仅是隐喻语词不能简单地作为语言符号解释为字面义，并不是否认将隐喻作为符号进行解读的可能性。这也恰恰说明，在隐喻这一特殊符号的解读中，非字面的语用因素起着关键作用。我们认为，认知主体、认知语境、心理过程和符号链是其中必须重点考虑的要素。同时，以不同的符号要素为切入点所进行的隐喻分析也存在很大差异：从符形的多样性角度看，隐喻既可以通过语言形式呈现，也可以通过融合了图形、声音、表情、动作等的多模态符号表达；从隐喻的认知主体看，不同主体（人类、机器、人机结合）的理解情形也各不相同。

本文主要讨论以人为主体、以自然语言为载体的隐喻形式，从符号和信息传递的角度重新审视其生成和解释，对概念隐喻中简化了的部分进行补充和修正，分析和构建隐喻表达者和理解者在隐喻符号生成与解释时所涉及的推理过程。具体探讨如下三个问题：（1）在将隐喻语言视为符形时，字面含义和语用因素如何相互作用形成符号链？（2）如何模拟隐喻符号交际中，交际双方所完成的信息传递与获取？（3）隐喻符号认知的信息加工过程反映出思维的哪些属性，这些属性在隐喻表达和理解的过程中又是如何发挥作用的？

[①] 李幼蒸：《理论符号学导论》，北京：社会科学文献出版社，1999年，第346页。

一、隐喻的符号学构建

皮尔斯曾指出，我们所有的思想与知识都是通过符号获取的。① 可以说，人们对于事件的认知就来自对事件所涉的情境符号的解读。皮尔斯的符号"三元说"理论将符号定义成这样一种事物，它一方面由一个对象所决定，另一方面又在人们的心灵中决定一个观念（称为解释项），符号与其对象、解释项之间形成了一种三元关系。② 其中，符号形体与符号解释项之间的关系称为"意指"，与表达对象之间的关系称为"指称"，相互关联的三者就构成了一个"符号三角"。

皮尔斯认为，从符号本身到符号解释是一个心理过程，某个符号会在接收者的头脑中创建另外一个新的或更为复杂的符号，新创的这个符号就是初始符号的解释项。③ 由此看来，对符号的解释通常不是一步完成的，外界信息输入后，符形与符释会在心理层面不断交替转换。这一过程涉及一系列复杂的语用因素，我们认为，其中最重要的是认知环境、心理过程和符号链。

1. 认知环境

隐喻所包含的非字面义要被表达和理解，离不开对语言

---

① 皮尔斯：《皮尔斯：论符号》，赵星植译，成都：四川大学出版社，2014年，第31页。
② 皮尔斯：《皮尔斯：论符号》，第31页。
③ C. S. Peirce, "Logic as Semiotic: The Theory of Signs," in R. E. Innis, ed., *Semiotics: An Introductory Anthology*, Bloomington: Indiana University Press, 1985, p. 5.

自身以外的因素的综合考虑。卡梅伦（L. Cameron）等人指出过，"在特定的语言使用环境中研究隐喻语言，需要将认知和社会文化联系起来"。① 社会文化、交际语境以及皮尔斯所提到的符号认知主体等作为影响隐喻符释的外在因素，本身都具有复杂的内在结构，只有接受了特定社会文化且处于特定交际语境中的理性认知主体，才能进行隐喻交际而不会简单地认为该语句为假，我们可以将上述三者统一视为"认知环境"的组成部分。

"认知环境"这一概念来源于关联理论，斯珀波与威尔逊（D. Sperber and D. Wilson）在《关联：交际与认知》中给出的定义为：②

(1) 某事实在某时对某人显明，当且仅当在此时能够对该事实作心理表征并接受该表征为真或可能为真。
(2) 个人的认知环境是对其显明的事实的集合。

所谓"显明"就是被感知或被推出，一个人的全部认知环境值是他能感知或推出的事实的集合。这一定义与通常将外在信息作为自变量、主体认知作为函数的思想不同，它将一个人的认知环境作为其所处的物质环境及其认知能力两者的函项，③

---

① L. Cameron and G. Low, eds., *Researching and Applying Metaphor*, Cambridge: Cambridge University Press, 1999, p. 8.
② 丹·斯珀波、迪埃珏·威尔逊：《关联：交际与认知》，蒋严译，北京：中国社会科学出版社，2008年，第40页。
③ 丹·斯珀波、迪埃珏·威尔逊：《关联：交际与认知》，第41页。

本质上是把外在信息和内在认知都视为影响因素，共同决定一个事实是否能被主体所接受。这样，一个人在认知过程中所能调用的就不仅是外在的信息，还包括他有能力进一步推出的全部信息。认知环境函数所具有的"感知"和"推出"这两种功能，都为理性主体所具有的基本认知能力，"感知"将外在信息转化为内在信息，"推出"在已有内在信息的基础上产生新的内在信息。外在信息包括交际情境中的说话人、听话人、时空等语境所提供的信息；内在信息指主体所接受的信息，包括主体的背景知识和被主体感知及推出的知识，它集中体现了不同认知主体的差异。隐喻理解不同于字面义理解之处就在于，不同主体和语境输入认知环境函数后将激活不同的认知图式，得到不同的认知结果。

2. 心理过程

要用"符号三角"构建隐喻符号的解读过程，最简单的做法似乎是对隐喻语句的要素进行拆解，将喻体作为符形，本体作为对象，隐喻理解相应地视为从符形到特定符释的意指过程。这样做的问题是：一方面，它仍然把隐喻理解过程作为一个整体，令其在符释上实现，而没有说明这一理解是如何进行的；另一方面，当隐喻语句不同时出现源域和目标域时，本体和喻体呈现不清晰，就无法得到完整的"符号三角"，似乎也意味着理解无法顺利进行。产生上述困难的原因是，隐喻依赖的不一定是已有信息提供的知识，还可能是从这些知识推出的新知识。在日常交际中，大量隐喻概念已经固化在人们的认知中，这样的知识可以不在文本中显性存在；另外还有一些新奇隐喻的源域和目标域之间关联性不强，需要有与两者相关的其他概念作为连接。这些隐喻的表达和理解过程都不能一步完成，而需要包含长度不一的心理推理过程。

在符号的三要素中，符释是一个只存在于主体认知中的抽象存在，由符形到符释的意指过程是一个认知加工的心理过程。符号解读所经历的心理过程，也就是认知环境的生成过程，它依赖于认知主体的知识和外界提供的信息。基于上文对认知环境的说明，我们把作为理解结果的认知事实递归地定义为满足如下条件的最小集合 S，其中 s 为外在环境信息，c 为主体认知能力，f 为认知环境函数：

(1) $f(s, c) \in S$；
(2) 如果 t 是认知事实，则 $f(t, c) \in S$。

隐喻概念本身和非最终阶段的解读都可以作为语境的扩展或新的前提，来改变初始语境提供的蕴涵并引发另一些新的蕴涵。[①] 也就是说，外在信息和主体认知能力输入认知环境、获取认知事实的过程可以重复，新的事实信息和认知能力可以继续输入，不断推出新的事实。

心理过程集中反映在意指过程中，意指的实现依赖于对符形的理解，将一个符号视为何种类型的符形影响着意指得到何种符释。如皮尔斯曾将符号划分为像似符、指示符和规约符：像似符和对象存在实体上的相似性；指示符与对象存在着某种

---

① 丹·斯珀波、迪埃珏·威尔逊：《关联：交际与认知》，第 263 页。

因果联系；规约符最初与对象的联系带有任意性，而在一个社会群体中被固定下来之后又具有稳定性。外在和内在信息首先会共同影响主体对符号类型的判断，然后基于该判断所确定的符号类型将作为新的知识存在于认知环境中，引导不同的心理过程。也就是说，当主体判定一个隐喻表达是某种类型的符号后，会根据该类符号的特征寻找与之相似或相关的对象。

3. 符号链

现代隐喻理论普遍认为，隐喻不仅仅是词（符号形式）的替换，更重要的是概念系统之间的互动。由上述关于心理过程的分析也可见，很多情况下隐喻理解不是一步完成的，它需要将认知得到的事实作为新信息来得出新的事实。从符号学视角看，这说的就是，符号的解释本身可能成为解释者头脑中新的符号形式，以此类推下去，形成一个符号的链条。

我们可以将隐喻语言从符形到符释的意指过程展开为一个多级符号链。初始符号为完整的隐喻表达，主体在交际中结合动态语境进行选择和调整，通过符号推理转码得到与语境相容的解释。具体而言，第一层意指过程依靠的是语言的群体约定，一个隐喻概念经由说话人表达后，就成了听话人需要解读的符号，其符释是语句的字面义，对象是该字面义所表述的事态（比如"时间是资源"这一隐喻表达，直接按字面义理解为"时间是一种可利用的自然物质"）。但通常情况下，隐喻表达会与常识相违背，使得字面义表述的事态在现实世界中的对应为空，即与语境产生了冲突（此处，现实的自然界不存在"时间"这样一种具有某种用途的物质实体）。这种冲突会构成语义抑制,迫使听话人将符释作为新的符形,继续延伸符号链。第二层级的意指主要考虑说话的背景信息,在进一步对以字面义为符形的符号进行解释时,通过排除与当前语境产生冲突的要素得到一个可相容的语义解释,相应的对象是作为现实世界一部分的事态(此处排除"物质实体"一类的性质,而保留"有价值"一类的性质)。当然该解释仍然可能包含过多的信息,呈现为一个比较含混的符号,此时就需要第三层意指对交际过程中的信息进行提取并支持推理,一般可以通过搜索上下文关键词继续对符号进行进一步的解释(如果"时间是资源"后还有"我们要节约它"的描述,则根据"节约"的语义,突出资源的有限性和珍贵性)。最终得到的上下文相关的限制性相容语义,就是该隐喻在当前语境下所能达到的充分理解。符号链的基本形式如图 1 所示。

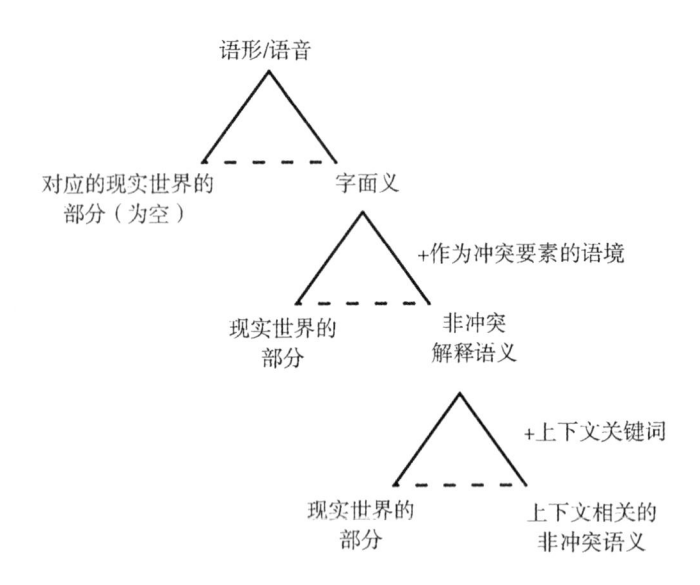

图 1　隐喻语言理解的符号链

二、隐喻认知中的信息流

信息是宇宙中与物质、能量并列的三大基本要素之一,是事物结构和秩序固有的测量方式。① 信息在事物之间的流动形成信息流,使得某一事物可以传递另一事物的信息。一句话之所以有意义,是因为它给出了几种事物之间的信息传递关系,如"有烟就有火",其意义在于揭示了"烟"与"火"之间的信息传递,当主体得到"有烟"的信息,也随之得到了关于"火"的信息。符号的本质就是信息的载体,通常当一个事物在自身的声音形态等属性之外还包含关于其他事物的信息时,才能称之为"符号",比如"烟"可以作为代表"火"的符号。如果以信息为基本单位看上述符号推理,可以认为其背后的支持因素就是符号之间的信息流动。

20 世纪 80 年代,巴威斯和佩里(J. Barwise and J. Perry)以信息流思想为核心提出了情境语义学(situation semantics),认为自然语言最重要的功能不是表达真值,而是传递关于外部世界的信息。因此语句的外延意义不是真值,而是句子所描述的情境。语句之所以有意义,是因为一个情境包含关于另一个情境的信息,且根据情境类之间的制约关系,可以从一个情境类型推出另一个情境类型。

---

① K. Devlin, *Logic and Information*, Cambridge: Cambridge University Press, 1991, p. 2. 下文关于情境理论和情境语义学的概念和记法依照 Devlin 的版本。

情境语义学中，话语的解释被认为是若干信息元（infon）的汇集。构成一个信息元的基本要素包括：个体（individuals）、关系（relations）、时空场点（space-time locations）和极性（polarity）。这就是说，一个"某时某地某个体（或某些个体）具有某性质（或某关系）"的事实就构成一个基本信息单位，基本信息单位的合取或析取构成复合信息元（compound infons）。一般地，人在认识事物时不需要也不可能知道关于它的一切，所以与可能世界语义学中承认的完整世界和全部信息不同，情境语义学从一开始就抛弃了这一过强的约定，它所定义的情境只考虑现实世界中被认知主体关注到的那部分信息。情境和信息都是独立的实体，情境可以支持也可以拒绝信息。给定一个情境 s 和信息元 σ，s 支持 σ 说的是该信息元在情境中被满足，记作 s⊨σ，s⊨σ 当且仅当 σ∈s。除了对一个具体情境进行描述，有时我们也需要描述缺少或忽略某些要素的抽象情境。为达到这一表达效果，情境语义学引入了"类型"（type）的概念。类型是对具体情境的扩充，它既可以包括真实的个体、场点和关系，也允许个体未定量、场点未定量和关系未定量等自由变元（通常表示为 à，l̇，ṙ）。

信息的更替依赖于制约。"制约"（constraints）是情境语义学的一个核心概念，巴威斯和佩里认为"制约关联产生意义，适应制约就使生活成为可能"。[①] 情境类型之间的系统性制约是一个二元关系，它允许一个情境类型包含另一个情境类型的信息，而只有适应了该制约，才能从当前情境

---

① J. Barwise and J. Perry, *Situations and Attitudes*, Stanford: CSLI, 1999, p. 94.

跳转到另一情境，实现信息的流动。因此当我们说一个对象有什么意义时，实际上我们是在讨论涉及该对象的情境所属的情境类与另一情境类之间的制约关系，即由一个类型 S 可以得到另一类型 S′，记为 C = [S⇒S′]。

可见，情境语义学以信息描述为基础，将主体、时空等超语义要素加入到语义的刻画中，这与认知符号学对认知主体、认知情境的考虑在思想上高度一致，但两者在具体处理上有所差别：符号学将这些因素视为外在因素，对语义产生影响，而情境语义学将这些因素作为信息的组成部分，它们本身就处于语义之内。我们可以将上文图 1 所描述的隐喻符号链在情境语义学的框架下作进一步的解释，来反映隐喻交际中的信息传递。其中主体感知到的现实世界的部分是情境，交际中通过语言传递的是信息。上述符号链的形成依赖于两种不同类型的制约，它们分别引导了两种不同的信息流动方式——横向的信息流动和纵向的信息流动。

理解一个具体隐喻表达的关键是对隐喻概念的接受，主体只有接受了该隐喻概念，才能恰当地理解它所派生出的具体含义。如"你在浪费我的时间""我在他身上花了很多时间""值得你花时间吗？"这样的隐喻表达都需要建立在接受"时间就是资源"这一隐喻概念的基础上。隐喻概念是对源域和目标域的确认，如果 A 为目标域，B 为源域，隐喻概念就可以表示为"A 是 B"，但这类语句拥有很强的概括性，相应地也有很强的模糊性，因此通常不会孤立存在，而是和有具体指向的隐喻语句同时出现。当隐喻概念在语句中出现时，直接将其视为符形。而在一些固化的死隐喻中，隐喻概念已被默认为双方认知中都存在的预设，而不再出现于文本或交际中。如果隐喻概念不出现，说明它普遍存在于人们的认知中，主体在接受一个具体的隐喻语句时有能力调用相应的隐喻概念，并将其作为符形。接受者对该符形进行认知，得到的符释是从字面义中提取的信息元。但由于"A 是 B"的字面义为假，现实情境不支持该信息元，所以需要进一步延伸符号链，将信息元作为新的符形，该符形意指一个情境类型间的制约关系，它规定，如果存在情境类型满足 x 是 A，则可以得到另一个情境类型满足 x 是 B，给出源域与目标域之间的横向信息流动。接着，把概念域视为由核心概念生成的语义场，对源域和目标域进行概念到子概念[①]的信息迁移，通过义素包含关系形成的制约来实现纵向的信息流动。比如，我们由"资源"这一概念可以分解出"有价值""用于交换"等多个义素。主体运用他所掌握的百科知识，就能在他的认知范围内建立起制约关系。当然，每个概念都处在一个开放的语义场中，也就会产生无穷多个制约关系。如果隐喻表达不是以孤句形式存在的，则通过搜索上下文的关键词，可以获得新信息来增加对情境的制约，减少情境所能支持的信息。

对于概念意义的表达，科林斯和奎廉（A. M. Collins and M. R. Quillian）从计算机有效提取信息的角度提出了具有层次性的语义网络（semantic network）结构模型，成为最有影响力的表征理论之一。其基本观点是，当一个人阅读和编码某个陈

---

① 本文所说的子概念指由该概念的义素、义素的义素，以此类推，所得到的所有概念，在语义网络中表现为该节点的所有后辈节点。

述时，相应的概念就被激活，并沿着网络结构中的连结扩散。当两个激活源相交，则被证实所陈述的是真实的。[①] 我们可以通过构造隐喻认知的语义网络，进一步表征上述认知过程中的信息流动，与通常的图（graph）的定义类似，我们将隐喻认知语义网络的结构表达为一个有向图 G = <V，E>，其中 V 为节点集，每个节点是一个概念，E = E′∪E″为边集，表示概念间的关系。在隐喻的语义网络中存在两种关系，关系 E′由隐喻概念给出，描述目标域与源域之间的信息转移，因此规定 E′的起点和终点都必须是根节点；关系 E″来自范畴的归属，每个概念的义素就是它的子节点。制约关系提示的是隐喻语义网络中信息流动的方向：由隐喻概念给出的制约可以实现信息在源域和目标域之间流动；由范畴归属所给出的制约可以得到语义场中向下分解和延伸的义素，最终从一个模糊的概念域得到某些具体的性质。

语义网络的建构方式与概念隐喻理论密切相关，概念隐喻的跨域映射在语义网络中整体表现为源域和目标域之间的横向信息流动，但两者并不相同。首先，在经典的概念隐喻理论中，只有从源域到目标域方向的映射，而在这里，由制约关系给出的两域之间的信息流动是双向的：对于说话人而言，信息的流动方向为从目标域到源域，即为了说明某一事物而寻找恰当的载体，具体表现为一个节点同时是源域和目标域的后辈节点，或者说，正是因为两个概念域节点存在相

[①] 刘爱伦主编：《思维心理学》，上海：上海教育出版社，2002年，第70—71页。

同的后辈节点，才使它们有可能构成隐喻。与之相反，听话人从说话人或自己的认知中调取隐喻概念并提取源域和目标域后，需要以源域的核心概念为出发点，向下延伸不同的性质分支。通过搜索下文，新出现的源域关键词可以对现有的图进行限制，使明显语境无涉或与目标域产生矛盾的部分性质不再向下延伸。当由源域延伸出的概念序列里出现与目标域相关的描述时，就将这一概念及其子概念整体迁移到目标域中，成为目标域下的子概念，即实现将源域中的信息转移到目标域中的意图。其次，在概念隐喻中，源域和目标域间的概念映射是平行结构的，源域中的对象和关系分别投射到目标域中相应的对象和关系上。但在日常交际的多数情况下，隐喻的表达可能不会产生全面的隐喻思想，而是基于过去和现在的环境，受到部分隐喻概念或多个相互作用的隐喻概念的影响。[1] 此时隐喻体系并不建立在清晰的一一对应关系上，而只是对源域的几个性质进行了关联和突显。因此，在我们的语义网络中，源域分支上的性质不是与目标域的分支性质相关联，而是直接迁移到顶层的目标域概念下，其思想基础更接近于认为隐喻是通过源域来突显目标域中某些特性的范畴归属理论。此外，相较于概念隐喻的跨域映射，这样构造的语义网络中，关联性的建构是在不断搜索的过程中完成的，因此可以呈现隐喻推理的动态性。下面通过一个例子来呈现隐喻交际双方的语义网络：

---

[1] R. W. Gibbs, Jr., "Metaphor as Dynamical-Ecological Performance," *Metaphor and Symbol*, vol. 34, no. 1, 2019, p. 43.

做企业就是打仗，我们要努力培养出具有雄才大略的将领和训练有素的士兵，提升我们的整体作战水平。

首句的隐喻概念"做企业就是打仗"，给出了目标域到源域的横向信息流动，它通过情境类的制约关系建立了"做企业"和"打仗"的联系，该制约下的信息流动保证了"做企业"的性质可以用"打仗"的性质来描述；从纵向上看，说话人表达这句话的目的是传达关于"做企业"的看法，其信息可以从"做企业"到一系列隶属于"做企业"概念的子概念，类似于说明一个概念的内涵。如果语句意欲表达的是做企业的属性 A，B，C，那么从目标域转移到源域后，在源域"打仗"的后辈节点中也相应地可以找到 A′，B′，C′，使得 A′ = A，B′ = B，C′ = C，说话人通过描述 A′，B′，C′就能表达所要传达的含义。图 2 所示为说话人的语义网络及形成网络的两种信息流，其中虚线箭头为信息的横向转移方向，实线箭头为信息的纵向转移方向（下文类似）。

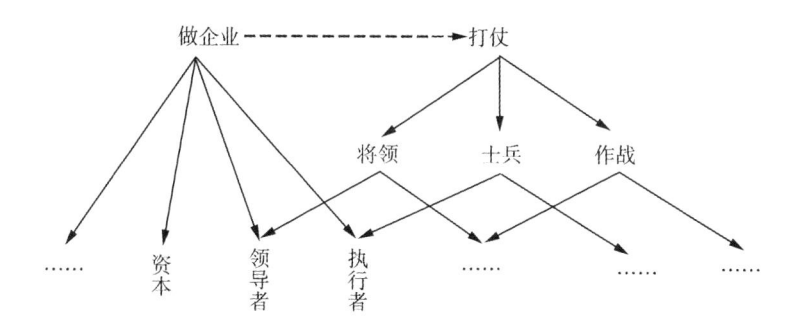

图 2　说话人的隐喻语义网络及信息流动方向

听话人的理解过程与说话人的表达过程在横向信息流上方向相反。假设听话人是合作的，则他首先必须接受顶层隐喻概念"做企业就是打仗"。根据这一隐喻概念，"做企业"是论元，"打仗"是谓词，即需要通过"打仗"来理解"做企业"。那么就需要进一步对"打仗"进行理解，这依赖从一个概念到它的一系列子概念的纵向信息流动。根据下文给出的关键词"将领""士兵"和"整体作战水平"，重点关注有关的分支。但这些子概念中，仍然不存在与"做企业"有直接联系的概念（企业没有将军、士兵，不会进行作战）。因此继续对子概念进行分解，如"将军"的义素包括"领导者"，这是与目标域相关的节点（企业拥有领导者），就建立它与目标域的关系，使目标域获得该节点及其后辈节点的性质。图3所示为听话人的语义网络及形成网络的两种信息流。

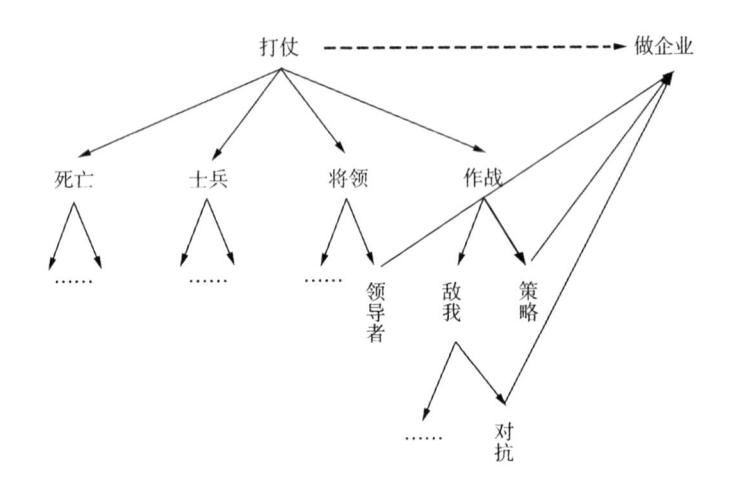

图3　听话人的隐喻语义网络及信息流动方向

三、隐喻认知的思维属性

我们在符号学框架下探讨了隐喻认知中字面义以外的要素所起的作用，给出了隐喻推理的符号链；然后基于信息流思想重构了符号链中意指所涉及的信息流动，并通过语义网络呈现了隐喻的模糊表达与动态理解。由这些分析可见，对隐喻信息的加工会比对字面信息的加工更复杂，除了拥有基本的信息提取能力，还需要激活一些非常规的信息。这些特殊的信息激活反映了隐喻表达和理解所必需的思维方式，我们将其概括为关联性、发散性、整体性和独特性。

1. 关联性

对隐喻机制进行解释时，一种基本的观点是，隐喻的生成和理解基于事物之间的相似性。但正如利森伯格（M. Leezenberg）所说，相似性的概念显得太宽且太弱：太宽是因为两个物体之间具有无限多的共同特征；太弱是因为它不能说明不同类型物体间的那些比喻性的相似性。[1] 也就是说，在表达中，两个事物之间固有的相似性可以不被关注，而本来不具有的相似性可以被隐喻所创造。概念映射不仅利用相似也创造相似。

大量研究表明，人在思维过程中激活的认识是有限的、

---

[1] M. Leezenberg, *Contexts of Metaphor*, Oxford: Elsevier, 2001, p. 252.

特定的,① 这些激活的信息与初始信息存在着关联。情境语义学的基本观点也认为,日常语言表达的主要目的是传递关于外部世界的信息,而不是表达真值,它通过描述"制约"关系来构建关联性。反映在上文具体的隐喻认知模型中,横向和纵向制约都非基于相似性,而是基于由隐喻概念和范畴归属实现的关联性。

无论是源域和目标域之间还是概念和子概念之间的制约,都遵循关联理论所揭示的两个核心限度条件:最大关联和最佳关联。最大关联指用尽可能少的努力获得最大的语境效果;最佳关联则是用较小的努力获取足够的语境效果。两个条件相互制约,最佳关联强调相关性,一个隐喻表达会蕴含相应的隐喻义,如果言者原来并未意图使听者推出这个蕴含,他就应该选用其他的语句以排除这个意思;② 最大关联强调省力性,如果一个表达者是合作的,则其选择的隐喻可以是对既有关联的突显,也可以创造源域和目标域之间新的关联。前者被称为强关联,通过突显对象的性质,降低理解的难度;后者称为弱关联,它留给听话人足够的空间,在含混的情境下,听话人按其认知得到语句的非字面义所耗费的心力最小。

如果按字面义来理解隐喻表达,对象和描述之间会存在不可协调的矛盾,而在默认交际双方合作的情况下,听话人仍然会认为这句话是有意义的,使得理解过程所耗费心力无

---

① 刘爱伦主编:《思维心理学》,第 45 页。
② 丹·斯珀波、迪埃珏·威尔逊:《关联:交际与认知》,第 262 页。

限增加。但隐喻给出的是较为含混的概念域，允许域中的非核心概念进行关联，这就降低了接受的难度。如"他害怕这段色彩黯淡、业已流逝的，他毕竟可以接受的时日，会突然显出具体而微、污秽不堪的形态，露出恶魔般狰狞的面目来"，[①] 这句对于时间的描述中至少存在"时间是有色实体"（具有颜色）、"时间是河流"（可以流逝）、"时间是生命体"（具有形态和面目）三个概念隐喻。相较之下，"时间是河流"更为常见，可以归为强关联性隐喻，突显了单向性和持续性这两个时间和流水的既有关联。另两个可以视为弱关联性隐喻，因为是隐喻表达，实现理解的条件不再仅限于时间满足有色实体、生命体的核心概念，而可以是概念空间之间存在的某种弱关联，这就降低了理解所耗费的心力。

2. 发散性

信息激活路径的非唯一性表征了隐喻的发散性，即从已知信息沿不同方向、在不同范围可以产生大量变化的新信息。具体而言，发散性一方面体现为概念隐喻的框架不唯一。对一个事物的描述往往涉及多个方面，这些方面有时无法用同一个概念域涵盖。当我们不强制把它对应于某一概念框架和情境时，这一隐喻表达允许多个概念隐喻并置，对应不同的概念框架或情境下的理解，且每个隐喻概念独立统领一个概念网络。

---

① 普鲁斯特：《追寻逝去的时光》第 1 卷，周克希译，北京：人民文学出版社，2010 年，第 388 页。

另一方面，源域的概念集与目标域的概念集如果全异，则不满足关联要求；如果全同，则给出的概念是同一的；如果是包含关系，则一个是另一个的子概念，这三种情况都不能构成隐喻。因此，两者只能是相交关系，那些只存在于源域的概念同样可以继续延伸，在没有语境限制的情况下，新概念会随着分支的增加而不断增加。虽然我们最终能在一些节点上找到可以迁移的概念，但如果该路径的长度很长，从结果来看，就产生了类似于将原本源域具有而目标域不具有的概念加入目标域中的效果，实现了一种创造性的发散。比如白岩松在第 11 次 G20 峰会时解释数字"11"说：11 = 合作，标志着 1 + 1 > 2，强调合作共赢；11 是一支足球队，必须要完成整个队伍的联动，而且还要包容；11 = 行动，G20 应该向行动派转变；11 延长之后就变成了一条路，是一条可持续发展的路。这里的每一点解读之间相互独立，"11"可以被视为不同类型的符号，构成多个平行的概念网络；每个点内部的隐喻构建依然是发散的，建立顶层隐喻概念时所判定的符号类型在接下来的推理中不保持。如"11 是一条路"是将"11"作为像似符，两者在形态上相似，但进一步以"路"为符形得到的解释不一定是与路形态相似的事物，也可以将其作为其他类型的符号得到新的符释。同样，发散性的隐喻表达也给予了听话人更大的理解空间，通过将其视为不同类型的符号，听话人也可以得到不同的理解结果。上例中如果将"11"视为像似符，可能理解到"11 是一条路"，而视为规约符，才能理解"11 是一支足球队"。符号类型的判定过程融合了分类、联想、经验和推理等众多因素，使主体间的交际具有很强的双向互动性和明确的目标指向性。①

3. 整体性

隐喻的整体性，主要体现为隐喻认知所呈现的是一个体系。隐喻不是一个突然出现在人们头脑中的孤立事件或活动，而是对行动的动态限制，它分布在大脑、身体和现实世界的生态中，② 人们通过与身体及身体感官捕捉到的信息进行类比，得到对抽象概念的描述。这些概念根植于思维中，成为人们认识抽象事物的基础。为保证源域和目标域的清晰性，这样的隐喻概念一般都可以用"A 是 B"的结构来表达，从 A 和 B 出发，结合日常交际的语境信息，最终会形成一个复杂的概念网络。说话人和听话人的信息在该概念网络中流动，一个概念节点迁移后，所有它所能通达的节点同时迁移，因此目标域得到的是一个性质集，而非某个孤立性质，最后这些概念都在顶层的概念域中得以汇聚，构成完整的图式。比如当一个人说"市场是大海"时，首先整体地思考以"大海"为核心的整个概念域，想到这句话可能表达市场的凶险，也可能强调其机遇众多，还可能传达市场运行规律，进一步地由"大海凶险"的关联带动"渔船躲避风浪""生物竞争"等理解，对整个图式进行补充。

同时，源域和目标域之间的映射往往不是单一的，核心

---

① 参见黄华新、马继伟：《符号学视域中的博弈"聚点"分析》，《浙江社会科学》2019 年第 5 期。

② R. W. Gibbs, Jr., "Metaphor as Dynamical-Ecological Performance," p. 35.

的关联建立之后，上下文、背景知识、交际语境等语用信息通过关联性与语义信息进行组合，会对非核心的概念产生迁移的引力，引起更多的概念迁移，甚至对邻近的非隐喻表达也产生影响，实现更大范围内的整合和联动。举例来说，诗句"我要用手指那涌向天边的排浪/我要用手掌那托住太阳的大海/摇曳着曙光那枝温暖漂亮的笔杆/用孩子的笔体写下：相信未来"（食指《相信未来》）中，"手指是海浪""手掌是大海"的隐喻与非隐喻表达中"太阳""曙光"等关键词，共同完成了"海上日出"这一完整图景的构造，正是这样的表达让"未来"同时拥有了大海所具有的"广阔"属性和日出所具有的"希望"属性。

4. 独特性

思维的过程可以想象为从一个地方到另一个地方的移动，是在潜在认识状态构成的问题空间中搜索出一条独特路径的过程。[1] 对隐喻而言，这种路径的独特性表现得更为明显，它既包括说话人的隐喻创作所体现的表达独特性，也包括听话人的隐喻解读所实现的理解独特性，两者的生成机制有诸多相似性。如前文所述，不同的外在环境信息和主体认知能力会得到不同的认知事实，对进一步的信息传递产生不同的制约。在语义网络中，这表现为对分支概念取舍的不同，以及最终对焦点性质选择的不同。一方面，依赖于差异化的主体认知和外部信息选择，主体最终可能选择语义场中

---

[1] 刘爱伦主编：《思维心理学》，第45页。

边缘概念分支上的语义进行突显。如"嘈嘈切切错杂弹，大珠小珠落玉盘。间关莺语花底滑，幽咽泉流冰下难"（白居易《琵琶行》），诗句为描写琵琶声创造了一系列的新奇隐喻，将无形的乐音比作有形的珠子、流水。这一隐喻表达所选取的几乎都是源域的边缘概念，造成了事物之间的悬殊差异。另一方面，长距离的信息迁移也会产生新奇感。当进行自上而下的推理时，推理终点往往不确定，随着概念分支的长度不断增加，与根节点概念的偏差也会增加。如"人生是一场旅行"在单独出现时，并没有给出人生在何种方面是旅行，也就不存在确定的理解目标，此时听话人只能从自身认知中接受最基本的制约，因此无法排除选择"人生要做好规划""人生需要留下纪念"等相对特殊理解的可能性。

在一个最理想的隐喻交际中，说话人和听话人的纵向信息流应相同，即双方对每个概念所包含的义素认知相同；区别只在于横向信息流动方向相反。在这种情况下主要体现的是表达的独特性。而对于一个模糊隐喻语句，关联理论指出，"一般来说，潜在寓意的范围越广，且听者在构建这些寓意时所承担的责任越大，则语境效果的诗意越浓，隐喻也越有创意。在最丰富最成功的隐喻例子里，听者或读者可以超越即时语境所涉概念的理解探索，转而调用多方知识信息"。[①] 因为听话人无法直接得到回溯概念域的起点概念，所以也只能自上而下地进行推理，这就大大增加了选择的多

---

① 丹·斯珀波、迪埃珏·威尔逊：《关联：交际与认知》，第262页。

样性。此时，说话人和听话人都可以选择边缘概念或通达路径较长的子概念，这既体现了表达的独特性，也体现了理解的独特性。

同时值得关注的是，上述四种属性之间并不是割裂的。根据其相互的支持关系，可以最终将隐喻认知的思维属性表示为以关联性为核心，以整体性和发散性为基础，以独特性为呈现结果的三角模式，如图4所示。

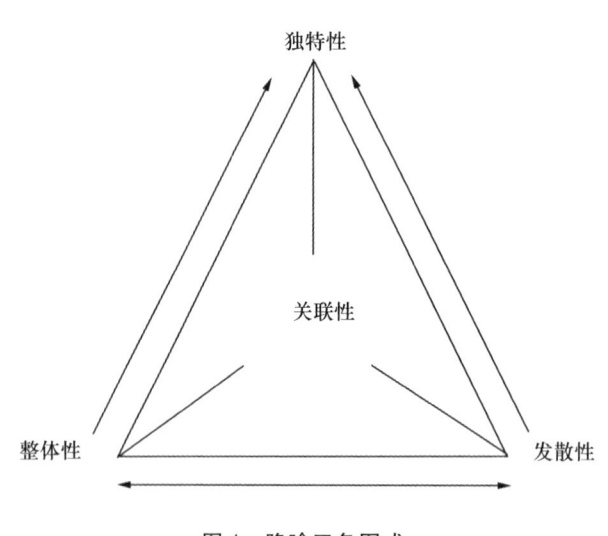

图4　隐喻三角图式

关联性处于中心位置，是隐喻表达和理解的核心要素。在合作的前提下，说话人和听话人都会预设双方所具有的背景知识和认知能力可以使彼此的表达与理解相适应，因此说话人会尽可能选取某一特定场景和目的下关联度高的性质作为隐喻的纽带，而听话人会尽量寻找相应的性质进行匹配。认知心理学的实验表明，当认知系统提取一个词汇项目时，会促使与之具有语义或概念上相关的词汇项目也具有较高的激发状态。[①] 整体性的构建是部分与整体的关联，发散性与独特性也必须建立在可以寻找到关联的前提下，否则该表达无效。

整体性和发散性是隐喻表达和理解的基础，侧重于强调认知功能。格式塔心理学的完形趋向律指出，感觉信息可能是片段的、不完整的，但当感觉信息和脑内力场进行相互作用时所引起的认知经验是完整的、有组织的，[②] 由知觉活动组织形成的经验整体，将大于部分之和。当隐喻语言作为信息片段激活整个认知经验时，就触发了多条认知路径，这些路径的延伸最后填充为该概念域下的整体解释。正是因为说话人用一个隐喻表达的往往是一个相互关联的整体图式，所以在很多情况下难以找到单一的字面表达与之对应，这实际上也体现了语言使用的经济性。

而独特性更多地表现为新奇隐喻的效果，它依赖于前两种属性，更侧重强调修辞功能。在没有背景知识和语境的情况下，源域中的所有概念都可以成为隐喻表达和理解的发散方向。对特殊发散路径的选择产生对于对象的不同解释，如果选择的是目标域中的边缘性质，就会形成新奇隐喻，因此独特性可以作为基于发散性生成的某一条路径上的结果，也是构成整体性的一个片段。

---

① John B. Best：《认知心理学》，黄希庭主译，北京：中国轻工业出版社，2000 年，第 149 页。

② 王鹏等：《经验的完形——格式塔心理学》，济南：山东教育出版社，2009 年，第 101 页。

结　　语

隐喻作为人类认知的一种基本方式，在人类生活中发挥着十分重要的作用。作为隐喻认知转向的标志性成果，概念隐喻理论给出的隐喻认知框架具有跨语言性和系统性。但由于该理论对日常交际中的语义和语用关注不够，它对具体隐喻语句的分析也过于简单。我们从认知符号学的角度，将隐喻表达视为一种特殊的语言符号，揭示隐喻表达和理解不同于字面义传达和接收的、更为复杂的符号推理过程。其中，认知环境和心理过程在该符号构建和解读的过程中至关重要，这些语言外部的因素使隐喻符号的理解无法仅由一次符形到符释的意指完成，而需要一个推理的符号链，使前一环得到的符释作为下一环解释的符形。

符号链给出了隐喻解读的框架，那么符号链中的每一次意指具体是怎样进行的，一个隐喻语句如何最终得到非字面的解释？基于情境语义学和信息流思想，我们把隐喻认知机制理解为一定制约关系下的信息流动，表达机制为目标域包含的信息向源域转移，而理解机制为源域信息向目标域转移。在语义网络中看，隐喻涉及的信息流动可区分为横向和纵向两种，横向为顶层的隐喻概念间的关系，给出源域与目标域间的信息传递方向；纵向为义素的包含关系，给出概念到子概念的信息传递。对于理想的隐喻交际而言，理解语义网络中从源域迁移到目标域的概念与表达语义网络中两域共有的概念是一致的。通过这一对隐喻交际中的信息传递和接收的模拟可以发现，隐喻信息加工的过程要能激活与字面义不同的信息，必须反映关联性、发散性、整体性和独特性四个相互作用的属性，我们把它们看成是隐喻表达和理解的思维特性。

（原载《中国社会科学》2020 年第 5 期）

附　录

繁荣中国学术　发展中国理论　传播中国思想
——《中国社会科学》2020年度好文章评选活动侧记

初春的北京，花树吐蕊，生机盎然。3月23日上午，中国社会科学院学术报告厅内暖意融融，《中国社会科学》2020年度好文章颁奖典礼正在这里举行。

典礼开始前，中国社会科学院院长、党组书记、《中国社会科学》编委会主任谢伏瞻，中国社会科学院秘书长、党组成员赵奇，在中国社会科学院副秘书长、中国社会科学杂志社总编辑方军陪同下，与获奖的学者进行了座谈。学者们表示，习近平总书记关于哲学社会科学的重要论述，是新时代学术繁荣的导航灯塔，是新时代学人大显身手的基本遵循；《中国社会科学》自创刊以来首度评选年度好文章，正是落实习近平总书记重要论述的切实举措，令人振奋。

彰显时代担当

习近平总书记在哲学社会科学工作座谈会上的重要讲话中指出："当代中国正经历着我国历史上最为广泛而深刻的社会变革，也正在进行着人类历史上最为宏大而独特的实践创新。这种前无古人的伟大实践，必将给理论创造、学术繁荣提供强大动力和广阔空间。"

中国特色社会主义新时代，正是中国人民有所发明、有所创造的时代，也正是中国学人有所发明、有所创造的时代。

机遇前所未有，时代呼唤英雄。"一切有理想、有抱负的哲学社会科学工作者都应该立时代之潮头、通古今之变化、发思想之先声，积极为党和人民述学立论、建言献策，担负起历史赋予的光荣使命。"

在建设"学术中的中国""理论中的中国""哲学社会科学中的中国"的征途上，《中国社会科学》责无旁贷地肩负起"头羊"作用。遥想当年，改革开放之初，胡乔木等老一辈理论家、学问家在创办这份杂志的时候，早就立下了要办一份在学术上能够发挥"跳龙门"作用的刊物的宏愿。41年过去了，《中国社会科学》没有辜负时代的期望、学界的期望，始终以中国学术第一刊的地位受到学界瞩目。正如谢伏瞻院长所说，《中国社会科学》已成为我国哲学社会科学领域的一面旗帜，成为展示我国哲学社会科学发展水平的标志性刊物，成为世界了解中国理论学术发展态势的重要窗口。

然而，历史从来不会停下前进的脚步。怎样才能不辜负新时代的期许？怎样才能在新时代担当起新时代的学术责任？显然，躺在过去的功劳簿上自我陶醉是不可以的。谢伏瞻指出，在我们党即将迎来百年华诞，我们国家即将进入全面建设社会主义现代化国家、向第二个百年奋斗目标进军的新发展阶段，中华民族伟大复兴进入关键时期，思考、谋划、推动《中国社会科学》以及中国社会科学院所有学术期刊的工作，理应有更高的目标要求。要志存高远，朝着建设世界级名刊名社的目标而不懈奋斗。

谢伏瞻强调，《中国社会科学》以及中国社会科学院的学术期刊，必须坚持讲政治，不断提高政治判断力、政治领悟力、政治执行力，把握政治大局，把准正确方向，推进习近平新时代中国特色社会主义思想的研究阐释走向深入；要坚持问题导向，心系"国之大者"，关注国之大局、国之大要、国之大事、国之大计，深刻把握中华民族伟大复兴战略全局和世界百年未有之大变局，强化选题策划，引领学术发展，推动理论创新，扎实推进中国特色哲学社会科学"三大体系"建设；要坚持质量为本，精品为要，健全完善并严格执行编辑制度，加强编辑队伍建设，不断提高办刊水平和影响力；要坚持创新发展，将数字化作为新动能，推进数字化研究、数字化传播、数字化平台建设，实现媒体融合发展。

进入 2021 年，学者们倏然发现，《中国社会科学》有了新的变化。打开第一期，映入眼帘的是《理论是问题之树盛开的花朵——〈中国社会科学〉2021年重点选题构想》。将全年的选题明明白白地昭告学术界，这在《中国社会科学》的历史上，同样是头一遭。选题构想共11项，无一不有跨学科的属性。它们分别是：

21世纪马克思主义的原创性贡献；

中国共产党100年的理论与实践；

中国特色哲学社会科学"三大体系"；

大变局与战略全局；

全球化与价值冲突；

中国式现代化与中国知识体系；

新发展格局与高质量发展；

国家治理与全球治理；

文明起源、文明互鉴与文化发展；

新一轮科技革命与哲学社会科学；

学术基本理论、基本问题、基本概念再反思。

文章呼吁，多学科多维度、系统深入地研究阐发习近平新时代中国特色社会主义思想在马克思主义发展史、人类思想发展史上的原创性贡献，善于将政治话语转化为学术话语，书写研究阐发当代中国马克思主义、21世纪马克思主义的学术经典。

文章在最后写到，站在"两个一百年"的历史交汇点，展望中华民族伟大复兴的光明前景，思考中国学术的未来发展，我们深为一种庄严的历史责任感所激荡。一个大国的崛起，经济、科技等硬实力是重要标志，而理论学术等软实力同样是重要标志。中华民族伟大复兴，是经济、科技、文化包括理论学术等系统性、整体性的飞跃，在这一伟大历史进程中，如何推动中国学术日益走近世界学术舞台的中央而不致成为民族复兴的短板，是我国哲学社会科学界必须深而思之的重大课题。

一场很有意义的评选

荣誉承载使命，使命引领前行。为更好地推出精品力作，推动理论和学术创新，引领风尚，中国社会科学杂志社于2020年12月底正式启动《中国社会科学》2020年度好文章评选活动，通过《中国社会科学》《中国社会科学报》、中国社会科学网及"中国学派"微信公众号同时发布了《〈中国社会科学〉2020年度好文章评选活动公告》及2020年《中国社会科学》总目录。评选范围为2020年《中国社会科学》第1—12期刊发的全部115篇文章，涉及马克思主义理论、哲学、经济学、法学、社会学、政治学/公共管理、文学、历史学、国际关系、新闻传播学10个学科。

此次好文章评选活动，是《中国社会科学》自1980年创刊以来的首次，备受学界的关注。为保证结果的科学、公平、公正，好文章评选分为读者实名投票初选和专家评审委员会终选两个阶段。

初选阶段，投票人可选择书面投票或网络投票进行。投票规则为，每位投票人每个学科可推荐2篇好文章，要求实名投票并给出推荐理由。

经广大读者踊跃参与，截至2021年2月20日24时，收回网络投票73839票，电子邮箱投票3票，邮寄投票1票，共计73843票。根据《〈中国社会科学〉2020年度好文章评选活动公告》规定的评选办法，各学科有效票数排名前两位的文章，共计8个学科的16篇文章进入第二轮终选，学科涵盖马克思主义理论、哲学、经济学、法学、社会学、政治学/公共管理、文学和历史学。

3月19日，《中国社会科学》2020年度好文章评选专家评审会在京举行。方军主持会议并表示，自评选公告发布以来，广大读者通过网页、电子邮件、邮寄等方式踊跃投票，推选心目中的好文章。根据评选规则，由专家评审委员会进行最终评选，每学科入选论文不超过1篇。最终评选出的文章，应体现政治性、理论性和学术性的高度统一。要坚持正确的政治方向、学术导向和价值取向，还要有原创性的思想、理论和观点；要在问题和方法上有前沿性，也要有厚重的学术分析。本着"宁缺毋滥"的原则，对未推选出好文章的学科予以奖项空缺。他希望评审专家们秉持认真、严谨、公正、负责的态度，评选出学界公认、经得起历史检验的好文章。

由《中国社会科学》编辑委员会委员和哲学社会科学领域知名专家共21人组成的专家评审委员会，分为8个学科评审组，对初选阶段读者投票推选的16篇文章分别进行讨论并择优推荐。

在专家委员会进行终审的过程中，每位专家评审委员会成员都秉持着严谨认真的作风、一丝不苟的态度对待每一篇入选的文章。在每一份学科评审组推荐文章表上，都可以看到专家评审委员会成员们字迹工整、词严义密的推荐理由。其中，哲学组的专家评审委员们还曾经为《认知科学视域中隐喻的表达与理解》的推荐理由反复斟酌，多次推敲，直到投票完毕后，委员们还是对推荐理由不够满意。记者留意到，在散会后，中国人民大学哲学院教授刘晓力留在了安静的会场，再一次重写了推荐理由，并认真地誊写到了推荐表上。

专家评审委员会成员、中国社会科学院学部委员、经济研究所研究员张卓元曾多次获得孙冶方经济科学奖、薛暮桥价格研究奖、中国社会科学院优秀科研成果奖，并于2013年获得吴玉章人文社会科学终身成就奖。进入耄耋之年，他仍然活跃在中国经济学研究的前线，笔耕不辍，紧跟时代步伐，对最新、最热门的学术前沿问题充满研究热情。

在参与评审时，张卓元说："《中国社会科学》杂志评选2020年好文章，也是一个创举。《中国社会科学》杂志在全国来说，在哲学社会科学界是最顶尖的刊物，发表的文章都是比较高质量的。这次评选我看到的文章用比较前沿的方法来研究我们中国的经济问题，而且做了大量的数据整理，这些数据对我们的宏观经济也好、微观经济也好，它的影响和作用做了比较深刻的分析。所以我认为在整个大方向坚持马克思列宁主义的前提下，它的专业水平和学术水平还是比较高的。"

著名法学家、中国法学会学术委员会主任、吉林大学哲学社会科学资深教授张文显表示："把年度好文章评选出来，进一步推广、推介到整个社会，这将对学术的发展起到巨大的影响。另外，这样的评选对于学术新人的培养，对于哲学社会科学研究队伍的打造都是很有意义的。我能够参加这样一个评审会，也有很深的感触。我看到整个评选的推荐过程、评审规则充分体现了学术民主，让广大读者来推荐好文章，也充分体现了学术上的科学性和严谨性。我想这次年度好文章的评审，对于哲学社会科学的学术期刊来讲一定会起到示范的作用和引领的作用。"

发挥学术期刊引领作用

经过专家评审委员会认真、严谨、公正的评选，共有 7 篇文章正式被评选为《中国社会科学》2020 年度好文章。评审专家们认为，项久雨的《美好社会：现代中国社会的历史展开与演化图景》在全面建成小康社会的基础上探讨未来中国社会发展、实现美好生活，具有重大理论和现实意义。程国君、李继凯的《延安革命家的诗词创作实践及诗史价值》对于进一步完善中国现代文学现有研究格局具有重要的学术价值和现实意义。杨子晖的《金融市场与宏观经济的风险传染关系——基于混合频率的实证研究》为提升调控政策的针对性和有效性提供了有益指导。王轶的《行政许可的民法意义》的研究结论彰显了中国国家治理中国家权力、社会秩序、公民权利之间法律关系建构所应遵从的现代法治文明精神，体现出鲜明的创新性和理论可行性。包智明、石腾飞的《牧区城镇化与草原生态治理》从理论与实践两方面推进了牧区城镇化与生态治理研究。张越的

《范文澜与"汉民族形成问题争论"》对于弘扬中国马克思主义史学的优良传统、在新时代开展历史学学科基础理论及民族史实证研究、促进历史学学科体系建设具有重要价值。黄华新的《认知科学视域中隐喻的表达与理解》对传统哲学研究的方法论的突破具有示范意义。

学术刊物，是新学科、新理论、新范畴、新概念、新话语诞生的"摇篮"。通过年度好文章评选，学术期刊的示范、带动、引领作用，必将彰显出来。展望未来，《中国社会科学》将继续站在时代大潮的制高点，以中国学术的担当为己任，秉持繁荣中国学术、发展中国理论、传播中国思想的办刊宗旨，为加快构建中国特色哲学社会科学"三大体系"，建设世界级名刊而不懈奋斗！

形成作者与编辑的合力

在颁奖典礼上，谢伏瞻、赵奇、方军以及专家评审委员会代表——中国社会科学院中国边疆研究所所长邢广程、中国社会科学院社会发展战略研究院院长张翼共同为获奖文章作者和责任编辑颁发了获奖证书。

方军在介绍评选情况时表示，中国社会科学院党组高度重视、十分关心中国社会科学杂志社的发展。谢伏瞻同志审定批准了此次评选活动方案，明确要求一定要坚持政治性、理论性、学术性的高度统一，坚持"宁缺毋滥"、优中选优，真正评选出学界公认、经得起历史检验的好文章。赵奇同志对评选活动给予了具体指导。《中国社会科学》年度好文章评选活动将长期举办，每年举办一次，评选工作也将不断改进。希望全国学术界同仁多提宝贵意见和建议，关心帮助支持杂志社把《中国社会科学》办得更好，把好文章评选活动办得更好，办出品牌，办出特色，办出持久的影响力，为繁荣中国学术、发展中国理论、传播中国思想，为实现中华民族伟大复兴的中国梦作出应有贡献！

"通往学术本真的道路是艰难的，但令人欣喜的是，《中国社会科学》杂志为广大学者提供了兼容并包、思想交融的学术殿堂。"武汉大学马克思主义学院教授项久雨作为获奖文章作者代表激动地表示，《中国社会科学》开中国特色哲学社会科学学科体系、学术体系、话语体系建设之先河与新风，建立起一个创新、开放、前沿的学术共同体，为构建中国学派搭建了核心平台。攀登学术高峰，是每一位学者的不懈追求。今天所获得的这个奖不单是在表彰作者个人，而是在鼓励更多的哲学社会科学工作者为构建中国话语、阐释中国理论贡献力量。

青年编辑张聪作为获奖文章责任编辑代表在典礼上发言。她表示，身为哲学社会科学研究国家队的队员，我们必须高举习近平新时代中国特色社会主义思想伟大旗帜，增强"四个意识"，坚定"四个自信"，做到"两个维护"，将编辑工作、学术理想融入党和人民的伟大事业。《中国社会科学》作为"中国社会科学第一刊"，其职责使命和任务担当决定了我们必须具备过硬的理论水平和专业知识，必须朝着政治强、业务精、水平高、作风好的学者型编辑不断进步。

在建设学术中国的道路上，作者不能缺席，编辑同样不能缺位。只有优秀的作者与优秀的编辑才能相得益彰,形成合力,共同推进新时代中国学术的繁荣。

我们有充分的理由相信,在习近平新时代中国特色社会主义思想指引下,中国学术必将走向世界,走向辉煌。

(《中国社会科学报》记者:张译心)